워킹맘 행전

세움북스 는 기독교 가치관으로 교회와 성도를 건강하게 세우는 바른 책을 만들어 갑니다.

크리스천 여성작가 시리즈 03

워킹맘 행전

초판 1쇄 인쇄 2022년 9월 10일
초판 1쇄 발행 2022년 9월 15일

지은이 | 최윤정
펴낸이 | 강인구

펴낸곳 | 세움북스
등   록 | 제2014-000144호
주   소 | 서울시 종로구 대학로 19 한국기독교회관 1010호
전   화 | 02-3144-3500
이메일 | cdgn@daum.net

교   정 | 이윤경 류성민
디자인 | 참디자인

ISBN 979-11-91715-50-7 (03230)

크리스천
여성작가
시리즈 03

워킹맘 행전

일하는 엄마의 고군분투 신앙 연대기

최윤정 지음

세움북스

Prologue
프롤로그

언제부턴가 페이스북에 일기 같은 글을 쓰기 시작했습니다. 소명을 받고 신학을 공부하면서 조용히 책을 읽고 묵상하는 삶에 익숙해진 결과이기도 합니다. 코로나로 인해 사역의 길이 닫히고, 두 아들 중 큰아이는 미국 유학을 떠나고 작은 아이는 공군 장교로서 지방에서 근무하게 되었기 때문에, 글을 쓰는 일은 혼자서 외로움 속에 갇히지 않는 방편이기도 했습니다. 그렇게 세상과 소통하기 시작했습니다.

집을 떠나서 지내고 있는 두 아들이 보고 싶은 이유가 컸지만, 맞벌이하면서 아이들을 키우던 기억들이 잊히기 전에 기록으로 남겨두면 좋겠다 싶어 쓰다 보니, 아이들의 출생에서부터 대학입시 때까지의 경험을 쓰게 되었습니다. 그러다가 문득 제 어린 시절에 경험한 일들이 떠오르는 날에는 기억을 더듬어서 쓰기도 했습니다. 그 시절엔 춥고 아팠지만 시간이 흘러서 그 일의 핵심을 뒤늦게 깨닫는 경우도 있었고, 그때는 심각했지만 지나고 보니 사소한 일에 감정을 소비했다는 후회가 남는 날도 있었습니다. 무엇보다 중요한 것은 글을 써 내려가면서 과거의 일들이 하나님의 은혜와 섭리로 재해석되는 소중한 경험을 했다는 것입니다.

20세기에서 21세기로 넘어가는 전환기에 한국 사회의 여성으로서 살아가는 일이 좋은 점도 많았지만 힘든 일들도 많이 있었습니다. 한 남편의 아내요, 아이들의 엄마요, 며느리요, 딸이요, 소명을 가진 직업인이요, 그리스도인이요, 신학도요, 목회자로서 사는 길이 녹록하지만은 않았습니다. 고단하고 쉽지 않았던 인생길에서 힘들 때마다 기도의 골방과 말씀의 자리에서 늘 다시 일어날 힘과 용기를 얻었습니다.

그러한 배경에서 이 책의 제1부 '나의 이야기'에서는 성장기부터 현재의 삶에 관한 글을 담았습니다. 제2부 '워킹맘, 자녀교육을 말하다'에서는 교육신문(베리타스 알파)에 실린 큰아들과 저의 인터뷰 기사, 그리고 지금까지 부모로서 자녀 교육을 어떻게 해왔는지에 관한 내용을 담았습니다. 제3부 '이 시대, 여성으로 살아가기'에서는 한국 사회에서 여성들이 흔히 겪게 되는 문제들 즉 페미니즘, 낙태, 고부갈등 등에 관한 생각을 정리해 보았습니다. 마지막으로 가정과 성경적 가치관의 관계를 짚어 보았습니다.

대학에서 철학을 전공하고, 결혼 후 남편과 미국 유학을 한 후에 귀국해서 영어 강사로 오랜 시간 일하다가 조금 늦게 부르심을 받고 신학대학원을 졸업하고 조직신학 박사 과정에 진학했습니다. 어린 시절부터 신앙생활을 해왔지만 신학을 공부하면서 바라보는 세상과 교회, 가정과 저 자신에 대한 시각과 관점이 더욱 넓어지고 깊어져 가는 것을 느낍니다. 하나님을 알아갈수록 깨닫게 되는 은혜와 진리, 그리고 그 안에서 누리는 자유 때문인 듯합니다. 세상이 놀랄 만한 크고 대단한 일을 하는 것도 중요하지만, 일상의 작은 일들이 모여서 하루가 되고, 지금 내 옆에 있는 사람을 소중히 여기는 마음이 모여서 관계를 이루고, 그것이 확대되어 가정과 교회, 국가와 세상을 이룬다고 생각합니다.

때로는 우습고 때로는 창피한 일이지만 진솔한 글을 쓰고 싶었습니다. 혹시나 제가 경험한 일 중에 하나라도 공통분모를 가진 분이 계시다면 위로와 격려가 될지도 모른다는 생각을 한 적이 있습니다. 하지만 이러한 이야기들이 책으로 엮어져 나올 거라고는 전혀 생각지 못했습니다. 이럴 줄 알았으면 좀 더 잘 살 걸 그랬다 싶습니다.

이 책이 세상에 나올 수 있도록 힘과 용기를 주신 세움북스 강인구 대표님과 직원분들께 감사드립니다. 추천사를 써주신 스승이신 유태화 교수님, 사역하고 있는 교회의 이태재 담임 목사님, 페이스북 친구이자 선배 목사님이신 김관성 목사님, 이종인 목사님, 그리고 《지하실에서 온 편지》의 작가이신 제행신 사모님께 감사드립니다. 또한, 학업과 사역에 늘 든든한 후원자인 남편에게 고맙습니다. 사랑하는 아들 지호와 민호에게 사랑과 그리움을 전합니다. 시댁과 친정 가족들 모두에게 감사의 마음을 전합니다. 이 책이 나오면 누구보다 기쁘고 자랑스러워하셨을, 천국에 계신 아버지께 감사와 사랑을 전해 드립니다. 무엇보다 제 삶의 주인이자 참된 저자이신 하나님께서 지금껏 그렇게 하신 것처럼 앞으로의 인생도 청실홍실 엮어가 주실 것을 믿고 감사드립니다.

삶이 우리를 속일 때, 대부분의 사람들은 좌절하고 무너지기 마련입니다. 간혹 독하게 이겨 내어 성취를 맛보고 결과를 얻어 내는 사람을 보면 그 인격이 심각하게 어그러지는 것을 봅니다. 그만큼 타고난 삶의 조건과 현실은 한 사람을 무섭도록 옭아매기 마련입니다. 저자 역시 울었고, 탄식했고, 모든 것을 포기하려 했습니다.

여성에 대한 편견과 불평등으로 가득한 시대에 태어나 온갖 설움과 아픔을 겪는 과정에서 저자의 꿈은 여러 번 묵살되었습니다. 하지만 저자는 자기 인생을 비관하거나 삶의 조건을 탓하는 말로 도망치지 않았습니다. 무엇보다 이 사회와 남성을 향한 적대감으로 이 시간을 통과하지 않기로 결심하는 저자의 중심이 정말로 아름답고 귀합니다.

담담한 필체로 써 내려가는 저자의 이야기에 귀를 기울여 보십시오. 모질고 답답한 한 여인의 인생을 사로잡아 마침내 고귀한 섬김과 희생의 서사를 써 내려가시는 하나님의 숨결을 느낄 수 있습니다. 가정이라는 용광로에 우리를 던지시고 마침내 그리스도께서 지신 십자가의 비밀을 깨닫고야 말게 하시는 하나님의 복된 섭리로 여러분을 초대합니다.

✟ **김관성 목사** (울산 낮은담교회 담임)

이 책은 여성, 한국인 여성, 특별히 한국인 크리스천 여성의 자서전적 성격의 수필집입니다. 한 인간의 삶은, 요즘에는 이런 가치가 조금 느슨해지는 경향도 없지 않지만, 가족과의 관계 내에서 형성되고 또 다른 가족 관계를 형성하는 것으로 구성됩니다. 그 전환의 과정에 슬픔과 기쁨, 꿈과 도전, 시련과 극복, 위기와 성취에 얽힌 사연이 자서전적으로 조율되어 반영됩니다. 여기에 하나님의 보이지 않는 손길이 스며들어 고유한 이토스(ethos)를 만들어 냅니다. 누구의 삶도 누구의 삶을 단순히 복사할 수는 없는 이유입니다. 흉내 내기 힘든 고유한 맛, 자기만의 이토스가 곁들여지는 것입니다. 저자의 글에 반영된 삶도 마찬가지임을 확인하게 됩니다.

남존여비의 가치관이 마지막까지 똬리를 틀 수 있는 곳은 가정일 것입니다. 일반 사회에서는 여성의 자리와 역할이 가정보다는 더 빨리 마련되는 면이 없지 않습니다. 유리 천장이라는 벽이 여전히 두껍지만 말입니다. 시대정신의 흐름을 읽으며 성장기, 학업, 결혼, 양육, 직장의 과정에서 자신의 삶의 자리를 집요하게 만들어 가는 흔적이 진하게 배어 있는 글입니다. 한계 상황 내에서 각각의 문제를 치열하게 직면하여 어찌하든지 한계를 뚫고 나와 보다 더 나은 환경을 만들어 내려는 개인적인 성향도 가감 없이 드러내 보여 줍니다. 같은 시대를 살아온 독자에게는 공감 지점이 쉽게 만들어지지 않을까 싶습니다. 또한 한 번도 가보지 않은 길을 이제 막 시작하려는 독자에게도 어떤 영감을 불러일으키지 않을까 싶은 마음이 듭니다.

❖ **유태화 교수** (백석대학교 신학대학원, 조직신학)

하나님께서 최윤정이라는 한 사람을 얼마나 매력적으로 빚어 내시는지,

삶의 환경이라는 묵직한 회전판과 고난과 아픔이라는 예리한 도구로 마음의 결을 새기고 다듬어 가시는 아버지의 손길을 봅니다. 수많은 경험과 만남의 실타래로 직조되고 색감이 깊어져 조화롭고 아름답게 만들어진 작품을 봅니다. 그녀의 수필집은 분명 최윤정의 이야기이지만, 어째서인지 하나님의 매만지시는 손길이 보입니다. 삶의 전부를 하나님의 주권 아래서 해석하는 힘을 가졌기에 가능한 일입니다. 삶을 해석하는 능력은 너무도 중요합니다. 동일한 사건의 현장 속에 머물러도, 같은 경험을 가졌음에도 어떤 시선으로 바라보느냐에 따라 삶의 색깔은 실제로 달라집니다. 과거에 대한 해석은 단지 관점으로 머물지 않고 오늘의 삶을 결정하는 힘이 됩니다. 어린 시절, 부모의 존재만큼 더 중요하고 큰 환경이 있을까요? 부모의 부재 속에서 떨어진 거리만큼 힘겨웠을 어린 시절, 한없이 무능해 보이는 부모님에 대한 원망 대신 부모님의 사랑을 이야기합니다. "부모는 능력으로 되는 것이 아니라 사랑으로 되는 것"이라고….

저는 이 책을 꿈에서 멀어지고 막막함에 아파하는 청춘들이 읽었으면 좋겠습니다. 그녀는 "청춘은 아파서 아름다운 것"이라고 말합니다. 진통 없이 성장하는 것이 무엇이겠는가 묻습니다. 아파할 수 있는 진통의 시절은 정작 성장하는 특별한 시기입니다. 미술을 좋아했던 그녀의 꿈이 가난의 무서운 옹벽 앞에서 좌절되었을 때, 또 다른 길이 열렸고 훗날 이것이 하나님의 선하신 뜻이요 손길이었다고 고백합니다. 그녀의 삶을 읽어 가면서 자연스레 공통점을 찾게 됩니다. 철학을 공부한 것이나 교의학을 좋아해서 전공한 것이나 헤르만 바빙크를 좋아하는 것도 같습니다. 산행을 좋아한다는 점에서도 동질감을 느낍니다. 산행 중에 느낀 리더십과 공동체의 성격에 대한 좋은 통찰력은 매우 인상 깊습니다. 부모님과 오랜 시간 떨어져 지낸 힘겨운 시간도 그러하고, 겁 없이 도전하는 모습이나 힘겨운 날들을 은혜로 재해석하는 낙관적 시선에서도 동질감을 느꼈습니다. 하지만 제가 경험하지 못했던 유학생의 아내로서의 삶이나 암 투병이라는 험준한 씨름은 낯선 풍경이었습니다. 머리카락을 잘라 낸 그녀를 보고 말없이 방으로 들어가 울었던 남편의 모습에서는 콧등이 시큰해졌습니다.

어린 시절부터 줄곧 계속된 고달팠던 그녀의 삶, 그녀는 아팠던 만큼 더 깊은 사랑을 할 수 있었노라고 고백합니다. 그녀의 시선에서 주변은 온통 선물더미입니다. 꿈의 좌절, 힘겨운 유학 생활, 암 투병이라는 예리한 고통들이 오늘의 그녀를 빚어냈다고 말합니다. 그녀의 시선에서 아픔은 성숙이라는 은혜를 아로새기시는 하나님의 선물인 셈입니다. 삶을 은혜로 재해석해 내는 그녀의 고백이 고요하게 와 닿습니다. 맞습니다. 공짜배기. 태어날 때부터 우리의 삶이란 이렇게 꽉 찬 은혜의 더미 위에 놓여 있지 않던가요. 삶에 대한 은혜의 시선을 새롭게 열어 주는 그녀의 이야기를 즐겁게 추천합니다.

✢ **이종인 목사** (울산 언약교회 담임)

수년간 함께 교회를 섬기며 동역한 최윤정 전도사님의 책을 추천할 수 있어서 참으로 기쁩니다. 하루가 다르게 급변하는 세상 속에서 여성으로 어떻게 살아가야 할까요? 이 책은 여성으로 살아가며 삶으로 녹여 낸 저자 자신의 이야기들로 답하고 있습니다. 삶을 통해 드러내는 답에는 힘이 있습니다. 이 책에 그 힘이 담겨 있습니다. 한 사람의 여성이 예수 그리스도 안에서 변화될 때 누리는 일상의 변화와 하나님의 역사를 보는 감격이 있습니다. 가정에 대한 주제들뿐만 아니라 날카롭고 예민한 세상의 이슈들까지도 여성의 관점에서 성경적인 시선을 잃지 않고 탁월하게 다루고 있기에, 읽는 이들 모두가 '진리 안에서 누리는 자유'를 경험하게 되리라 확신하며 이 책을 추천합니다.

✚ **이태재 목사** (순전한교회 담임)

"새벽이 오기 직전이 제일 어둡다야. 조금만 더 기운 내라우!" 하시는데 대꾸할 기운도 없고, 대답을 했다가는 눈물이 쏟아질 것 같았습니다. 말 없이 차 문을 닫았습니다. 마음이 급해지셨는지 아버지는 창문을 내리고 소리를 높여 내 등 뒤에 한마디를 더 하셨습니다.
"이 보라우, 봄나물 먹으라. 기운 난다!"

딸을 향한 아버지의 응원, 이 부분을 읽으면서 울컥했습니다. 아무리 사랑해도 그 사람의 인생을 대신 짊어질 수는 없습니다. 나의 삶은 내가 살아 내야 하지만 옆에서 나를 응원하고 사랑하는 존재, 봄나물 먹으라고 다독이는 이로 인해 우리는 다시 힘을 얻고 일어서게 됩니다.

뭐든 혼자 해내야 했던 어린 시절, 가난했던 대학 시절, 치열한 일터에서 일을 하며 아내와 며느리와 엄마의 역할을 감당해야 했던 저자의 삶은 이 땅에서 여자로 살아간다는 것이 녹록지 않음을 보여 줍니다. 그럼에도 그 삶의 여정마다 하나님의 손길을 의지하며 겸손히 삶을 반추하고 바르게 걸어가려 애썼습니다. 절대적 시간이 부족한 가운데서도 아이들을 정성으로 키워 내고 신앙을 가르치고 모범이 되는 가정을 일구어 가는 저자의 모습은 부지런한 정원사 같습니다. 하나님이 주신 동산을 정성껏 가꾸고 돌보는 삶, 앞으로 더욱 영글어지고 깊어질 삶의 열매가 기대됩니다.

✚ **제행신 작가** (『지하실에서 온 편지』 저자)

Contents

목차

제1부

나의 이야기

1
성장기

| 공짜배기 |

젊어서부터 비교적 성공적이었던 아버지의 사업이 기울기 시작했을 때 엄마는 나를 임신했는데 워낙 정신이 없이 살아가던 터라 임신을 한 것도 배가 나오고 나서야 알았다고 한다. 맨 위에 오빠 한 명과 언니 두 명이 있는 상태에서 나는 셋째 딸로 태어났다. 아들이 아닌 것도, 형제들 중의 순서로도, 가정 형편으로도 주목받을 하등의 이유가 없었던 나는 그냥 그런 아이였던 것 같다. 챙겨 줄 여유가 없었던 탓인지 아니면 타고난 성격인지 2남 3녀의 많은 형제들 중에서 나는 별로 손이 가지 않는 아이였다고 한다. 옷도 언니들이 입던 걸 물려 입으면 되었고, 어디든 놔두면 그냥 잘 있는 그런 아이여서 엄마는 나를 '공짜배기'라고 불렀다고 하셨다. 엄마가 지어 준 그 별명 속에는 나를 위해 무언가를 해 줄 수 있는 여력이 없다는, 조금은 슬픈 전제가 깔려 있었다는 걸 커 가면서 알 수 있었다. 나는 막연히 혼자서

모든 걸 해결해야 한다는 생각을 하며 성장했다.

한번 기울어진 가세는 다시 회복되지 않아서 부모님은 지방에서 이런저런 일들을 하며 사셨고, 학교에 갈 나이가 되자 오빠와 언니들과 함께 서울에 있는 외가에 맡겨졌다. 초등학교 입학식에도 외숙모의 손을 잡고 갔던 기억이 있다. 한창 엄마의 손길이 필요했던 어린 나이에 엄마가 아닌 외할머니와 외삼촌, 외숙모의 손에서 커야 한다는 사실이 밤마다 슬펐다. 그래서 내겐 언니들이 엄마를 대신하는 존재들이었다. 하지만 언니들도 똑같이 힘든 상황이니 매일 매달려 울 수도 없는 처지여서 엄마가 보고 싶을 때면 외가 뒤쪽에 있는 산에 올라가서 혼자 울다오곤 했다. 실컷 울고 내려왔으니 외가에선 잘 참으며 지낼 수 있었는데 어른들은 나의 이런 모습만 보았으니 늘 나를 의젓한 아이로 불렀고, 나는 그런 어른들의 기대에 부응해야 할 것 같아서 무슨 일이든 잘 참는 의젓한 아이로 성장했다. 그리고 공짜배기라는 별명에 맞게 나로 인해서 어떤 문제도 일어나면 안 될 것 같은 마음이 나를 지배했던 것 같다.

부모님과 다시 만나서 가족이 함께 산 적도 있었지만 곧 다시 지방으로 내려가시고 나면 서울에 있을 곳이 없으니 우리 형제들은 뿔뿔이 흩어져 친척 집에 맡겨져 학교를 다녔다. 부모님은 이미 많은 빚을 지신 상태였기에 우리의 생활비나 용돈을 주실 수도 없었고, 우리는 각자 알아서 자기의 앞가림을 해야 했다. 그런 가정 형편이 너무 견디기 힘들었는데 무엇보다 마음이 아픈 건 가족들이 함께 모여서 살 수 없다는 사실이었다. 그러던 어느 날 버스를 타고 가다가 창문 너머로 정류장에 설치된 차양막 끝자락에 쓰인 성경 구절 하나를 발견했다. "주 예수를 믿으라. 그리하면 너와 네 집이 구원을 받으리라"는 사도행전 16장 31절 말씀이 마음 깊이 새겨졌다. 나는 '구원'이란 단어를 막연히 '살 길'이라고 해석했고, 교회에 가면 살 길이 열릴지도 모른다고 생각했다. 내 나이 열여섯 살 때, 혼자서 가까운 교회를 찾아서 다니기 시작했다. 당시에 내 기도는 온 가족이 모여서 함께 살게 해 달라는 것뿐이었다.

고등학교 때부터 장학금이 아니면 학비를 조달하기 어려워서 아무리 열악한 상태에서도 이를 악물고 공부를 했고, 결국 원하던 대학에 합격했다. 그런데 문제는 입학금을 낼 형편이 아니었다. 나를 불쌍히 여긴 이모가 내 주셨지만 당시에 친척들은 그런 가정 형편에 무슨 대학을 가냐며 공장에 가서 일을 해 부모님의 빚을 갚아야 한다고 했다. 하지만 나는 그래서 더 대학에 가야 한다고 생각했다. 힘들어도 더 잘 배워서 적어도 내 자식들에겐 내 부모처럼 가난을 물려주지 않겠다고 다짐했다. 과외며 식당 일이며 아르바이트를 닥치는 대로 했고, 장학금을 받아서 등록금을 마련한 적도 있다. 그래서 나의 이십 대는 사흘 이상 쉬거나 놀아본 기억이 없는, 그야말로 자신과의 처절한 싸움을 한 시기였다.

이십 대를 그렇게 힘겹게 보냈으니 결혼이라도 좀 편안한 상태의 배우자를 만났으면 좋았겠지만 당시의 남편은 가난한 유학생이어서 결혼과 동시에 생활비 등 전반을 내가 책임져야 하는 상황이었다. 낯선 땅, 낯선 사람들 속에서 생존해야 하고 남편의 계획대로 소기의 목적을 달성하고 고국으로 돌아가야 한다는 일념으로 견뎠다. 주중엔 직장을 다니고 주일엔 교회에서 사무를 보는 걸로 장학금 명목의 사례를 받았다. 한국에서 직장을 다닐 때보다 이른 시간에 퇴근을 하게 되니 저녁 시간에는 또 다른 일을 할 수 있었다. 당시 유학생들은 대부분 한국에서 부모님이 보내 주시는 돈으로 생활을 해 나갔는데, 우리는 그런 형편이 아니니까 만약을 대비해 저축까지 해 가며 유학 생활을 무사히 마치길 기도했다. 유학 생활 말미에는 영어 교사 자격증 프로그램까지 마치고 한국으로 귀국했다.

귀국해서 남편은 대학에서 시간 강사로 일했고, 나는 어학원에서 영어 강사로 일했다. 서서히 자리가 잡히고, 이전보다는 비교적 여유로운 생활을 하게 되었을 때 알 수 없는 허무감이 밀려왔다. 그때까지 너무 앞으로 달리기만 해서였을까? 더 이상 앞으로 나아갈 기운이 나질 않았다. 고단한 인생의 짐을 그만 내려놓고 싶었다. 학원에서 한 달의 휴가를 얻어서 두 아들을 데리고 미국으로 여행을 갔다. 그때까지 교회를 다니기는 했지만 살고 싶지도 않고 도저히 어찌할 수 없는 허무함을 안고 떠난 미국 여행에서 작은언니가 데려간 교회에서 인격적으로 주님을 만나는 경험을 했다. 그 후로 삶의 이유를 찾고, 모든 게 달라지고 가치관이 변하여 새로운 인생이 되었다. 나 혼자만 고생하고 나 혼자만 참고 견뎌 온 인생이라는 피해 의식과 자기 연민으로부터 자유하게 되는 일들이 일어났다. 나를 '공짜배기'라고 부르며 마땅히 해 주었어야 하는 사랑과 보호를 해 주지 못한 부모님을 이해하고 용서하는 시간이 필요했다. 시간이 흐른 지금에 와서는 어쩌면 그 이름이 맞았다는 생각이 든다. 주님을 믿으며 살아갈수록 내 노력, 내 수고가 아니라 오직 값없이 주신 은혜로 살아감을 더욱 깊이 느낀다. 사실 나뿐만 아니라 우리 모두는 깨닫든지 못 깨닫든지 간에 은혜가 아니면 살 수 없는 존재들이다. '은혜받은 자', '공짜배기'의 다른 이름이 아닐까 싶다.

| 아 버 지 |

아버지를 천국으로 보내드린 지 십여 년의 시간이 흘렀다. 그날도 오늘처럼 눈이 부시게 하늘이 높고 맑았다. 세상에선 가난하고 무능한 아버지여서 아쉬운 일도 많았지만 꼭 필요한 신앙의 유산을 주고 가신, 내겐 더없이 훌륭한 아버지시다. 내가 만약 그 입장이었다면 도망치고 싶었을 만큼 초라한 가장의 자리를 묵묵히 끝까지 지켜 주셨던 가엾은 아버지셨다. 많은 걸 해 주시지 못했지만 평생을 두고 나를 자랑스러워 해 주신 덕분에 세상을 향해 언제나 당당할 수 있게 해 주신 고마운 아버지셨다. 이북 출신이셔서 내가 어릴 적에 러시아어로 멋지게 읊어 주시던 푸시킨(Pushkin)의 시를 들으며 언어의 매력에 눈뜨게 해 주신 멋진 아버지이시기도 했다. 8년간 치매를 앓으시다가 소천하시기 전날 임종예배를 드리며 마른 뼈 같은 몸으로도 찬송을 따라 부르시던 그 모습을 세상에서 가장 아름다운 신앙의 유산으로 간직하며 산다. 천국으로 이사하신 시월이 오면 더욱 그리운 아버지, 다시 만날 확실한 약속이 언제나 큰 위로가 된다.

아버지는 사실 내게 별로 해 주신 게 없다. 덕분에 나는 고등학교 시절부터 장학금이 아니면 학비를 조달하기 어려웠다. 대학 시절엔 말할 것도 없이 아르바이트를 세 개, 네 개씩 해야 겨우 학업을 이어갈 수 있었다. 하루하루 살아가는 게 버겁기만 했다. 그 시절엔 무능한 아버지가 원망스럽기도 했지만, 그래도 참 신기한 건 아버지에 대해 조금의 섭섭함도 남아 있지 않다는 거다. 세상적으로 아버지는 거의 0점에 가깝다. 하지만 난 아버지께 기꺼이 100점을 드릴 수 있다.

크게 두 가지 이유가 있는 것 같다. 나는 독학을 하다시피 해서 대학을 졸업하고 미국 유학길에 오른 남편을 만나서 5년의 유학을 마치고 귀국했다. 남편의 유학과 시간 강사 시절을 다 합쳐서 7년 동안 나는 생활을 책임져야 했고, 그 후로도 맞벌이의 긴 시간이 이어졌다. 20여 년 전에 한국에서 여자가, 그것도 두 아이를 키우며 살림과 바깥일을 한다는 건 사람이 아니라 기계가 되어야 하는 일이었다. 그렇다고 며느리로서의 의무와 책임이 면제되는 것도 아니었다. 요즘 흔히 하는 말로 멘탈이 탈탈 털리는 생활이었다. 그래서 가끔씩

'이렇게 지치고 피곤한 인생을 왜 살아야 하는걸까?' 생각했다.

임계점에 도달한 듯한 어느 날, 그날도 새벽 강의를 나가는 딸이 걱정이 되서 데려다 주러 오신 아버지의 차에 타서 한마디 여쭈었다. "아버지, 난 어떤 딸이야?" 아버지는 1초의 망설임도 없이 대답하셨다. "쳐다보기도 아까운 딸이지." 눈물이 터질까 봐 꾹 참고 내렸지만, 아버지는 내 속을 다 알고 계신 듯했다. 매일매일 마음이 무너지고 바닥을 치던 내 마음을…. 그 후에도 힘든 일들이 더 밀려왔지만 아버지의 그 한마디 때문에 견딜 수 있었다. 하나님과의 관계도 이와 비슷할 때가 참 많았다. 사람마다 사랑의 언어가 다르다고 하는데, 내 경우엔 칭찬과 격려인 듯하다. 옛날 분이었던 아버지가 그걸 의식했다기보다는 그저 딸인 나를 사랑해서 하신 말씀이었으리라.

그다음으로 아버지는 확실한 회개의 흔적을 지닌 분이었다. 천국으로 이사 가시기 전 8년 동안 치매를 앓으셨는데, 그 기간 중에도 가끔 본래의 상태로 돌아오실 때에는 늘 엄마한테 미안하고, 우리 형제들한테 미안하다고 하셨다. 즐겨 부르신 찬송이 〈나 같은 죄인 살리신(찬 305)〉이었다. 지금도 난 아버지가 그립다. 부모는 훌륭하고 잘나서 부모가 되는 게 아니다. 부모는 자격증으로 되는 게 아니라 사랑으로 되는 것이기 때문이다. 많은 것을 해 줘서 좋은 부모가 아니라 자식의 마음이 무너지고 바닥을 칠 때 일으켜 주는 게 부모다. 하나님의 사랑을 어렴풋이 보여 주는 부모, 그게 진짜다.

오래전 이야기다. 사업이 망해서 무일푼인 상태인데 시집을 가야 하는 큰딸(큰언니)을 바라보며 한숨 밖에 지을 수 없었던 때에 전화를 하려고 공중전화 부스에 들어선 순간, 누군가 두툼한 돈 봉투를 넣은 채 두고 간 손가방을 발견하셨단다. 옆에 있던 엄마도 가까이 못 오게 하시며 한참을 지키면서 누가 곧 올 거라고 하셨단다. 그러자 정말 어떤 애기 엄마가 정신이 나간 듯 뛰어오더니 자기 집 전세 들어갈 보증금인데 전화를 걸고 깜빡하고 두고 나왔다며 그 돈 없으면 자기 식구들 거리에 나앉을 뻔했다며 아버지께 감사해서 절을 하더란다. 아버지 입으론 한 번도 하신 적 없는 이 이야기는 엄마를 통해 들었다. 사실 엄마는 그 순간 마음이 흔들렸다고 하셨다. 지독한 가난을 내게 물려주어서 어릴 적엔 고생도 많이 했지만, 선한 양심을 가졌던 내 자랑스러운 아버지. 어버이날에 살아 계신 시부모님과 친정엄마껜 용돈도 선물도 꽃도 드릴 수 있지만, 천국에 계셔서 다 전할 수 없는 깊은 사랑과 존경을 내 자랑스러운 아버지께 드립니다.

| 광장공포증 Agoraphobia |

다만 예수의 옷자락에라도 손을 대게 하시기를 간구하니 손을 대는 자는 다 나음을 얻으니라(마 14:36)

8살이 되어 학교에 입학할 때가 되자 지방에 사시던 부모님이 나를 서울 외가로 올려 보내셨다. 사정이 여의치 않았는지 엄마는 나를 고속버스에 태워 올려 보내시면서 서울 고속버스 터미널에 도착하면 누군가 마중을 나올 거라고 했다. 하지만 터미널에 내려서 아무리 둘러봐도 마중 나온다던 분은 보이지 않았다. 당시엔 휴대폰도 없고 전화를 걸 방법도 없던 시절이라 너무나 막막했다. 어린 나의 눈에는 엄청나게 커 보이던 차들도, 자동차의 바퀴들도 모두 너무 크고 무서운 존재로 다가왔다. 하지만 정신을 차리지 않으면 나쁜 사람에게 끌려갈 수도 있다고 막연히 생각했던 것 같다.

일단 택시 정류장에 가서 택시를 타고, 그전에 한 번 가 본 적이 있는 외가로 가자고 했다. 택시 운전사 아저씨가 제발 좋은 사람이길 간절히 바라면서, 그래도 어린아이 혼자 택시를 타고 가는 상황을 이상하게 볼지 모르니 최대한 똑똑해 보이도록 또랑또랑한 눈빛을 하고 있으려고 애를 썼다. 사실 그때 내 수중엔 돈도 없었다. 겨우겨우 기억을 더듬어 외가에 도착해 식구들이 택시비를 내 주었고, 외할머니와 오빠와 언니들이 맞아 주었다. 가족들은 혼자서 그 먼 길을 찾아온 나를 그저 놀란 눈으로 바라보았다. 아주 오래된 일이지만 그날 온몸의 초긴장 상태는 아직도 선명하게 뇌리에 남아 있다.

어른이 되어서도 터미널은 내게 그리 유쾌한 장소가 아니었으므로 웬만하면 고속버스보다는 자동차로 이동하며 살았다. 그러던 어느 날 대구에 갈 일이 생겼는데 운전이 부담이 되어 KTX를 타고 가기로 했다. 동대구역에 내려서 바로 출구로 나갈 땐 괜찮았다. 대구에서 일을 마치고 서울행 KTX를 타기 위해 동대구역에 와서 돈을 찾으러 현금 인출기 안에 들어갔는데 갑자기 어린 시절 그 터미널의 기억이 떠오르면서 심각한 호흡곤란이 왔다. 현금 인출기 안이 진공 상태가 된 것처럼 느껴지고, 출구가 어딘지 보이지 않았다. 아무 소리도 낼 수 없었고 거의 기절하며 쓰러지려는 찰나였다. 인출기 밖에서 기다리던 어떤 여학생이 문을 열고 나를 일으키며 괜찮냐고 하면서 밖으로 꺼내 주었다. 시간이 좀 흐른 뒤 정신이 돌아오면서 숨이 쉬어졌다. 생명의 은인인 여학생에게 감사의 인사를 하고 무사히 서울에 왔지만, 그 후로 터미널은 기피 장소 1호가 되었다.

그런데 지난 1월 초에 여수에서 커피브레이크 컨퍼런스가 있었다. 몇 달 전부터 신청하고 기다리던 컨퍼런스이고 중요한 사역이었다. 초행길인 여수까지 혼자서 운전을 하고 가기는 무리라서 결국 KTX를 타고 가기로 했는데 악몽의 KTX 터미널을 어떻게 통과할 것인가 고민이 되어 며칠 동안 잠이 오지 않았다. 그래도 사역이니 가야 한다. 그래서 이 두려운 마음과 상황을 모두 이해하고 기도해 주실 분께 기도부탁을 하고 출발했다. 용산역 KTX 터미널은 입구까지 아주 긴 에스컬레이터를 타고 올라가는데 그때부터 숨이 가빠왔다. 안으로 들어서자 호흡이 더 힘들어졌다. 누군가 내 눈앞을 훅하고 지나가는데 분명 검은 모자와 운동복을 입은 남자로 보였는데 돌아보니 아무도 없었다. 무서웠지만 좌우를 돌아보지 않고 승강장을 향해 앞만 보고 걸었다. 수영장에서 잠수를 한다고 생각하고 지나가 보자고 스스로를 달랬다. 마침 대기 중이던 KTX에 탑승해서 안정을 취하자 호흡은 다시 돌아왔다.

"Unfailing Love"라는 주제로 열린 여수 커피브레이크 컨퍼런스에는 은혜가 넘쳤고, 난 거기까지 오게 하신 하나님의 섭리가 치유와 회복임을 느꼈다. 주님은 내가 하는 사역보다 나의 온전함에 더 마음을 두시는 분이다. 또한 어릴 적 겪었던 그 일로부터 내 안전은 내가 지켜야 한다는 강박이 나를 사로잡도록 놓아둔 마음속에 하나님에 대한 불신이 있었음을 회개했다. 입술로는 아버지요 주인이라 부르는 하나님을 나의 안전 하나도 책임져 주시지 못하는 작은 분으로 만들고 있었던 것이다. 그분의 옷자락만 만지면 다 나음을 얻었다는 말씀을 읽기만 했지 낫기를 구하며 매달리진 않았던 것이다. 상처의 치유는 하나님으로부터의 충분한 위로로 시작되지만, 내가 내려놓아야 할 죄 짐도 있음을 분명히 깨달았다. 그러자 온전한 치유가 일어났다. 두려움이 사라지고 터미널도 그분이 지켜 주시는 안전지대로 변했다.

컨퍼런스를 마치고 서울로 올라오는 길에 여수 KTX 터미널에 도착했는데 이젠 더 이상 무섭지 않았다. 나는 마음속으로 말했다. "I'm safe in you, father!" 올라오는 내내 기쁨이 넘쳤고, 나는 이제 더 이상 8살 어린 시절 터미널에서 겁먹고 서 있던 어린아이가 아니란 걸 마음 깊이 확인할 수 있었다. 오랜 마음의 병만큼이나 무거웠던 죄짐을 내려놓고 낫기를 구하며 그분의 옷자락에 손을 대자 나음을 입은 은혜의 순간이었다.

⎸ 부라보콘 녹아, 그만 울어 ⎹

"부라보콘 녹아, 그만 울어." 서울로 가는 고속버스 안에서 울음을 멈추지 않는 나를 언니들이 계속 달랬다. 엊그제 마트에 갔다가 무심결에 집어든 아이스크림으로 소환된, 동화 같은 어릴 적 추억이다. 지방 건설현장에서 일하셨던 부모님과 떨어져서 서울 외가에서 8살 때부터 몇 년간 지냈을 때 개학 때가 되면 늘 반복되던 일이었다. 방학 동안 부모님과 울산, 담양 등 지방에서 지내다가 개학할 때가 되면 서울로 가는 고속버스를 오빠랑 두 언니들과 함께 타고 올라갔다. 우리를 버스에 태우면서 애틋했던 엄마는 당시 경제적 형편에서는 제일 비싼 '부라보콘' 아이스크림을 사 주셨다. 하지만 평소에 먹을 수 없었던 부라보콘을 먹은들 어린 내게 엄마랑 헤어지는 아픔이 달래지겠는가 말이다. 왜 이런 슬픈 상황이 반복되는지 이해도 안 되고 눈물만 흘렸다.

언니들과 오빠는 나보다는 상황에 대한 이해가 있었고 아이스크림을 먼저 먹고 나서 울 수 있는 나이였으나 그중에서 제일 어렸던 나는 엄마랑 헤어지는 게 너무 슬퍼서 아이스크림이고 뭐고 버스도 타기 싫고 서울도 가기 싫고 학교도 가기 싫었다. 휴게소에 내리면 큰 언니는 우느라 먹지 못해서 녹아내린 아이스크림으로 끈적거리는 내 손과 울어서 퉁퉁 부은 얼굴을 씻겨 주느라 바빴다. 한창 엄마의 손길이 필요할 때, 부모와 떨어져서 초등학교에 입학한 나는 서울 외가에서 자랐다. 외할머니와 외삼촌, 그리고 오빠와 언니들이 아빠와 엄마 역할을 대신한 셈이다. 그렇게 자라선지 우리 형제들의 우애도 애틋한 편이다. 외가가 있던 동네에서 사람들은 우리를 부모 없이도 잘 크는 아이들이라고 불렀다. 더러는 우리에게 부모가 버린 거라며 불쌍하게 보는 이들도 있었다.

초등학교 때부터 대학 시절까지 친척 집에서 학교를 다닌 날들이 많아서인지 사촌들과도 각별하다. 어른이 되고 보니 그만한 자산도 없는 듯하다. 어른이 되어서 새로 누군가를 사귀고 친구가 되는 일은 쉽지 않다. 속을 터놓을 수 있는 친구를 새로 사귀기란 정말 어렵다. 그런데 어린 시절을 함께한 사촌들은 나이도 비슷하고 허물없는 사이라서 오랜만에 만나도 바로 본론으로 들어갈 수 있는, 인생에서 참 좋은 친구들이다. 어려서부터 서로의 가정 형편을 잘 아는 처지이니 힘들 때 해 줄 수 있는 한마디의 깊이가 다르다는 걸 느낀다.

이 집 저 집 친척 집들을 다니며 배우는 지혜들도 있었다. 각 가정의 여러 가지 가족관계, 즉 부부간의, 부모와 자식 간의, 시댁과 친정 간의 관계 속에서 어떻게 하는 것이 바람직한지 삶에서 겪는 갈등과 어려움에 대한 대처 등 인생에 대해 많이 배웠다. 그래서 내 결혼 생활과 자녀 양육에 그러한 교훈들은 아주 좋은 자양분이 되었다. 훗날 에스더서를 묵상하면서 부모 없이 모르드개의 손에 키워진 에스더가 반듯한 성품으로 자란 것은 자신의 상황과 처지에 대한 이해와 그것들을 신앙으로 잘 소화했기 때문이었을 거라고 생각했다. 어쩔 수 없이 내게 주어진 상황은 바꿀 수 없지만 현재의 상황에서 신앙에 기반한 최선의 선택을 하는 건 내가 할 수 있을 거라 생각한 그때 나의 선택과 결정은 은혜였다고 생각된다.

부모와 떨어져서 지낸 어릴 적 기억이 춥고 아파서 엄마로서의 나는 지나치리만큼 아이들을 품에 꼭 안고 키웠다. 아이들이 친구 집에 놀러가서 자고 오는 것도 웬만해선 허락하지 않았다. 친구들과 어울려 노는 것을 좋아하는 둘째 아들은 이런 점에서 내게 늘 불만이 있었다. 덕분에 두 아들의 우애는 참 좋지만 더 풍요로운 인간관계를 가질 수 있었던 길을 막은 것 같아 미안한 마음이 들 때가 있다. 늘 누군가가 그립고 때로는 춥고 아팠던 어린 시절의 기억도 돌아보니 어느새 인생에 풍요함을 주는 자양분이 되었다는 걸 느끼게 된다. 참 감사한 일이다. 자세히 보니 '부라보콘, since 1970'이라고 쓰여 있다. 추억을 소환하기에 충분한, 참 오래된 아이스크림이다. 쓰리고 아팠던 추억도 이제는 달콤한 은혜로 녹아든 마음으로 대면할 수 있는 내 아름다운 어린 시절이다.

| 콩 이야기 |

어릴 적 외가에 살 때 우리 형제들을 돌봐주시던 외할머니가 돌아가시자 우리를 챙겨 줄 어른이 별로 없었다. 그래서 늘 배가 고팠던 기억이 있다. 어느 날 해질녘, 지금은 미국에 살고 있는 작은언니가 내게 외가 건너편에 있는 콩밭에 나가 보자고 했다. 콩을 추수하고 난 밭에 조금씩 남아 있는 것들이 있어서 함께 주웠다. 하지만 날콩을 먹을 수는 없는 일이었다. 어느새 해는 지고 어두워지자 언니는 작은 불을 피워서 콩을 구운 후 껍질을 벗긴 완두콩을 내게 주었다. 그런대로 맛있는데다 불 위에 콩을 굽는 일이 은근 재미있었던 것 같다.

다 구워 먹고 집에 들어와 밝은 곳에서 서로의 얼굴을 보니 입가에 묻은 재와 그을음으로 까맣게 되어 있었다. 그 모습이 우스워서 깔깔깔 웃으며 밤새 뒹굴었던 것 같다. 어린 시절엔 아무리 슬픈 기억 속에도 재미와 즐거움이라는 추억이 남는다. 세월이 흐른 후 성경을 읽다가 레위기 말씀을 묵상하면서, 그 콩밭 주인이 다 거두지 않고 남겨 둔 콩들 속에 담겨져 있던 은혜를 발견하고 목이 메었던 적이 있다.

> 너희가 너희의 땅에서 곡식을 거둘 때에 너는 밭모퉁이까지 다 거두지 말고 네 떨어진 이삭도 줍지 말며 네 포도원의 열매를 다 따지 말며 네 포도원에 떨어진 열매도 줍지 말고 가난한 사람과 거류민을 위하여 버

려두라 나는 너희의 하나님 여호와이니라(레 19:9-10)

우리 형제들은 완벽한 케어를 해 주는 부모를 만나지는 못했지만, 오빠와 언니들과 나는 그렇게 인생의 역경과 고난 속에서 하나님의 은혜로 자라났다. 늘 아쉽고 무언가가 부족한 듯한 삶의 연속이었지만 그 너머에 예비된 은혜가 없이는 살아갈 수 없었던, 진정으로 귀한 인생이었음을 깨닫게 된다. 과거에도 현재에도 은혜가 아니면 설명이 안 되는 복된 인생을 살게 하신 주님께 깊은 감사를 올려드린다.

| 가 지 않 은 길 |

사춘기 무렵부터 그림을 그리는 게 너무 재밌어지고 한번 시작하면 계속해서 그리고 싶었다. 혼자서 몇 시간씩 앉아서 그려도 하나도 지루하지 않았다. 그림이래야 하얀 도화지에 4B 연필 하나로 그리는 스케치가 전부였지만 화가로 평생을 살아도 후회가 없을 것 같았다. 그러다가 혼자서 그리기만 해서는 더 이상의 발전을 기대할 수 없는 단계가 왔다. 엄마에게 미술 학원에 한 달만 다니게 해 달라고 사정했지만 돈이 없었던 엄마는 일언지하에 안 된다며, 게다가 계집애가 청승맞게 무슨 화가냐는 꾸중까지 들었다. 언니들이 옆에 있었지만 왠지 내 편을 들어주지 않았다. 그날 밤 베개가 젖도록 울었다. 나중에 커서 언니들이 왜 그날 엄마한테 아무 말도 해 주지 않았는지 그 이유를 말해 주었다. 나는 고집이 세고 의지가 굳어서 화가가 되겠다고 진심으로 결정하면 엄마가 도와주지 않더라도 어떻게든 해낼 거라고 생각했고, 만약 그렇게 되면 그때 이후로 더 큰 고생을 하게 될까 봐 말리는 엄마 편을 들 수밖에 없었다고 했다.

그래도 혼자서 계속 그림을 그리던 어느 날 사촌 여동생 집에 갔는데 그 여동생의 방에는 커다란 이젤과 큰 스케치북, 비싸서 만져 보지도 못한 팔레트와 여러 개의 붓과 스케치용 연필들이 있었다. 그날 밤에 그 이모 집에서 자려고 했었는데 흐르는 눈물을 주체할 수 없어서 차가 끊긴 밤길을 하염없이 걸어서 집으로 왔던 기억이 있다. 그날 이후로 그림과 화가의 꿈은 너무나 가슴이 아팠지만 접었다. 다시 생각하는 것조차 하지 않았다. 독학을 하다시피 대학을 다니며 생활을 위해 영어 과외를 시작했고, 가난한 유학생 남편 뒷바라지를 위해 영어 강사가 되었다. 그리고 그것이 내 평생의 직업이 되었다. 덕분에 지금까지 십 대의 학생들부터 칠십 대 어른들까지 셀 수 없이 많은 학생들을 가르쳤다. 그래서 내 주변엔 늘 많은 사람들이 있었다. 지금도 혼자 앉아서 커피를 마시며 책 보는 것을 가장 좋아하지만, 수업이 있어서 나가야 하고 학생이 있어 가르치는 일을 하는 인생이 된 것이다. 덕분에 외로울 새가 없었다.

어릴 적 그토록 원했던 화가의 길을 갔다면 만나지 못했을 보석 같은 사람들과 그들의 인생이 석류알처럼 내 가슴에 박혀 있다. 그리고 그 삶은 무엇과도 바꿀 수 없는 귀한 것이 되었다. 모든 화가가 외로운 건 아니지만 성향상 가만히 두었으면 오랜 시간 동안 혼자 외롭게 있었을 나를 수많은 사람들과 동행하는 아름다운 삶으로 인도하신 하나님께 감사하게 된다. 야속했지만 화가의 길을 한마디로 접게 만든 엄마도 이제는 용서할 수 있다. 그것도 나를 키우시는 하나님의 큰 그림 안에 있어야 했던 조금 아픈 퍼즐 조각이었던 걸로 느껴진다. 가끔은 가지 않은 그 길이, 가고 싶었지만 좌절되었던 꿈의 길이 아쉬웠지만 내게 더 필요하고 더 좋은 길로 인도하신 하늘 아버지의 선하신 계획이었으리라고 생각한다. 야속하고 서운하게 좌절되었던 꿈도 감사로 바꾸신 내 좋은 하늘 아버지의 큰 그림에 이제는 기꺼이 "아멘"이다.

│ 투게더, Together │

사업에 실패하신 부모님은 지방으로 내려가셨고, 당시에 대학생이었던 작은언니와 나는 외삼촌댁에서 학교를 다녔다. 아버지의 사업 실패와 더불어 외가 친척들에게 이미 빚도 지신 상태에 외삼촌댁에 얹혀살면서 학교를 다닌다는 건 그분들이 아무 말씀을 안 하셔도 정말 눈치가 보이는 일이었다. 언니와 난 학교 수업에다 아르바이트를 서너 개씩 해 가며 학교를 다녀야 하는 처지라 체력은 늘 딸렸지만 외삼촌 부부는 맞벌이를 하시는 터라 아침저녁으로 부엌살림이라도 거들어야 할 것 같았다.

외삼촌 네는 당시에 중학생 아들과 초등학생 딸이 있었다. 내게는 사촌 남동생과 여동생이었다. 아직 어렸던 두 동생은 늘 사업으로 바쁜 부모님과 함께 시간을 보내지 못하는 걸 아쉬워했다. 지금은 굴지의 기업으로 성장했지만 그때는 한창 기반을 다져가던 때라서 외삼촌 부부는 밤낮없이 뛰어다니며 일만 하시는 것 같았다. 그래서 우리는 사촌 동생들과 대화할 시간이 많았다. 알바를 마치고 밤늦게 귀가하면서 아이스크림을 하나 사 들고 들어가 사촌들 넷이서 함께 먹으며 언니랑 나는 청춘의 고단함을, 동생들은 부모에 대한 그리움을 달랬다. 자기들의 공간을 기꺼이 내어 준 착한 동생들에게 해 줄 수 있는 게 고작해야 그것뿐인 게 늘 미안했다.

그 후에 외삼촌의 회사는 매우 탄탄한 성장을 했고, 두 동생 모두 미국에서 결혼하고 행복하게 잘 살고 있어서 얼마나 감사한지 모른다. 하지만 당시의 아이들에겐 부모의 부재가 얼마나 슬프고 아쉬운 일인지 어른들은 다 모르는 게 있었다. 모든 게 우리 형제들보다 나은 상황에 처했던 사촌 동생들이었지만, 부모와 헤어지는 아픔에 있어서는 우리가 훨씬 더 많은 경험을 가진 베테랑들이었으니 아마도 위로자로는 적격이었을 것이다. 얼마 전에 잠시 귀국한 사촌들과 통화를 했는데 남매가 똑같은 말을 한다. 자기들은 그때가 너무 좋았고 그 추억 때문에 그 후로도 오랫동안 그 아이스크림만 먹었다고. 우린 그냥 미안하고 고마울 뿐이었는데 우리에게 위로를 받았다니 참 누가 누구에게 신세를 지고, 누가 누구에게 위로가 되는지 우리는

다 알 수 없는 존재인 듯하다. 그저 함께 있을 뿐, Together!

낡은 사진 속에서 다시 만난 나

"만약에 시간을 되돌릴 수 있다면, 인생의 어느 지점으로 돌아가고 싶은가?"라는 질문을 받을 때가 있다. 많은 사람들이 10대나 20대의 청춘, 혹은 신혼의 때를 떠올린다. 그러나 나는 여태껏 그 청춘의 때로 돌아가고 싶은 마음이 없었다. 너무나 춥고 아팠던 '결핍의 시절'이었기 때문이다. 특히 대학 시절에는 등록금과 생활비, 하숙비까지 혼자서 다 책임져야 했기에 정말 하루도 쉴 수 없는 고단한 삶이었다. 그러면서도 미래를 준비해야 했고, 더 나은 삶을 꿈꾸어야 했다. 그래서 꿈을 꾸는 것도 어느 순간엔 고통이었다.

가진 것도 기댈 곳도 없었던 그 시절의 초라한 나는 사실 스스로도 별로 돌아보고 싶지 않은 모습이었다. 그 후로도 결혼과 출산, 맞벌이, 아이들 교육, 살림과 직장 생활 등으로 충분히 바빴기에 그 시절은 정말 내 기억 속에 blackout과 같았다. 그런데 지난 겨울에 우연히 오래된 사진들을 정리하면서 그 시절의 나와 다시 만나게 되었다. "결핍과 고단함, 스스로는 초라함"으로 정리되어 있는 그 시절의 내가 뜻밖에도 너무 '귀하다'는 느낌으로 다가왔다. 현실의 결핍을 어떻게든 메워 보려 애썼고 보다 나은 미래를 위해 고단함을 자처하며 초라한 자신을 넘어서기 위해 노력했던 '그때의 내가 아니었으면 그 이후의 인생도 존재하지 않았겠다'는 생각이 들었다.

인생에는 꼭 필요한 훈련의 시간이 있다. 되돌릴 수 없는 한 번뿐인 귀한 인생이기에 때에 맞는 수고와 노력을 기울이며 배우고 알아가는 게 있다. 때에 맞는 적절한 훈련을 받지 못한 채 어른이 되었을 경우엔 책임감 있고 신뢰할 만한 어른이 될 수 없다. 나이는 차서 어른이 되었지만 마음과 태도에서 성숙하지 못한 어린애가 여전히 그 안에 있을 때, 자신은 물론 주변 사람들이 힘들어진다. 그가 감당해야 하는 일들과 관계들 속의 빈틈을 누군가 대신 메워 주어야 하기에 주위 사람들의 수고를 필요로 한다. 그러지 않기 위해서 우리는 다양한 경험과 수고와 훈련을 통해서 여러 사람들의 입장과 생각, 처지와 환경을 이해하고 소통할 수 있는 진짜 어른으로 성장하는 것이다. 고된 일들을 해내며 몸이 훈련되고 어려운 일들을 겪으며 문제 해결 능력을 키워 나가서 각자의 짐을 지며 동시에 서로의 짐을 져주는 성숙하고 참된 연합을 이루어 갈 수 있게 되는 것이다.

요즈음의 청춘들은 정말 힘든 시대를 살아간다. 안쓰럽고 마음 아플 때가 많다. 도와주고 싶고, 그 짐을 나누어 져 주고 싶은 마음이다. 그러나 그것이 아픔만은 아님을 이제는 자신 있게 말해 줄 수 있을 것 같다. "청춘은 아파서 더 아름다운 것"이라고 말이다. 그리고 인생에서 찬란한 봄날이 오게 하는 아주 귀한 순간들이라고 말해 주고 싶다. 인생을 주관하고 인도하시는 분은 분명 하나님이시고, 모든 인생은 그분의 은혜 안에 있다. 그러나 그 하늘 아버지는 우리의 하루하루의 수고와 애씀, 매 순간의 노력과 최선을 다하는 모습을 주목하시는 분임을 확신한다. 그리고 그 모습을 아름답고 귀하게 보시는 인자한 아버지이시다.

꿈을 꿀 수 없는 시대, 꿈꾸는 것이 고통이 되어 버린 시대라지만 청춘은 "꿈이 아니면 살 수 없는, 다시는 오지 않는 인생에서 진정으로 찬란한 봄날"이라고 말해 주고 싶다.

│ 인생의 퍼즐 – 철학(哲學) 이야기 │

근현대 기독교철학사 강의를 듣고 르네 데카르트(René Descartes)의 "나는 생각한다. 고로 나는 존재한다(Cogito, ergo sum)"는 명제에 대해 '존재하지만 생각할 수 없는 뇌사 상태의 인간이나 혹은 존재한다고 볼 수 없지만 생각할 수 있는 인공지능(AI)은 어떻게 설명할 것인가?' 하는 의문이 들었다. 그러고 보면 나는 어려서부터 질문이 많았는데 철학과 신학 공부에는 도움이 되었지만 일상생활에서는 그냥 따지는 걸로 보일 수 있어서 절제가 필요했다. 교회를 다니면서 성경공부를 좋아했는데 그 시간에 나는 궁금해서 질문을 한 건데, 사람들은 왜 그리 따지냐며 그냥 믿으라고 했다. 하지만 하는 덮어놓고 믿으라는 그 사람들이 더 이상해 보였다.

하나님 안에는 우연이 없다는데 내가 학부에서 철학을 전공했던 건 평생을 영어 선생으로 살아온 내게 아주 오래된 인생의 퍼즐이었다. 물론 개론적인 수준이었지만, 살아가면서 '써먹지도 못할 철학 공부는 왜 했을까?' 하는 의문이 가끔 들었다. 어려서부터 언어를 좋아하는 성향이어서 국문과나 영문과에 가서 공부를 해 보고 싶은 마음이 있었을 뿐 구체적으로 꼭 이것을 해야겠다는 신념 같은 건 없었는데 국어 담당이셨던 고3 담임선생님이 내게 글을 쓰는 직업을 가지면 좋겠다며 국문과를 권하셨다. 하지만 시험 점수가 이에 못 미치게 나왔고 아쉽지만 사대 쪽으로 가야겠다고 생각하고 있었는데, 선생님은 내게 철학과 지원을 고집하셨다. 그 길로 가도 생각하는 훈련을 통해 작가가 되는 데에 도움이 될 거라고 하셨다. 선생님의 판단이 옳으실 거라 생각한 나는 철학과에 지원했고 입학했다. 하지만 철학 공부가 만만한 공부는 아니었다. 교수님들의 강의는 언제나 알 듯 말 듯 어렵고 난해했다. 그저 서양 철학사를 한번 쭉 훑어보는 수준으로 졸업을 한 셈이다. 대학 재학 시절에도 영어에 대한 관심은 여전했고 올림픽 때 통역 자원봉사를 한 게 계기가 되어 학부 시절부터 영어 강사의 길을 가게 되었다. 결혼하고 유학 갔다가 귀국해서 맞벌이하며 아들 둘을 키우기에 바빠서 정신없이 살다가 늦은 나이에 콜링(Calling)을 받고 신대원에 입학했다.

신대원 동기들은 대부분 조직신학이 어렵고 재미가 없다는데, 나는 이상하게 조직신학이 제일 재밌었다. 언뜻언뜻 등장하는 철학자들의 이름을 들을 때마다 학부 시절의 기억이 스쳐갔다. 자세히는 아니지만 '전체 철학사 중에서 어디쯤에 있었던 인물이고 주된 주장은 어떤 것이었다' 정도의 기억이었다. 그러다가 신대원 졸업을 앞두고 있을 때쯤 박사과정에 진학해서 조직신학 공부를 더 해 보고 싶다는 생각이 들었고 진학했다. 사실 불확실성이나 무모함, 더구나 도전에는 매우 취약한 안정형에다가 신중형인 나로서는 내리기 힘든 결정이었다. 공부를 하면 할수록 만약에 학부 때의 철학적 배경이 없었더라면 지금보다 훨씬 더 힘들었을 거란 생각이 든다.

오랜 시간 풀지 못했던 퍼즐이 풀리고, 긴 시간이 흐른 후에 얻게 되는 깨달음이지만 정말 하나님 안에는 우연이 없다. 대학 진학에 지대한 영향을 주신 고3 담임선생님도 찾아뵙고 싶고, 감사하다는 말씀을 꼭 전해드리고 싶다. 지름길을 놔두고 돌아온 듯한 느낌이 있지만, 내 인생의 남은 날 동안 하나님에 대해 실컷 배우고 연구하는 이 길에 들어서게 해 주신 그분의 큰 그림과 선하신 인도하심에 깊은 감사로 고개를 숙인다.

2
결혼과 직업

| 결혼 |

부모님의 결혼 생활을 지켜보면서 결혼에 대해 그다지 긍정적인 생각을 할 수 없었던 나는 결혼을 꼭 해야 한다고 생각하지 않았다. 열심히 노력해서 능력을 갖추어 혼자서도 얼마든지 살아갈 수 있는 독립적인 여성이 되는 게 목표였다. 하지만 만에 하나 결혼을 하게 되면 내 배우자는 적어도 이런 사람은 되어야 한다는 나름대로의 까다로운 기준들을 마음속으로 세우고 있었다. 그러던 어느 날, 대학 2학년 봄에 과 친구가 주선한 소개팅에 원래 나오기로 한 선배 언니가 갑자기 못 나오게 됐다며 내게 급히 대신해서 잠깐 나가서 얘기 좀 하다가 가 달라는 부탁을 했다. 간곡한 부탁을 뿌리칠 수 없어서 말로만 듣던 소개팅 대타를 나갔다.

남편 역시 주선한 후배를 배려해서 나왔지만 당시에 석사학위 논문 준비로 바빠 누구를 사귈 상황이 아니어서 잠시 있다가 가야지 하는 마음으로 나왔다고 한다. 그런데 그날이 마침 미국에 계시던 시부모님의 결혼기념일이라서 멀리 계신 부모님 생각이 났는지 남편의 이야기가 길어졌다. 말을 참 재밌게 하는 사람이라는 인상을 받으며 이야기를 들어주다가 귀가했는데 다음에도 계속 연락이 와서 보게 되었다.

하지만 데이트도 시간이 있어야 할 수 있는데 당시에 아르바이트를 서너 개씩 하며 살아가던 내게 연애는 그야말로 사치였다. 그래서 나는 한가롭게 데이트나 하며 살아갈 수 없는 형편이라고 말했다. 그랬더니 남편이 나더러 어떻게 하면 시간을 낼 수 있냐고 묻기에 아르바이트 하느라고 과제를 할 시간이 늘 모자라는데 정 만나고 싶으면 내 과제를 대신 해 줄 수 있냐고 농담 삼아 물었다. 그런데 그때부터 과제를 진짜 해 주는 것이었다. 정말 특이한 사람이거나 나를 정말 좋아하는 사람이거나 둘 중 하나라고 생각했다. 그렇게 시작된 삼 년의 연애 기간을 거치며 서로를 알아갔다. 그 기간 동안 언제나 확인할 수 있었던 것은 남편이 나를 진심으로 사랑한다는 것이었다. 솔직히 나는 그때 사는 게 너무 힘들어서 내 감정에 집중하기가 어려웠다. 그리고 내가 사랑하는 것보다는 남편이 나를 사랑하는지가 더 중요하다고 생각했고 그거면 된다고 생각했다.

남편은 평생 공직자로 사신 아버지와 전업주부인 어머니 사이에서 태어나 별다른 기복이 없이 순탄하게 살아온 아들이었다. 시아버님은 청렴하고 명예로운 공직자이신데, 나는 그 점이 무엇보다 마음에 들었다. 가난한 친정에서 친척들 눈치를 보며 살아온 나로서는 시댁이 존경받는 어른이 계신 집안이라는 게 매력적으로 느껴졌다. 그런데 문제는 여기에 있었다. 당시에는 남편도 시부모님도 모두 주님을 믿지 않는 상태였다. 그저 좋은 집안이라는 기준이 내가 가장 먼저 고려한 변수였다는 데에 문제가 있었다.

십 대 때부터 교회를 다녔고, 대학 시절에는 주일학교 교사로 섬기며 겉보기엔 크리스천으로 살아가고 있었지만 정말 중요한 결혼을 결정하는 일에 있어서는 하나님이 우선시되지 않았다. 그 결정이 얼마나 잘못된 것이었는지는 결혼 생활에서 여러 가지 일들을 겪으면서, 그리고 십여 년간 남편을 전도하는 과정에서 뼈저리게 깨닫게 되었다. 결과는 동일했을지라도 나를 사랑해 주는 남편이나 명예로운 집안 배경이 먼저가 아니라 이 사람이 하나님께서 정해 주신 배필인지 하나님께 묻고 기도하고 뜻을 구하며 기다리는 과정이 생략된 게 문제였다.

겉보기에 좋아 보이는 시댁으로 시집을 가는 게 중요한 게 아니라 그게 왜 좋아 보이는지를 영적으로 씨름했어야 했다. 그게 생략된 채로 시작한 결혼 생활은 뿌리 깊은 열등감과 피해 의식을 해결하지 않는 채 외적인 조건을 바꾸는 것만으로는 어떤 문제도 해결될 수 없음을 깨닫는 뼈아픈 시간이었다. 과로로 쓰러질 만큼 열심히 살고 있는데도 시어머님이 나를 여전히 '가난한 집 딸'이라고 이름처럼 부르실 때마다 상처에 소금을 끼얹는 것 같았다. 그 아픔이 극에 달한 어느 날, 이 고통을 제발 끝내달라고 울며불며 주님께 매달렸다. 기도의 끝은 나의 깊은 회개였고, 고통과 수치의 자리지만 주님께서 정하셨으니 도망치지 않고 견디며 순종하겠다고, 대신에 우리 아이들 모두 거룩한 영적인 계보에 오르게 해 주시고 주님만 섬기는 아들들이 되게 해 달라고 기도했다. 다행인 건 성경공부를 좋아해서 끊임없이 그런 마음의 상처와 아픔들을 가지고 말씀과 기도의 자리에 머물렀다는 점이다. 그 과정에서 회개와 치유, 회복의 은혜를 누렸다.

회개하면 용서해 주시지만 삶의 주권을 온전히 드리지 않은 죄의 결과는 오래도록 스스로 마땅히 감내해야 하는 일이었다. 가끔씩은 이 오랜 죄의 짐이 너무 무겁다고 눈물로 엎드렸다가도 애초에 잘못한 게 나였으니 이 결과가 마땅하다고 인정하고 다시 일어나 내게 상처를 주는 그 사람을 다시 용서하고 다시 사랑하기로 결단하며 일어설 때마다 하나님께서는 피할 길을 주셨다. 그때마다 긍휼의 하나님은 남들은 알 수 없는, 나와 하나님만 아는 방법으로 위로해 주셨다. 감사한 것은 남편도 시부모님도 예수님을 믿으셨고, 무엇보다 우리 아이들이 모두 교회 안에서 행복하게 자라났다. 시작은 불완전했지만 긴 세월 동안 이어 온 신앙의 여정 가운데 우리 가정이 오직 예수로 하나가 되는 온전한 은혜를 누리게 해 주셨다. 더불어 주의 길을 걸어가게 된 은혜, 결혼을 통해 주님이 베풀어 주신 가장 큰 은혜다.

| 넌 안 돼! |

큰아들은 미국에, 작은아들은 사관학교에 가 있어서 애들이 없는 어린이날이니 남은 두 식구 중에 나이가 어린 내가 원하는 일을 해 보자는 남편의 다소 황당한 제안을 어찌할까 하다가 고른 영화 〈자산어보〉. 물고기를 좋아하는 남편의 취향과 영화는 보되 흑백 화면으로 눈을 좀 쉽게 해 주고 싶었던 내게 좋을 것 같다는 아주 단순한 이유로 선택했는데 기대 이상이었다.

신유박해(辛酉迫害)로 유배된 정약전이라는 인물의 학식과 신앙이 유배라는 고난의 시간을 통해 더욱 깊어져 가는 것을 볼 수 있었다. 신앙을 가졌으나 봉건적 사회에서 양반으로 살며 성리학에 뿌리가 깊었던 그에게 어부 청년인 창대와의 만남은 그 자신이 더욱 성숙하는 계기가 되었다. 신학에 비유한다면 칼빈(Calvin)의 신학적 사유에서 발견되는 '성(聖)의 세속화'가 연상되었다. 영화를 보는 내내 창대라는 청년에게 깊은 공감과 감정이입이 되는 것을 느꼈다. 첩의 자식이라는 출생 신분과 가난이라는 이유로 앞길이 꽉 막힌 이 청년의 유일한 낙은 글공부였다. 타고난 관찰력과 집요함으로 파고들어 결국 스승이 인정하는 훌륭한 제자가 되는 과정을 지켜보며 내 인생에서 수없이 넘어야 했던 여러 가지 장애물들이 떠올랐다.

하고 싶었던 미술 공부도, 대학 진학도 가난한 집 딸이라서 안 된다고 했다. 미술은 포기했지만 대학은 스스로 학비를 벌어서 다녔다. 시집을 가는 것도 가난한 집 딸이라서 점수로 치면 빵점이라고 했다. 미국에서 박사과정 유학을 하는 남편 뒷바라지를 하면서 나도 박사 공부를 하고 싶었는데 그것도 돈이 없어서 안 된다고 했다. 겨우겨우 영어 교사 자격증을 따서 외국어 학원 강사로 취업했는데 그당시 학원 강사들의 학력 인플레이션이 심해서 다들 석사나 박사였다. 막 강사를 시작한 내게 선배 강사들이 부르더니 "넌 안 돼!"라고 하면서 내가 강사로 성공할 수 없는 이유를 내 앞에서 수없이 나열했다. 유명 강사는 대부분 남자들인데 난 여자라서 안 되고, 석사도 박사도 아니라서 안 된단다. 사실 나는 유명 강사가 되고 싶은 게 아니었다. 그냥 돈이 필요했다.

유학을 마치고 빈손으로 귀국한 후 남편은 시간 강사로 일했고, 나는 큰 아이를 구립 어린이집에 맡기고 새벽반 강의를 했는데 어린이집에서 아이가 낮잠 잘 때 덮을 홑이불을 보내라고 했다. 장롱도 없이 살 때인지라 아기용 홑이불 살 돈도 없었다. 그래서 "우리 아기 홑이불 살 돈만 벌게 해 주세요" 하고 기도했다. 그랬더니 주님은 내게 홑이불 살 돈보다 더 벌게 해 주셨고, 오랫동안 그 자리에서 학생들을 가르치는 보람 있는 생활을 하게 해 주셨다. 내게 "넌 안 돼!"라고 말했던 많은 선배들이 하나 둘 사라지는 걸 보았다. 어느 날 그 학원에서 제일 큰 강의실에서 수업을 하게 되니 여자라서 오래 못 갈 거라고 하는 사람들이 있었지만 난 그 자리에 오래 있었다. 그렇게 일하면서 두 아이를 무난히 키울 수 있었다.

그러면서 나는 내 인생에 있었던 진리가 아닌 수많은 거짓 메시지들로부터 자유해지는 경험을 했다. 꼭 들어야 할 소리와 듣지 않아도 되는 소리를 구분하는 지혜를 배웠다. 그래서 우리는 영화 속 청년 창대처럼 자유케 할 진리를 집요하게 파고들 필요가 있는 것 같다. 깊은 사랑과 성숙함으로 제자를 품는 스승과 좌충우돌하다 우여곡절 끝에 스승의 깊은 뜻을 깨닫고 그 길을 가는 제자를 보면서 참된 제자 됨을 깊이 묵상하고 돌아보는 시간이었다. 오랜만에 참 좋은 영화를 만난 기분 좋은 휴일이었다.

| 유학 시절의 Sad Story |

독학을 하다시피 해서 대학을 졸업하면서 열심히 노력해 외국계 회사에 취직했다. 친구들보다 더 좋은 대우를 받으며 직장 생활을 하고 있을 무렵에, 결혼을 약속했던 남자 친구인 지금의 남편이 미국 대학의 박사과정에 입학허가서를 받았다. 좋은 직장을 그만두고 결혼을 선택해서 남편을 따라 미국 유학길에 오를 것인지, 아니면 한국에서 착실히 직장 생활을 하면서 저축해서 미래를 준비할 것인지가 큰 고민이었다. 먼저, 남편을 따라 유학길에 오른다고 하더라도 시아버님까지 늦은 나이에 미국 유학 중이셔서 우리를 도와주실 수 있는 형편이 아니셨으니 가난한 유학 생활이 불 보듯 뻔한 상황이었다. 한국에서 직장 생활을 한다고 해도 나의 미래를 위해 저축을 할 수 있는 처지가 아니었고, 가난한 친정을 도울 일들만 기다리고 있는 상황이었다. 당시 나의 친정은 그야말로 누구 하나 빛이 보이지 않는 삶의 어려움과 가난의 그림자가 짙게 드리운 상태였다. 그래서 '힘든 유학 생활도 가난한 친정보다는 낫겠지' 하는 심정으로 결혼과 유학을 선택했다. 흡사 남자들이 군 입대를 결심하듯이 그렇게 굳은 결심으로 유학길을 선택했다.

지금이라면 절대로 하지 않았을 텐데, 거의 비행깃 값만 든 맨손으로, 오직 청운(青雲)의 꿈만을 품은 남편을 따라 무모하게 떠난 유학길이 나의 신혼 생활의 시작이었다. 박사과정 공부만으로도 벅찬 남편을 뒷바라지하기 위해 미국에서 첫 직장인 여행사에 들어갔는데, 몇 달간 일했을 때쯤 걸프전(Gulf戰)이 발생하자 비행기를 타는 사람이 없었고 공항이 올 스톱되어 여행사는 다수의 직원을 해고했는데, 나도 그중 하나였다. 어떻게든 생활을 책임져야 했기에 이런저런 일을 가릴 형편이 아니었다. 그러던 어느 날, 다니던 교회의 한 여집사님이 미용사 시험을 보러 가는데 헤어 모델을 동반해야 한다며 나에게 부탁을 했다. 여기서 헤어 모델이라 함은 미용 실기 시험의 이런저런 테스트 과정에서 잘려나갈 머리카락을 제공할 사람을 말하는 거였다. 긴 생머리였던 나는 헤어 모델로 적합했고, 하루 일하는 대가치고는 당시 우리 형편에는 꽤 큰 액수였기에 망설임 없이 하겠다고 했는데 시험을 마치고 나서 잘려나간 내 머리카락을 보고 조금 놀라긴 했다. 그래도 큰돈을 벌었다는 생각에 기쁜 마음으로 집으로 향했다. 집에 들어가면서 남편이 기뻐할 거라고 기대하며 오늘 하루 어떤 일이 있었는지 이야기하기 시작했다. 그런데 이야기를 다 듣기도 전에 남편이, "당신, 머리카락은?" 하며 물었다. 그제야 여기저기 우습게 잘려 나간 내 머리카락을 보며 "곧 자랄 거예요"라고 했는데 말을 채 마치기도 전에 남편은 슬픔을 이기지 못하고 방으로 들어갔다. 남편이 그렇게까지 가슴 아파할지는 미처 몰랐다.

시간이 흘러 유학을 마치고 귀국해서 직장도 얻고, 아이들이 태어나고 자라서 초등학생, 중학생이 되었을 때쯤 아이들에게 유학 시절의 이 Sad Story를 웃으며 이야기해 주었었다. 사실 난 아이들에게 내 어린 시절의 가난하고 어려웠던 일들을 가끔 이야기해 주었다. 과거의 일들 때문에 가슴에 맺힌 상처와 아픔, 미움과 원망을 전수하는 게 아니라면 인생에서 겪을 수 있는 고난과 역경에 대해서 도전과 극복의 의지를 키우도록 하는 건 또 하나의 교육이라고 생각했기 때문이다. 그래서 그런지 우리 아이들은 가끔 내 옆에 누워서 "엄마, Sad Story 얘기해 줘"라고 할 때가 종종 있었다. 한참 후 어느 날 큰아들이 오 헨리(O. Henry)의 단편소설 『크리스마스 선물』을 읽었는데 그 소설에서 아내를 위해 크리스마스 선물로 시계를 팔아서 머리

핀을 산 남편과 머리카락을 팔아 시곗줄을 산 아내의 이야기를 읽고 엄마 아빠의 유학 시절 그 Sad Story가 기억나서 눈물이 났다며 고생해서 자기들을 키워줘서 고맙다고 했다. 난 이미 다 잊었고 추억 한 자락을 이야기해 주었을 뿐인데 그걸 기억하고 눈물까지 흘린 아들이 기특하고 고마웠을 뿐 그 어떤 고통의 기억도 남아 있지 않았다.

약혼을 하던 날에도 가진 게 없었던 우리 부부는 풀꽃으로 반지를 만들어 끼워 주며 서로에게 미안하다고 했다. 아무것도 없이 시작한 유학과 함께 시작된 나의 신혼은 그렇게 초라했지만 바로 그 결핍이 자산이 되어서 지금은 누구보다 마음이 부요한 가정으로 복 주신 하나님께 감사할 뿐이다. 요즘 청년들이 생각하는 결혼과는 조금 다르고 때로는 힘들었지만, 무모하리만큼 푸르렀던 그 꿈이 내겐 젊은 날의 낭만이었다.

| 모래시계 |

코로나로 인해 집에 머무는 시간이 길어지면서 몇 편의 종영드라마를 정주행하게 되었다. 그중에서 가장 오래된 〈모래시계〉라는 드라마는 미국 유학 시절에 한국에서 대유행하는 드라마였기 때문에 한인 타운 비디오 가게에 가서 한 편 한 편을 비디오테이프로 빌려다 보던 기억이 있다. 유학 생활 막바지에 고국에 대한 향수와 80년대에 대학을 다닌 내 학창시절의 진한 추억이 담겨 있는 드라마였고,

이 작품의 감독과 작가의 예리한 역사의식과 감성이 빛났던 작품이었기에 드라마 속 명대사들이 아직도 기억 속에 남아 있는 작품이다. 시간이 많이 흐른 뒤에 다시 보니 25년 전에 보았을 때 보지 못했던 것들과 생각해 보지 못했던 당시의 시대상과 그 시대를 살았던 사람들의 심정이 깊이 다가옴을 느꼈다. 군부독재라는 서슬이 퍼런 사회적 분위기에서 자신의 생각과 가치관을 자유롭게 표현할 수 없을 뿐 아니라 권력이라는 이름으로 무죄한 일반 시민을 향해 폭력과 살인까지 서슴없이 저지른 부끄러운 대한민국의 현대사를 보는 것이 가장 마음 아픈 일이었다.

실제로 대학 시절에 학생들이 시위를 하면 진압 경찰들이 최루탄은 물론 캠퍼스 내부에까지 진입해서 데모에 가담한 학생들을 무자비하게 끌고 가는 것을 목도하는 일은 흔한 일이었다. 당시에 철학을 전공하던 우리 과에는 여러 가지 주제의 토론 모임이 있었는데 진지하고 학구적인 친구들은 광주에서 있었던 일의 실상을 보여 주며 왜 데모를 해야 하는지 설명하면서 함께 하자고 제안하는 친구들도 있었다. 당시의 나는 학비를 마련해서 무사히 대학을 졸업하는 게 유일한 목표였던 터라 그럴 여유가 없다고 거절했었다. 그런데 어느 날 그중에 한 친구가 데모 중에 진압 경찰에게 머리채가 잡혀서 끌려가는 모습을 목격한 날의 충격과 슬픔, 그리고 미안한 마음은 잊을 수가 없다. 그날의 기억은 오랫동안 내게 시대의 아픔을 외면한 부끄러운 기억으로 남아 있었다.

극 중의 박태수(최민수)는 육군사관학교를 지망했지만 빨치산 출신의 아버지로 인한 연좌제로 꿈이 좌절되고 어머니마저 잃고 폭력조직의 일원이 된다. 친구의 배신으로 삼청교육대까지 끌려가고, 사랑하는 여인을 얻기 위해 정치 세력과 결탁한 카지노 사업에까지 가담하지만 결국 사형대에 오르게 된다. 윤혜린(고현정)은 카지노 대부인 윤 회장의 딸로 정치 세력과 결탁하여 사업을 확장하는 부도덕한 아버지와 맞서며 학생운동에 가담해서 여러 번 감옥에 가기도 하고 고문을 받기도 한다. 결국 등을 돌린 정치 세력에 대한 충격으로 인해 돌아가신 아버지의 사업을 이어받아 기존의 정경유착의 고리를 끊으려 애쓰며 살아간다. 강우석(박상원)은 박태수와 고향 친구이자 가난한 시골 농부의 아들로 집안을 일으켜야 한다는 일념으로 열심히 공부하며 학생운동에는 가담하지 않는다. 그의 아버지는 그에게 가난하고 힘없는 사람들이 억울한 일을 당하지 않게 하는 법조인이 되라고 당부한다. 특전사로 군복무를 하던 중에 시위진압군으로 광주에 있었던 경험 때문에 괴로워하며 자신은 사법고시를 치를 자격이 없다고 생각했으나 아버지의 유언 때문에 시험을 치고 검사가 된다. 그는 아버지의 유언대로 검사가 되어서 더욱 나은 사회가 되는 일에 관심을 가지고 힘쓰며 살아간다. 결국 박태수 사건 담당 검사가 되어 친구에게 사형을 구형하는 일을 맡게 된다.

이들은 모두 각자 다른 출생과 성장 배경을 가지고 한 시대를 살았다. 아버지의 그림자를 벗어나기 어려웠던 태수, 아버지가 주는 부도덕한 안락함을 거절하고 자신의 신념대로 살고자 했던 혜린, 바른 길로 가기 원한 아버지의 뜻을 따라 쉽지 않은 선택을 하며 살았던 우석. 내가 살았던 나의 젊은 날에 우리 모두가 했던 고민이었고, 지금의 젊은이들도 여전히 하고 있는 고민이리라. 가난한 집 딸로 태어나 내가 처한 상황과 여건이 주는 한계를 극복하려는 열망으로 시대의 아픔에 애써 눈감았던 나의 젊은 날, 그리 멀지 않은 곳에서 무죄한 시민들이 독재 권력에 의해 목숨을 잃었다. 그들을 잃은 가족들은 평생 가슴속에 피눈물이 흘렀을 것이다. 그런 아픔을 겪은 동시대의 이웃들과 그들의 아픔을 외면한 나의 무정함이 역사 앞에서 두고두고 부끄럽다. 시위진압군으로 광주에 있었던 것 때문에 태수에게 구형을 할 수 없다고 말하는 우석에게 태수가 한 말 중에 기억에 남는 한마디가 있다. "그다음이 중요한 거야. 그리고 나서 어떻게 사는지가….."

오늘은 5월 18일이다. 정치적인 이념이나 사상을 이야기하고 싶은 것이 아니다. 얼룩진 현대사의 부끄러운 과거를 되돌릴 순 없지만 그다음이 중요한 것이다. 그리고 나서 어떻게 사는지가. 무고한 사람들이 희생되는 역사, 억울한 사람들이 많아지는 정치가 아니라 리더십에 있어서 섬김이 가장 귀한 가치가 되고, 백성들 위에 군림하는 게 아니라 백성을 위해서 목숨을 버리는 왕과 같은 성숙한 지도자들이 세워져서 고아와 과부가 웃고, 거리마다 곳곳마다 공평과 정의가 살아나는 그런 나라가 되기를 기도하게 된다.

힘겨운 유학 생활 중 드디어 아이를 갖게 되었다. 그때까지의 인생에서 일찍이 경험해 보지 못한 큰 기쁨이었다. 그런데 갑자기 몸에 이상이 생겨서 급히 병원에 갔다. 진찰을 마친 의사는 "지금은 태아의 심장 소리가 약하게나마 들리긴 하지만 곧 사산될 겁니다. 살아날 확률은 백만분의 일이에요"라고 말했다. 낯선 타국에서 가난한 유학생의 아내였던 내게 첫아이 임신이란 기쁜 소식은 잠시, 청천벽력 같은 의사의 말이었다. 절망도 울음도 그 순간엔 사치였다. 바보가 아니라면 '백만'이란 숫자보다 '1'이 얼마나 작은 숫자인지 알겠지만, 당시에 나는 그것이 '0'이 아니라 '1'인 게 감사했다. 아직은 죽지 않았으니까.

미국의 의료체계는 개인 병원에서 진료는 받지만 중요한 검사나 수술은 대학병원 같은 종합병원에서만 하는 시스템이어서 나는 그 청천벽력 같은 소식을 듣고 집에 가서 짐을 챙겨 큰 병원으로 가서 수술을 받게 되어 있었다. 하지만 의사의 냉정한 말을 들었음에도 내 마음속에 '만약 하나님께서 살려 주신다면…' 하는 생각이 들었다. 절망으로 다가온 '백만'과 '1'이란 두 개의 숫자 중에 내가 붙잡을 수 있는 '1'이라는 숫자가 내 마음속에서 커지는 게 믿음이 아닐까? 전 존재를 걸고 하는 기도가 그런 게 아닐까? "살려 주세요. 살려 주세요. 제발 살려만 주세요" 하면서 집으로 갔다. 기적처럼 출혈이 멈췄고 나는 병원에 가지 않았다. 그다음엔 뱃속에서 잘 자라도록 몇 달

동안 누워서 어떻게든 아기를 살려야 했다. 오직 그것만 생각했다. 만약 산다면 죽을 뻔한 아이를 살려 주신 그분의 것이니 내 것이라 주장하지 않겠다고 수없이 되뇌었다. 침대 위에 누워서 창밖을 내다 보며 지나가는 사람들을 바라보며 한 사람 한 사람이 태어나는 건 기적이라는 생각이 들었다. 그렇게 힘겨운 하루하루를 견딘 끝에 첫 아이가 태어난 건 정말 기적이었다.

그런데 그 아들이 다섯 살이 될 때까지 아무리 가르쳐도 자기 이름 도 말하지 못 했다. 당시에 새벽반 영어 강사로 일하던 나는 저녁마 다 아이에게 말하기와 쓰기를 가르쳤지만 소용이 없었다. 주변에선 언어치료 같은 걸 받아보라는 권유까지 했다. 매일매일 죽고 싶었 다. 뱃속에서 그런 일을 겪어서 그런가 하는 별 생각이 다 들었다. 그 러던 어느 날, 긴 시간의 기도 끝에 포기하지 않고 키우고 가르쳐 보 리라는 믿음이 부어졌다. 내가 먹을 수 있는 마음이 아니었으니 부 어졌다고 해야 맞는 말이다. 이 아이는 태어나는 것도 백만분의 일 의 가능성이었고, 말을 하고 글을 쓰는 것도 가능성이 백만분의 일 인 특별한 아들이었던 거다. 아이를 키우면서 하루도 기도를 쉴 수 없었다. 말도 하고 온전한 사람으로 살 수 있기만을 기도하고 또 기 도했다.

그 후로도 우여곡절이 있었으나 조금씩 변화가 보이기 시작했고, 초 등학교, 중학교, 고등학교에 진학하면서는 두각을 나타내더니 꿈꾸던 대학에까지 진학했다. 지금은 그 모든 세월이 정말 거짓말처럼 지나갔다. 말을 하고 공부를 하고 온전한 사람으로 살게 된 것도 감사하지만 가장 중요한 것은 하나님이 최우선인 청년으로 자랐다는 것이다. 17살이 되던 해에 아들은 어떤 형태로든지 자신의 인생을 주님께 드리기로 결단했고, 나 역시 오래된 기도대로 주인께 드리는 게 당연하다고 생각했다. 모리아 산을 향해 사흘 길을 걸어가던 아브라함의 마음을 아주 조금 짐작할 수 있었다. 하나님이 주신 은혜가 있었기에 백세에 얻은 아들을 바치는 순종을 할 수 있었겠지만, 무엇보다 죽음 같은 불가능에서 생명의 기적을 주신 분이 하나님이심을 확실히 경험했기에 삶과 죽음이 그분께 있음을 알고 믿었으리라 생각된다. 어미로서 아들을 사랑하고 돌보고 그리워하지만 그 인생의 모든 결정을 주님께 맡기고 기도하며 순종하는 믿음은 죽을지도 모르는 절체절명의 순간에 살려 주신 그때부터 마음속 깊이 뿌리를 내렸다.

우리가 살아가는 현실은 늘 녹록지 않고 절망스러울 때가 많지만, 삶에는 분명 기적이 있고 그 기적을 주시는 분은 오직 한 분 하나님이심을, 매일 아침 이 아들을 보며 기억하고 되새긴다. 의사도 죽음을 말하는 절망적인 상황이었지만 인생에서 사람은 도저히 알 수 없는 영역이 있고, 생명의 주권은 오직 하나님께만 있다. 그때 포기했다면 존재하지 않았을 이 생명 자체와 하나님의 꿈을 꾸는 아들의 현재와 미래를 생각하면 언제나 다 드려도 부족한 감사가 흘러넘친다. 이제는 그 꿈을 향해 타국에서 유학하며 학업에 전념하는 아들을 그분께 올려드린다.

| 쫄병스낵 VS 공군 장교 |

애들이 어릴 때 교회 식구들과 여행을 갔을 때의 일이다. 태어나는 것부터 초등학교 입학까지가 기적이었을 만큼 애간장을 녹였던 큰 애가 학업 면에서 점차 두각을 나타내자 함께 여행 간 교회 자매들의 칭찬이 이어졌다. 이를 듣고 있던 둘째는 학업엔 당최 관심이 없어서 학습지도 맨날 밀리고 오직 종이접기와 만들기에 심취해 있었던 바, 교회 이모들의 형 칭찬에 혹시 마음이 상했을까 봐 눈치를 살폈다. 그랬더니 웬걸 "봐봐 엄마, 나는 종이접기랑 만들기 진짜 잘한다. 나는 종이로 탱크도 만들어. 그니까 내가 잘하는 게 형보다 더 많아!"라고 하기에 "그럼. 네가 잘하는 게 훨씬 많지. 이모들도 다 잘알아. 형은 공부만 잘하는 거야!"라고 대답해 주었다. 그리고 둘째는 가끔씩 내가 스스로 자신 없어 할 때면 나에게 언제나 주일학교에서 들은 설교를 인용하며, "걱정하지 마. 엄마는 하나님이 만드신 걸작품이야!"라면서 격려해 주었다. 그렇게 둘째는 주님 안에서 당당하고 자신 있게 자랐다.

둘째의 어릴 적 꿈은 '쫄병스낵'이었다. 짐작건대 자기가 즐겨 먹던 과자 포장지에 그려진 군복 입은 군인을 보고 멋지다고 느낀 것 같고, 쫄병은 군인을 뜻하고 스낵은 과자라는 말인지도 몰랐던 것 같다. 초등학교에 다니기 시작해서 학교에 담임선생님을 만나러 갔는데 민호의 꿈이 쫄병스낵이라고 해서 애들이 다같이 크게 웃었노라고 하셨다. 나도 함께 웃었지만 그게 민호의 유머감각이 아니라 진심 자기의 꿈이란 걸 나는 알 수 있었다. 우습기도 하고 한심하기도 했다. 어떻게 장래 희망이 사람도 아니고 과자란 말인가. 그리고 그 나이에 장군도 아니고 대통령도 아니고 쫄병이 꿈이란 말인가. 집에 와서 이런저런 이야기를 하면서 정리를 해 줬지만 사실 말이 좋아 정리지 꾸중을 한 셈이었다. 아들은 자기가 뭘 잘못했는지도 모른 채 나에게 혼이 난 것이다. 아주 솔직히는 '스낵'보다 '쫄병'이 더 한심하다고 생각한 나는 정말 변변치 못한 엄마였다.

문제는 아들이 고등학생이 되었을 때다. 공군 전투기 조종사가 되고 싶다면서 공군사관학교에 진학하겠다고 선언했다. 땅도 아니고 하늘에서, 민항기도 아니고 전투기를 몰겠다고 하는 것이다. 으윽, 제발…. "네가 하늘에 떠 있는 동안 난 잠도 못 자고, 걱정돼서 기도만 해야 할 것 같은데, 그래도 할래?"라고 묻자 "네"라는 짧은 대답 한 마디. 굳은 의지를 바꿀 수 없다는 걸 직감했다. 그제야 아들의 어릴 적 꿈, '쫄병스낵'이 떠올랐다. 진짜 꿈이었다! 아무도 말릴 수 없는. 결국 아들은 사관학교에 입학해서 꿈을 향해 달리고 있다. 본인이 원해서 선택한 길이어선지 혹독한 군사훈련을 비롯해 해양, 공수, 조종사 생환훈련 등 수많은 훈련을 받으며 공부하고 잘 견딘다.

한번은 휴가를 나왔는데 훈련을 받다가 넘어져서 심하게 멍이 든 모습을 보고 멍든 자리를 내 손으로 덮으며 많이 아팠을 텐데 왜 말 안 했냐고 했더니 아프지 않다고 했다. 그럴 리가. 아파도 참는 거겠지, 그 꿈 때문에. 대견하지만 집을 떠나서 지내야 하니 늘 안쓰럽고 그립다.

이제는 사관학교를 졸업하고 장교로 임관한 아들의 사진을 보며 문득 그 아이의 어릴 적 꿈, 쫄병스낵과 공군 장교가 묘하게 오버랩 되면서 어릴 때 했던 말을 흘려듣지 말걸 하는 반성과 함께 조심스레 하나님의 인도하심을 바라보며 기도하는 엄마의 역할의 중요성을 되새긴다. '장사의 수중의 화살'(시 127:4)과 같은 자녀가 반드시 부모가 원하는 방향으로 날아가지 않을 때가 있다. 자녀의 삶의 주권은 오직 주님께 있기 때문에 부모는 다만 기도할 뿐이다. 둘째가 선택한 공군 장교의 길은 어미의 눈에는 위험해 보이는 길이었지만, 훈련의 시간을 통해 아들을 키우시고 다듬어 가시는 주님의 손길을 느낄 수 있었다. 어미와 아비의 교육만으로는 불가능한 가치관과 세계관, 배려의 리더십을 소유한 멋진 그리스도의 군사로 성장시키신 주님의 방법과 방향이 옳았다. 훈련이 있는 날이면 덩달아 밤잠을 설칠 수밖에 없는 걱정 많은 어미도 조금씩 성장시켜 가시는 주님의 손길을 느낄 수 있었다. 훈련의 끝에는 늘 더욱 성장하고 성숙해진 아들을 보며 영혼 깊은 곳에서부터 감사와 찬양이 흘러나왔다. 이제는 염려와 걱정을 뒤로하고 아들의 꿈과 그 꿈을 인도하실 하나님의 선하심을 믿으며 기도로 응원한다.

| 옛 일터 |

"감사는 그리스도인의 라이프 스타일"이라는 설교 말씀을 기억하며 나의 삼십 대를 모두 보낸 옛 일터였던 종로의 학원가를 찾았다. 두 아이를 데리고 맞벌이를 하며 생활의 기반을 마련하게 해 준 감사한 일터였다. 새벽반 영어 강사라는 직업은 얼핏 들으면 전문직 느낌이 있지만, 우리끼리는 극한직업으로 분류했다. 이른 새벽에 잠을 깨서 목부터 풀고, 강의 내용의 전달을 위해 학생들의 귀에 잘 들리는 목상태를 늘 유지해야 했다. 하루 8시간 이상의 강의 시간 내내 서서 일해야 하고, 지각이나 결강을 하게 되면 바로 시간표에서 사라진다고 말할 정도로 엄격한 자기 관리가 필요한 직장이었다. 두 아이의 엄마였던 나는 십 분간 쉬는 시간에 잠시 숨을 돌리는 동안 집에 두고 온 아이들을 생각하며 창밖을 바라보곤 했다. 오늘도 유독 그 창가 자리에 눈이 간다.

수업을 마치고 나면 애들이 기다리는 집으로 서둘러 달려가곤 했다. 아이들이 아프기라도 한 날엔 발걸음을 더 재촉했다. 아이들이 아파서 밤새 보채는 걸 달래고 약을 먹이고 보살피다가 뜬 눈으로 새벽 강의를 나가면 입 속은 뻥뻥 구멍이 난 것처럼 헐어서 말할 때마다 통증이 느껴졌다. 그런 날은 점심시간이면 밥보다 잠이 더 급해서 강사 휴게실에 가서 쪽잠을 자고 일어나 오후 강의를 할 때도 있었다. 그런 날들이 며칠 반복되던 어느 날, 나도 열이 나고 아파서 병원에 가서 진료 순서를 기다리다가 쓰러진 적도 있다. 내가 일하러 가 있는 시간에 아이들을 돌봐줄 도우미 아주머니가 필요했는데 아주머니가 사정이 생겨서 못 오시게 되는 날은 비상사태가 벌어지는 것이다. 남편이 아이들을 대신 돌봐주는 동안 나는 하루 만에 사람을 빨리 구해서 수습해야 했다. 일하는 동안 아이들을 돌봐줄 사람이 없는 상태가 내게는 가장 두려운 상황이어서인지 나는 지금도 가끔 아이들을 돌봐줄 사람이 없어서 허둥대는 꿈을 꿀 때가 있다. 그런 꿈을 꾸는 날에는 아직도 일어나면서 가슴을 쓸어내린다. 일하는 엄마의 가장 큰 고충이지 싶다.

워낙에 빡빡한 일정으로 짜인 수업을 감당하느라 큰아들의 초등학교 입학식에도 가지 못하는 등 전업주부 엄마들이 흔히 아이들에게 해 주는 일들을 하지 못하는 게 늘 미안하고 마음이 아팠다. 큰아이가 초등학교 2학년이 될 때까지 다른 엄마들은 다 가는 급식 도우미 한번 가 보지 못한 게 제일 미안했는데 어느 날 일을 마치고 집에 갔더니 큰애가 그 일로 속이 상했는지 방에서 울고 있는데 울음소리가 나면 내가 속상할까 봐 이불을 뒤집어쓰고 울고 있는 게 아닌가. 정말 마음이 아팠다. 그래서 큰맘을 먹고 휴강을 한번 하고 아이의 학교에 일일 교사로 가서 영어 수업을 한번 하고 난 뒤에 아이의 마음이 풀어지는 걸 보고 나서야 마음이 놓였다. 일하는 엄마를 둔 우리 아이들은 늘 엄마가 자기들 곁에 몇 시간 동안 함께 있을 건지 묻곤 했다. 아이들이 자고 나면 다음 날 새벽엔 내가 직장에 가고 없으니 저녁 시간에만 잠깐 보는 걸 늘 아쉬워했다. 어느 날 큰애가 내 옆에서 잠들기 전에 "엄마, 우리는 왜 이렇게 만나는 시간이 짧아?"라고 했던 말은 지금도 선명하게 귓전에 울린다. 일하는 엄마로서 나는 이래저래 복잡한 마음을 스스로 달래며 안팎의 일을 감당하는 숙제를 안고 살아야 했다. 늘 마음을 졸이며 살았지만 그래도 일하는 시간 동안 남의 손에 맡겨 키워야 했던 두 아이가 건강하게 자라게 해 주신 게 개인적으로 참 감사했고, 그래서 더 열심히 공부하고 더 열심히 가르쳤던 것 같다.

오늘 그 옛 일터를 둘러보면서, 당시에 수강생의 대부분을 차지했던 대학생과 직장인들이 지금은 40대 전후의 중견 직장인들이 되어 있겠다는 생각이 들었다. 진학과 취업, 유학과 승진 등 그분들이 꾸었던 꿈에 다가가는 데에 조금이나마 도움이 되길 바라는 마음이 있었는데, 돌아보니 그게 내가 주님으로부터 받은 소명이었다. 추억이 담긴 옛 일터는 그 소명을 실현하는 성소였음이 더욱 큰 감사로 다가온다. 어릴 때는 아이들이 엄마와 많은 시간을 함께하지 못하는 것에 아쉬움이 많았지만 다들 성장한 지금에 와서는 경력 단절 없이 성실한 직업인으로 살아온 엄마를 자랑스러워하는 걸 느낀다. 세심한 보살핌을 받지 못한 것에 대해 원망이나 불평 없이 건강한 몸과 영혼으로 자라 준 아들들이 고맙고 이 모든 게 주님의 은혜임에 감사할 뿐이다.

| 배 추 전 |

결혼 28년 만에 명절기간이 아닌데도 배추전을 부쳐 보았다. 시댁
어른들이 모두 경상도 출신이라서 명절이면 배추전을 부쳐서 드시
는데 나는 그게 정말 싫었다. 내 입에는 아무 맛도 없는 것 같은 배추
로 전을 부치는 것도 이상하고, 배추 잎사귀가 얇아서 불 조절을 잘
못하면 쉽게 타 버린다. 더 싫은 건 시댁이 권위적인 분위기여서 약
30명의 친척들이 모이면 밥상을 세 번 차린다. 첫 번째 상에선 시할
머니와 남자 어른들, 두 번째 상에선 여자 어른들과 아이들, 그리고
마지막 상에선 며느리들, 이런 순서였다. 그분들껜 당연한 순서인
듯했지만 상을 새로 차리는 게 아니라 그 상에서 음식을 리필해서
먹는 식이어서 며느리들이 먹게 되는 차례가 오면 음식들이 차가워
진다. 빨리 먹고 설거지도 해야 하니까 먹는 둥 마는 둥 하고 얼른 식
사를 끝내게 된다. 며느리 서열로도 제일 막내인 나는 설거지에 과
일 깎기 등 후식 서빙까지 눈코 뜰 새 없이 빨리 움직여야 한다. 명절
이 끝나고 나면 허리가 한 번씩 끊어지는 느낌이었다.

시댁 명절 행사를 마치고 당일에 친정에 가는 걸 시도했던 어느 날,
그냥 그건 안 되는 일이란 걸 깨달았다. 돌아오는 차 안에서부터 며
칠동안 남편을 괴롭혔다. 맞벌이를 하면서도 이렇게 사는 여자는 나

밖에 없을 거라며. 전형적인 공무원 집안인 시댁은 기념일이나 명절 날짜를 사정상 당기거나 늦추는 일은 단 한 번도 없었다. 매년 명절 마다 예외 없이 반복되는 그런 상황 때문에 속상한 마음에 배추전은 나의 괜한 분풀이 대상이 되었다. 어쩌다 TV에서 배추전 부치는 장면만 나와도 맛도 없는 저런 걸 왜 먹느냐며 음식도 아니라는 독설 까지 한 적도 있다.

참 오랜 시간이 흘러서 예전 일들을 떠올려 보며 이젠 조금 이해가 되는 것들이 있다. 내가 '철이 들었다'거나 '자식들 키워 보니 알겠더라' 는 식의 오버는 하고 싶지 않다. 그냥 조금씩 이해가 되는 게 있다고만 하고 싶다. 그땐 그냥 몰랐던 거다. 사랑도 중요하지만 정확한 지식도 중요하다. 시아버님의 형제는 7남매로 형제가 많으시고, 상을 세 번이나 차린 건 30명이나 되는 식구들이 한꺼번에 앉을만한 크기의 거실을 가진 집이 없었기 때문이다. 배추전은 그분들이 고향에서 먹을 게 별로 없던 시절에 해 먹던 추억이 담긴 음식이었기에 아무리 먹어봐도 그 추억을 공유하지 않은 사람에겐 전혀 공감되지 않는 맛이었던 거다. 그러니 공유한 추억이 없는 사람의 잘못은 아닌 것이다. 추억의 공유에는 시간이 필요한 법이다.

음식도 달고 짜고 매운 요란한 음식이 있고 부드럽고 순한 음식이 있다. 나이가 들면서 순한 음식이 좋아진다. 그중에 하나가 배추전 이다. 요란하지 않지만 잘 씹으면서 음미하면 느껴지는 맛이란 게 있다. 이걸 이해하는 데에만 28년의 시간이 걸린 나는 선입견과 고정관념, 자기 확신이 너무 강한 사람이다. 모든 상황과 관계에서 조금 더 긴장을 풀고 이해하고 받아들일 자세로 살았다면 좋았을 것이다. 시댁 어른들도 당신들의 권위와 입장과 추억만 중시하기보다는 시댁 식구들 얼굴과 이름 연결하기도 어렵던 낯설고 이해력 달리는 부족한 며느리들의 입장을 조금만 더 헤아려 주셨더라면, 우리가 서로 이해하고 소통하는 일에 그렇게 힘든 과정을 겪지 않았을 텐데. 이제라도 힘을 좀 더 빼고 내게 익숙하지 않은 어떤 상황을 마주할 때 한발 물러서서 받아 줄 마음으로 조용히 귀를 기울이고 바라보게 되기를 바란다. 더러는 나처럼 이해와 수용이 더딘 사람들이 있다는 걸 기억하고 배려해 주면서 말이다.

│ 며느리의 추석 소회(所懷) │

시집온 지 30년 만에 처음으로 추석 명절에 시댁 가족 모임이 취소되었다. 코로나가 무섭긴 무서운가 보다. 평생 몸에 밴 공직생활로 시아버님을 비롯한 7남매 형제분들은 설 명절과 추석 명절에 늘 가족들과 함께 전원 참석하신다. 오래전에 돌아가신 큰아버님은 아드님들이 참석하시니 함께하시는 셈이다. 모두 모이면 30명 정도의 인원이다. 시아버님이 형제들 중 가장 연장자이셔서 우리 시댁에서 모일 때는 음식을 해서 가져가기도 하는데, 우리 집에서 모일 땐 익숙한 부엌에서 하니 편한 것도 있다. 30인분의 음식을 장만하려면 2주

전부터 메뉴를 짜고 장을 보고 미리 해 두어야 하는 것들은 시간을 역순으로 계산해서 준비해 둔다. 가족예배를 드리기 때문에 꼭 한식일 필요는 없지만 중식과 양식 요리로 메뉴를 짜도 명절이니 어른들을 위해 갈비찜과 국은 꼭 있어야 한다.

30인분의 음식을 준비하는 건 마치 산을 세 번 정도 넘는 것 같은 느낌의 기운이 든다. 장을 볼 때와 음식 할 때, 명절 당일의 손님접대, 이렇게 세 번의 고비다. 어느 해인가 설과 추석을 모두 우리 집에서 차렸을 때는 정말 허리가 아팠다. TV에서 나오는 일가친척 다 모여 온 가족이 한복 입고 즐겁게 모이는 단란한 가족 모임 장면 뒤에는 이렇게 허리가 끊어지는 누군가의 수고가 있다. 그런 며느리들의 수고가 공치사나 강짜로 비쳐지는 건 며느리에게 너무 억압적인 가족문화가 아닐 수 없다. 반면에 좋은 점도 많이 있다. 우리 집 아이들은 명절 가족 모임과 잦은 친척들과의 교류 덕분에 대가족 문화를 누리며 살았고, 무엇보다 두둑한 세뱃돈이 아이들의 용돈에 큰 보탬이 되었다. 그리고 진학과 입시와 군 입대 시에 든든한 지원자와 상담자가 되어 준 삼촌들과 큰아빠, 작은할아버지들이 우리 애들에겐 큰 자산이 된 셈이다. 나 역시 아들들을 군에 보내고 며칠 동안 울며 지낼 때 작은어머님들의 위로는 깊은 울림이 있었다. 내가 암 수술후 회복 중일 때 막내 작은어머님이, "독한 암 아닐겨. 넌 독하게 안살았어" 하시며 우시던 건 내내 기억에 남는 큰 위로다. 처음 시댁에 갔을 때 그 많은 분들의 얼굴과 호칭을 외우는 것조차 힘들었던 것을 생각하면 큰 변화요, 가족이 된다는 게 뭔지를 배우는 귀한 시간이었다. 억지로라도 그렇게 모이지 않았다면 서로 알래야 알 수 없고 가까워질 수도 없었을 것이다.

때론 30여 명이 모이는 가족 모임 준비가 내 어깨를 짓누르는 큰 짐이 되기도 했다. 새벽반 강의라는 바깥일도 해야 하는 처지여서 더 했을지 모른다. 그래서 어떤 때는 '한 해만 좀 쉬게 해 주시면 안 되나?' 하는 푸념을 남몰래 하기도 했다. 그런데 금년엔 코로나 때문에 취소가 된 것이다. 물론 아주버님네랑 시부모님은 찾아뵙겠지만 말이다. 일가친척 다 모이는 대규모의 가족 모임이 취소되면 시원할 줄 알았는데 기분이 이상하다. 이건 뭘까… 며느리로서의 일을 쉽게 되니 몸은 다소 편해졌지만, 마음은 그다지 편하지 않다. 자연스레 연로하신 시어른들의 건강과 안전을 위해 기도하게 된다. 한분 한분께 안부 전화를 드려 보아야겠다. 코로나 시기에 어찌 지내시는지, 둘째 작은아버님은 간암 수술 후에 면역엔 이상이 없으신지, 막내 작은어머님은 다발성 근무력증 치료의 경과는 어떠신지, 사촌 시누이들이 사귀는 사람은 생겼는지 등등…. 진심 궁금해진다. 며느리로서의 의무와 책임감으로 섬기면서도 마음 한편에서는 오랜 시간 동안 이방인 같았는데 이제야 시댁에 진짜 가족이 되어 가는지도 모를 일이다 싶다.

하나님이 그 성 중에 계시매 성이 흔들리지 아니할 것이라 새벽에 하
나님이 도우시리로다(시 46:5)

말수가 적은 아버지셨지만 내 인생에서 가장 어두운 밤을 지날 때마
다 절대로 잊지 못할 한마디를 남기곤 하셨다. 그때도 겨울 끝자락
에 내 인생에서 아주 차갑고 어두운 터널 같은 밤을 지나던 날로 기
억된다. 기운이 없어 몸은 말라가고 하루하루 겨우 버텨가던 날들이
었다. 그런 날에도 늘 새벽반 강의를 해야 했던 내가 안쓰러우셨는
지 가끔 새벽에 차로 학원에 데려다 주셨다. 속내를 서로 잘 아는 부
녀지간이었기에 아무 말 없이 차를 타고 가면서 아버지가 내게 무언
가 해 주시고 싶은 말이 있음을 눈치 챘지만 물을 기운도 없어서 내
릴 때까지 그냥 조용히 창밖만 내다보며 갔다.

내릴 때가 되어 차 문을 열자 이젠 더 늦으면 안 되겠다 싶으셨는지
급히 말문을 여시며 아주 가끔 들을 수 있었던 이북 사투리로 말씀
하셨다. "새벽이 오기 직전이 제일 어둡다야. 조금만 더 기운 내라
우!" 하시는데 대꾸할 기운도 없고, 대답을 했다간 눈물이 쏟아질 것
같아 말없이 차 문을 닫았다. 마음이 급해지셨는지 아버지는 창문을
내리고 소리를 높여 내 등 뒤에 한마디를 더 하셨다. "이 보라우, 봄
나물 먹으라. 기운 난다!" 어쩔 수 없이 대답했다. "네." 사실 그때의

나는 입맛도 없었고, 별로 살고 싶은 마음도 없어서 내가 밥을 안 먹었는지도 모르고 지나갔을 정도였다. 그런데 그날은 귓전에 맴도는 아버지의 목소리 때문에 밥을 먹어야 할 것 같았다. 봄나물을….

지금 생각해 보면 그날의 아버지의 말씀은 말이라기보다는 딸을 향한 간절한 기도였으리라. 그 기도대로 나는 조금 더 참았고 기운을 냈으며, 그 차갑고 긴 터널 같은 밤을 지나 새벽을 맞았다. 새벽뿐만이 아니라 찬란한 봄날들을 맞았다. 아버지의 기도대로. 지금도 힘든 날이 오면 그날의 아버지의 다급한 당부가 생각난다. 나를 향한 아버지의 간절한 바람을 기억하고 기도하기 힘든 상황일지라도 한 번 더 무릎 꿇고 기도의 자리로 들어간다. 신실하신 하나님은 시간이 오래 걸려도 늘 새벽을 맞이하게 해 주셨다.

지금 우리는 온 나라가 역병으로 한밤중 같은 어두운 시간을 지나고 있다. 그러나 내가 믿는 바는 새벽이 오기 직전이 가장 어둡지만 기도하며 인내하면 그 어둠을 뚫고 반드시 새벽은 온다는 사실이다. 더욱 중요한 것은 하나님께서 이 성 중에 계시다는 사실이다. 아무도 주목하지 않는 조용한 자리, 그 기도의 골방에서 드리는 기도일수록 반드시 응답하시는 그분께 기도한다. 이 어둠을 뚫고 새벽이 오기를.

| 공허함의 끝에서 만난 주님 |

유학을 마치고 귀국한 후 곧바로 일하게 된 외국어 학원에서 점점 자리가 잡혀가자 수입이 늘기 시작했고, 남편은 교수로 임용되었다. 몸은 힘들었지만 안으로는 살림이 넉넉해지고, 밖으로는 과분한 인정과 그에 따른 소득에 행복한 나날을 보내고 있었다. 그러면서 바쁘다는 핑계로 서서히 신앙생활에 소홀해지기 시작했다. 그러던 어느 날, 그때까지 쉴 틈 없이 달려온 삶의 목적과 종착역은 어디일지 의문이 들기 시작했다. 그 시점 이후에 전개될 삶을 외삽(外揷)해 보니 고작해야 노동으로 버는 돈과 늘어나는 살림에 만족하는 삶의 반복일 뿐일 텐데 고작 그것을 위해 과로해 가며 목숨을 걸고 살아야 하는가 하는 생각이 들었다.

그때까지 최선을 다해 살아온 내 인생이 너무 피곤했고 허무하다는 생각에 공허함이 찾아왔다. 쉴 새 없이 밟아 온 페달이 끊어져 버린 자전거처럼 더 이상 앞으로 나아갈 수 없는 몸과 마음의 상태가 되었다. 누가 보더라도 내가 일해 온 분야에서 사회적으로 큰 성공을 이루었고, 특별한 불만이나 어려움이 있는 게 아니었음에도 정말 아무것도 할 수 없었고 하고 싶지도 않았다. 당시의 직장은 휴가는커녕 지각도 용납되지 않는 곳이어서 일을 그만두겠다고 했다. 그랬더니 특별히 한 달간의 휴가를 주겠다고 해서 미국에 있는 작은언니를 방문할 겸 두 아이를 데리고 미국 여행을 갔다.

사실 당시의 내 마음은 더 이상 살고 싶지 않은 상태였다. 미국에서 살면서 혼자 두 아이를 키우고 있는 언니가 불쌍해 보여서 갔는데, 주님을 믿으며 나보다 더 행복하게 살고 있는 언니를 보며 신기한 마음에 언니가 다니는 교회를 따라갔다. 마침 그날 저녁에 있었던 성경공부 시간에 창세기 12장에 관한 내용을 배우고 나서 기도회 시간에 기도를 하는데 그때까지 내가 겪었던 모든 고통들이 내 죄 때문이라는 깊은 회개와 주님께 가까이 가고 싶은 뜨거운 마음이 일어났다. 기도를 마치고 나니 주먹만한 콧물이 흐를 만큼 많이 울었다. 남은 여행 기간 동안 성경공부와 자매모임에 모두 출석하고 돌아와서 그 교회의 지교회가 있는 강남채플에 출석하며 신앙생활을 다시 시작했다.

교회 근처로 이사도 해서 좀 더 많은 교제와 성경공부, 기도회 등에 참석하며 주님과 깊은 교제의 시간을 누렸다. 삶의 이유와 목적이 분명해 지자 말씀과 기도에 깊이 뿌리내리는 시간을 가지며 내 삶에서 무너진 성벽을 다시 세우기 시작했다. 아이들을 교육하는 것도 성경적 가치관으로 해 나가야 할 필요성을 느꼈다. 돈을 버는 것이 중요한 게 아니라 믿음으로 가정을 바로 세우고 하나님의 자녀로서 올바른 삶을 살아가는 훈련의 시간을 갖기 시작했다. 삶의 작은 습관들도 돌아보며 말씀대로 살아보려 애쓰는 과정에서 실수도 했지만 많은 것들을 배워 나갔다. 그 모든 과정들을 기꺼이 받아들이고 순종할 수 있었던 것은 나 스스로도 포기하고 싶었던 인생을 포기하지 않고 끝까지 사랑해 주시는 주님 때문이었다.

집 가까이에 있는 작은 교회를 다니며 주중에는 자매들이 모여서 교회에서 운영하는 영어학원에서 아이들 교육도 함께 하고 소그룹 모임이나 일대일 양육도 하면서 공동체를 경험했다. 매년 전체 수양회나 자매 수양회, 가족 여행을 함께 하기도 할 만큼 하나님의 가족 됨을 깊이 경험하는 귀한 공동체였다.

| 암 수 술 |

천국까지 함께 갈 거라고 믿으며 십여 년을 함께했던 교회 가족들과 헤어지는 아픔을 겪었다. 교회가 두세 번 갈라지는 아픔을 겪으며 우리 가족도 결국 다니던 교회를 나오게 되었다. 그 결정을 둘째 아들에게 설명하던 날 하염없이 눈물을 흘리던 아이의 모습이 아직도 생생하다. 교회를 나와서 매 주일 근처의 교회들을 다니며 예배하면서 주님의 인도하심을 간구했다. 그 당시 우리 가족은 집을 잃은 것 같기도 하고 난민이 된 것 같기도 한 모든 일에 의욕을 잃은 허탈감에 어쩔 줄 몰랐다. 사람들도 만나기 싫고 밖에 나가기도 싫어서 멍하니 하늘만 바라보며 눈물짓곤 했다. 아무것도 하고 싶은 생각이 들지 않고 몸에서 기운도 다 빠져나갔다.

다행히 한 목사님의 권유로 찾아간 교회에서 예배를 통해 임한 은혜를 경험하고 나니 다시 신앙생활을 시작할 의욕이 생겼다. 그런데 새 가족 교육을 받고 공동체 소그룹 첫 모임에 참석하고 나서 청천벽력 같은 암 진단을 받았다. 진단과 함께 수술 일정을 잡고, 바로 MRI 검사를 마치고 집에 왔다. 현실을 받아들이기 어려웠다. 꿈이었으면 하는 마음이 들었다. 사흘 뒤 곧바로 수술을 받게 되어서 이런저런 생각을 할 틈도 없이 정신없이 시간을 보내고 수술대에 올랐다. 암 수술은 본래 수술을 통해 암 부위를 제거해서 암세포를 배양해 보기 전에는 정확한 상태나 치료방향을 알 수 없다. 수술 전에는 발생할 가능성이 있는 온갖 경우의 케이스를 염두에 두어야 한다.

새로 등록한 교회의 공동체 소그룹 자매들의 기도와 중보 기도팀의 간절한 기도 덕분에 나는 차분히 수술과 향후 치료에 임할 마음의 준비를 할 수 있었다. 수술실로 향하는 길에서 천장을 올려다보았는데 무수히 많은 천사들이 나를 둘러싸고서 내려다보고 있는 환상을 보았다. 그리고 혼자가 아니라는 위로가 마음 깊이 다가왔다. 다행히 수술이 잘 되었고, 예상했던 것보다 훨씬 순한 암이었던 것으로 판단되어 항암치료를 하지 않고 방사선 치료와 항암제를 복용하는 방식으로 치료방법이 결정되었다. 하나님의 은혜가 아니고서는 설명할 수 없는 결과였다. 이후의 삶은 덤으로 얻었다고 생각하며 감사한 마음으로 살아갈 수 있게 되었다.

4년 8개월 전에 암 판정을 받고 '꿈이었으면…'했었던 기억이 새롭다. 수술과 방사선 치료, 엄청 굵은 바늘의 복부 호르몬 주사, 6개월마다 정기검진을 받고 하루도 거르지 않고 매일 아침 항암제를 먹었다. 꽤 긴 치료의 시간이었다. 검진결과를 보러 갈 때마다 간절한 마음으로 기도하며 의사 선생님을 만났다. 환자인 나보다 매번 더 긴장하는 남편은 자기가 6개월마다 한 번씩 선고를 받는 느낌이라고 했다. 오늘은 혼자서 검진결과를 보러 갔다. 조직신학회 MT를 기분 좋게 다녀와선지 가벼운 마음으로 도착했다. 기도하며 순서를 기다려서 의사 선생님을 만났다.

재발이나 전이 소견 전혀 없이 깨끗하고, 간도 폐도 혈액도 깨끗하단다. 내년 8월 이후로는 1년에 한 번씩만 검진하면 된다고 한다. 마지막 항암제 처방을 받았고, 이제 4개월 후면 이 약도 끝이다. 완치 판정에 매우 근접한 검진결과를 받은 셈이다. 암을 만나지 않았더라면 좋았겠지만, 그 오랜 치료과정을 겪지 않았더라면 좋았겠지만, 그리고 이런 일을 겪어보지 않은 사람들은 전혀 이해하기 어렵겠지만 만약에 시간을 되돌려 내게 암과의 만남에 관한 선택권이 주어진다면 나는 겪는 편을 선택할 것도 같다. 왜냐하면 그로 인해 내 인생과 신앙과 관계와 남들에 대한 이해와 긍휼의 마음을 품는 데 이보다 더 좋은 경험은 없었기 때문이다.

암을 만나기 전까지 위로는 말로 하는 것인 줄 알았었다. 내가 무언가를 잘해내기에 사랑받는다고 생각했었다. 실패하고 망하는 사람들은 그들이 뭔가 잘못한 게 있어서라고 내심 생각했었다. 감사의 조건들은 대부분 좋고 긍정적인 것들이라고 생각했었다. 그러나 힘든 시간을 견디며 위로는 말이 아니라 존재로 하는 것임을, 아무것도 할 수 없는 존재가 되어 수술실로 들어갈 때 하나님의 사랑도, 가족들의 사랑도 가장 크게 부어졌음을 알게 되었다. 자기의 실수나 잘못이 없이도 큰 고난과 고통으로 애통하는 자들의 마음에 조금 더 가까이 갈 수 있게 되었다. 내 안의 성공과 실패, 승리와 패배의 기준이 달라졌다.

주님이 무엇을 주셔도 감사하고, 주시지 않아도 감사하고, 심지어는 주셨다가 도로 가져가셔도 감사하다는 것과 그분이 나를 사랑하실 때 아무 조건이 없었던 것처럼 나도 그분을 사랑하고 경외함에 조건이 없음을, 아니 없게 되었음을 깨달았다. 가장 큰 감사다. 풀어보기 두려운 다소 어두운 포장지에 싸여서 내게 온 암이라는 선물은 사실 푸는데도 꽤 긴 시간이 걸렸다. 그러나 나의 신앙의 여정에 그 어떤 선물보다 값지고, 의미 있고, 진한 나이테를 남겼다.

이제 끝이 보이는 희망을 안고 새해를 맞이하게 하신 주님께 더 깊은 사랑과 신뢰의 걸음을 걷고 싶은 마음이 간절해진다.

| 마침내 완치 그리고 Party!! |

5년 전 오늘 암 수술을 받았습니다. 재발이나 전이 없이 5년을 지나서 완치되었습니다. 긴 여정이었으나 견딜 힘을 주시고, 깨끗이 치료해 주신 하나님께 감사드립니다. 수술과 치료과정을 통해 어렴풋하게나마 부활을 경험하는 특권을 누렸습니다. 크리스천으로서 이보다 큰 은혜가 있을까 하는 마음입니다. 눈물로 기도해 준 수많은 교회 가족분들께 고맙습니다. 한결같은 사랑과 보살핌으로 곁에 있어 준 남편에게 고맙습니다. 수술 후 거동을 못하고 있던 어느 비오는 날, 항암에 효과가 있다는 음식들로 칠첩반상을 차려 주었던 큰아들에게 고맙습니다. 사관학교 입학 후, 엄마를 향한 절절한 마음을 써 내려간 편지로 큰 위로를 준 작은아들에게 고맙습니다.

시댁과 친정 식구들의 위로와 사랑에 고맙습니다. 매실이나 오미자엑기스를 늘 담아 주시는 시댁의 작은어머님들과 시골에 내려가서 직접 짠 극상품 유기농 들기름을 늘 갖다 주시는 형님께 고맙습니다. 날마다 이모를 위해 멀리서 기도해 준 미국에 있는 조카 유진이와 유리에게 고맙습니다. 검진을 권유해서 암을 발견하게 해 준 생명의 은인인 영혜자매, 항암에 좋다며 8년 된 쑥효소를 갖다 주신 권사님, 림프선 치료를 도와준 서영이, 매년 김장김치를 해다 주시는 지현 집사님, 키르키즈스탄에서 차가버섯을 보내주신 분, 말레이시아에서 그라비올라를 보내주신 분, 라오스에서 검은 생강차를 보내주신 분 등 이루 다 헤아릴 수 없을 정도로 사랑을 베풀어 주시고 섬겨 주신 많은 분들께 고맙습니다. 그 덕분에 저는 대부분의 암 환자들이 치료과정 중에 겪는다는 우울증도 걸리지 않았고, 수면제 한 알도 먹지 않고 견딜 수 있었습니다.

암 수술 후에 만난, 저와 비슷한 아픔을 겪은 많은 분들과 친구가 되고 서로 위로하고 서로를 위한 중보자로 세워 주심에도 감사합니다. 힘들 때마다 기도의 자리로, 말씀의 자리로, 예배의 자리로 인도해 주시고 깊이 만나 주신 하늘 아버지께 감사드립니다. 주님 자신이 늘 제게 최고의 선물이었습니다. 그걸로 충분했습니다. 그 설명할 수 없는 사랑에 오늘도 감격하며 맡겨 주신 소명의 길을 감사하며 걸어갑니다.

│ 암 수 술 , 그 후 로 6년 │

암 수술 후 6년, 완치 판정 후로는 1년차 정기검진을 하러 왔다. 전신 뼈 검사는 주사를 맞고 4시간 후에 촬영해야 해서 혼자만의 조용한 기다림의 시간이 주어졌다. 시원한 바람과 높아진 하늘을 보려고 밖으로 나와서 암 병원 건물 주위를 돌아보았다. 맨 처음 이 병원에서 암 진단을 받던 날 '암 병원'이라는 작은 간판이 얼마나 크게 내 가슴을 내리쳤던지…. 그땐 참 두려웠지만 5년간의 치료과정과 영적인 축복으로 치유되고 회복된 몸과 마음으로 이제는 편안한 마음으로 바라볼 수 있다.

병원에 올 때마다 느끼는 거지만 의술의 발달과 병원시설, 의사 선생님들의 수고를 보면 최고조의 일반은총이 아닐까 싶다. 완치 판정을 내리고도 정기적으로 전신을 검사하고, 혈액과 뼈까지 살피는 절차가 체계적으로 마련되어 있다는 것도 참 감사한 일이다. 그리고 매번 병원에 올 때마다 나를 살리실 수 있는 한 분, 하늘 아버지와 가장 가까이 있다고 느낀다. 암은 수술해서 암세포를 배양해 어떤 녀석인지 알아본 후에야 향후 모든 치료의 종류와 과정이 결정된다. 예상했던 것보다 순한 녀석이라 항암치료를 안 해도 되겠다며 내게 "억세게 운이 좋으세요!"라고 하면서 자기 일처럼 기뻐해 준 의사 선생님의 표정이 지금도 생생하다. 우리는 운(luck)이 아니라 blessing, 축복으로 사는 거니까 모든 게 은혜다.

완치와 더불어 덤으로 얻은 인생, 은혜로 주어진 값진 시간들을 잘 써야겠다고 다짐한다. 그분 앞에서….

| 열흘간의 기다림 |

나처럼 암 수술 경험이 있는 사람은 재발이 제일 두려운 일이어서 평소 몸 상태를 잘 체크할 필요가 있다. 그런데 몇 주 전부터 약간의 이상이 느껴져서 열흘 전에 검사를 받았고, 오늘 결과를 들으러 가는 날이었다. 쉽지 않았던 열흘 간, 내게는 긴 기다림의 시간이었다. 만약에 재발한다면 검사와 수술, 항암 혹은 방사선 치료와 회복 과

정을 다시 거쳐야 하니 아득한 일이었다. 그렇게 되면 가족들이 얼마나 힘들어할 거며, 지금 하고 있는 신학공부도 어려워지겠지 등 한 이틀 동안은 별 생각이 다 들었다.

아침마다 엎드리니 마음이 고요하고 잔잔해지며 지금까지 은혜로 살게 하신 날들이 수없이 떠올랐다. 어차피 주님이 이 땅에서 내게 허락하신 날 동안 살다가 그분께 가는 거니까 내가 할 수 있는 일도 없고, 아쉬움도 부질없다는 생각이 들었다. 그동안 배우고 묵상해 온 종말론적인 삶의 자세를 가다듬게 되었다. 그러자 하루하루 매 순간의 일상이 더욱 소중하게 느껴졌다. 책을 읽는 순간에도 더욱 집중하게 되었다. 신기하게도 즐겁고 기쁜 일들이 생겼다. 믿음은 내 안에서 나오는 게 아니라 은혜로 부어지는 것임을 더욱 실감한다.

오늘 아침 일찍 일어나서 편안한 마음으로 병원에 갔더니 의사 선생님이 아무 이상이 없단다. 감사하게도. 그간 곁에서 마음고생을 한 남편과 남한산성을 산책한 후 정말 오랜만에 백숙을 먹었다. 공부도 등산도 더 열심히 해서 사는 동안 건강하고 의미 있는 인생이 되기를 바라는 마음이다.

| 내 삶의 성소 |

완치 후 일 년에 한 번씩 가는 정기검진 날이어서 병원을 찾았다. 아

주버님이 위중하다는 소식을 듣고 나서 검진을 가게 되어 마음이 무거운 것도 있었겠지만, 8년째 다니는 곳인데도 암 병원은 좀처럼 익숙해지지 않는 곳이다. 학기 초라서 바쁜 남편도 시간을 내서 동행하고, 검사하는 동안 잠깐 비는 시간에 반가운 큰아들의 전화도 받았다. 모든 게 좋아도 마음 한편에 찾아드는, 누구도 대신해 줄 수 없는 작은 염려는 어쩔 수 없는 일인 듯하다. 그래도 애써 밝은 마음을 가져본다.

매년 검진이 있어서 평소에 더욱 컨디션 관리에 조심하고, 운동도 열심히 하게 되는 건 참 좋은 일이다. 그리고 수술을 앞두고 의사 선생님으로부터 들었던 만에 하나 일어날 수도 있었던 힘든 일들이 일어나지 않게 해 주신 은혜를 기억하는 날이다. 그 후에 얻은 선물 같은 인생을 값지게 살아보자 다짐도 하게 되는 의미 있는 날이다.

암 병원. 익숙해지진 않아도 이미 받은 은혜에 대한 감사와 귀한 삶으로의 결단으로 이끄는 내 삶의 성소다.

3
소명

| 소명 |

천국까지 함께 갈 거라고 믿었던 교회가 갈라지고 형제·자매들과 헤어지는 아픔을 겪은 후에 암 진단을 받았다. 새로 다니게 된 교회에서 수술과 치료과정을 겪으며 기도해 주시는 분들의 사랑 속에 잘 적응하며 신앙생활을 하게 되었다. 예상했던 것보다 치료과정이 간단해져서 수술 전에 하고 있던 입시 영어 학원에서 강사로 일을 계속했다. 학원 수업과 일대일 과외를 병행했는데 우울증, 게임 중독, 자살 기도, 부모님과의 관계에 아픔이 있는 아이들을 가르치게 되었다. 대치동 학원가에 그렇게 마음이 아픈 아이들이 많은지 처음 알았다. 인내심을 가지고 기다려 주며 최선을 다해서 아이들을 가르쳤다. 수업 외에 개인적으로 상담시간을 할애해서 나의 어린 시절 이야기와 간증을 들려주며 깊은 대화를 할 수 있었다. 그중에는 마음이 회복되어 학업에 집중해서 진학을 하게 된 아이들도 있었다. 나

는 살아나는 아이들을 보며 큰 보람을 느꼈다.

더러는 가난해서 학원비를 낼 형편이 안 되는 목회자 자녀들도 있었는데, 과외비를 반만 받거나 아예 무료로 가르치는 경우도 있었다. 그런 학생이 성적이 오르면 부모님이 감사 인사를 하러 찾아오시는데, 어느 날 학생의 어머니이자 여성 목사님이 오셔서 기도를 해 주시는데 기도 중에 뜻밖의 말씀을 하셨다. 내가 말씀을 맡은 사명자라는 것이다. 처음엔 그저 그 목사님이 감사한 마음에 내가 하는 과외를 통해서 아이들을 가르치는 일을 사명이라고 하신거라 생각했다. 그런데 그런 일이 또 반복되었고, 이번엔 진지하게 기도를 해야겠다는 생각이 들어서 그때부터 부흥회까지 한 달간 깊은 기도의 자리로 나아갔다. 그리고 부흥회에서 확실한 말씀을 주시면 순종하겠다는 마음을 주님께 드렸다.

부흥회 설교를 통해서 너무나 확실한 말씀으로 확신을 받고 신학대학원에 입학했다. 그때까지 가르치던 학생들을 다른 선생님들에게 보내고 신학 공부에 전념했다. 암 수술 후 여전히 치료과정 중에 학업을 해야 하는 부담이 있었고, 남편의 염려가 있었으나 수술 후 5년차인 신대원 3학년 봄에 완치 판정을 받았다. 목회자가 되는 것에 대해서 많은 정보를 가지고 신대원에 간 것이 아니어서 때로는 당황스러울 때도 있었지만 신학 수업 자체가 너무 재미있었다. 그중에서도 조직신학이 어려우면서도 매우 재미있었는데, 아마도 학부에서 철학을 전공한 배경이 있어서가 아닐까 생각했다. 신대원을 졸업한 후에도 계속 공부해 보고 싶은 마음이 들어서 고민과 기도 끝에 조직신학 박사과정 진학을 결심했고 입학했다.

크고 대단한 일을 하기보다는 주님과 동행하는 이 길에서 더욱 그분의 어떠하심을 알아가고 싶은 마음이다. 믿음 1세대로 친정과 시댁에 가족 전도를 할 때에도 그 필요성을 느껴왔고, 교회 사역 중에 양육 프로그램을 진행하다 보면 성경과 신학에 대한 질문들에 대한 답을 조직신학에서 찾을 때가 많았다. 그리고 무엇보다 두 아들에게 엄마가 걸어간 신앙의 여정을 담은 신학 연구 논문을 신앙의 유산으로 남기고 싶어서 더욱 성실하고 책임감 있는 연구자가 되기 위해 매진하고 있다.

| 이 시대에 신학을 한다는 것 |

가을 학기 개강을 했다. 수업은 내내 비대면 강의로 이루어질 전망이다. 여러 가지로 불편한 점들도 있지만 비대면 시대는 아무도 없는 곳에서 그분과 독대하는 시간이 늘어났다는 뜻이고, 또한 진정으로 하나님 앞에서(Coram Deo)의 삶을 실천할 좋은 때이기도 하다. 이제부터 또 책들과의 씨름이 이어지겠지. 읽어야 할 책들을 쌓아놓고 머리를 쥐어짜는 고통이겠지만 사실 그건 어느 정도는 즐기는 일이다. 그보다 더 진지한 고민은 책들만으로는 해결되지 않는 것이다.

과연 한국 교회의 암흑기와 같은 이 시대에 신학을 한다는 의미는 무엇인가? 이전엔 없었던 새로운 시대를 살게 될 거라고 예견하는 석학들과 신학자들의 견해들도 분명 의미 있고 유익하다고 본다. 한편, 무수히 많은 부정적인 전망들을 보면서 어쩌면 목적지를 상실한 경주를 하고 있는 건 아닌지, 많은 실패한 결과들을 목도하면서 부질없이 새로운 가설을 세우려는 허망한 시도를 하고 있는 건 아닌지 두려울 때도 있다. 그러나 나는 이 질문을 세상을 향해서는 하지 않을 생각이다. 세상 그 무엇이 한결같이 소망이 되고 변치 않는 진리를 우리에게 주었던가? 그래서 난 아무것도 덧댈 필요 없는 순전한 복음과 올바른 신학에 길이 있을 거라 믿는다.

애굽의 노예로 학대와 고통 가운데 있었던 이스라엘 백성들과 멸절 위기에 처했던 에스더와 모르드개를 비롯한 이스라엘 백성들이 했었을 법한 질문, "도대체 하나님은 어디 계시나요? 저희들의 고통을 알고 계시기는 한 건가요?" 지금의 우리가 매일 하고 있는 질문이다. 그런데 성경 전체를 통틀어 하나님의 기적과 권능, 깊숙한 개입이 그때만큼 있었던 적이 있었던가? 힘들고 어려운 시기에 고민과 기도가 깊어질수록 하나님이 계시지 않은 것처럼 느껴지는 현실 너머에 더욱 강력한 하나님의 임재를 느낀다. 부모로서 나는 아이들이 어릴수록, 힘들고 위험한 길을 갈 때일수록 꼭 안고 그 손을 꽉 잡고 놓지 않았다. 약한 어미도 이럴진대 하물며 하늘 아버지께서 지금의 우리를 보시는 심정이 어떠하시랴.

"이 시대에 신학을 한다는 건 어떤 의미일까?" 내 안에 질문이 생긴다는 건 대답을 주실 분이 계시다는 걸 전제한다. 이런 질문을 품고 시작하는 가을 학기, 이 좁디 좁은 길을 따라 걷다 보면 찬바람이 불 때쯤 코끝이 찡한 감동과 함께 그분이 직접 가르쳐 주시리라, 나는 굳게 믿는다.

| 그 분 이 일 하 실 때 |

여러 가지 일들을 감당하며 지낸 지난 학기의 모든 과정을 마치고 나서 방학을 하자 왼쪽 다리에 대상포진이 왔다. 암 수술 이후 두 번째 대상포진이다. 어쩐지 종강할 때쯤 기운이 없었다. 아니 남겨 둔 기운이 없이 다 써 버린 느낌이라는 말이 더 어울린다.

더 이상 발을 내딛을 힘이 남아 있지 않음을 몸이 느낄 때가 있다. 다 잘했다는 게 아니라 시간을 되돌린다 해도 무언가를 더는 할 수 없을 것처럼 지난 시간의 수고와 노력이 내가 그분께 드릴 수 있는 전부였다고 느낄 때가 있다. 한마디로 남겨 둔 기운 없이 다 썼다고 말하게 되는 그런 순간이 있다.

무언가를 바라거나 크고 대단한 무언가를 위해서가 아니라 이유는 단지 주님을 향한 사랑 때문이었다고 감히 말할 수 있는 순간이 있다. 그리고 부끄럽지만 이것밖엔 드릴게 없는 가진 것 없는 여인일 뿐이라고, 그저 마음 하나 드린다는 부끄러운 고백을 하게 되는 날이 있다.

긴 세월 동행해 온 내가 아는 그분은 아무도 주목하지 않는 그 마음을 기억하고 아신다. 그리고 그때부터 비로소 일하신다. 더 이상 남겨 둔 기운이 없어서 다만 하늘을 바라본다. 그분이 하실 일을 기대하면서…. 그리고 그때에야 내가 아닌 그분이 이루시는 일을 목도하게 될 것이다.

| 새해 아침에 |

새로이 주어진 한 해 동안
기쁘고 좋은 일도 많겠지만,
넘어야 할 수많은 산들도
눈앞에 펼쳐지리라.

나지막한 언덕 같은 산도 있겠지만,
숨이 턱하고 막히는 높고 거친 산봉우리도 있겠지.
때론 아무리 계산해도 길이 보이지 않아
물러나고 돌아가야 할 때도 있겠지.

그럴 땐 더욱

내 발에서 눈을 들어 산을,
그 산 위에 계신 하늘 아버지께
초점을 맞추길.

방향을 조정하고,
호흡을 가다듬고,
천천히 다시 한 걸음, 한 걸음….
속도보다 방향을,
결과보다 과정을,
성과보다 사람을,
숫자보다 진심을,
이 땅보다 하늘을
더 소중히 여기며 걷기를.

오르막뿐 아니라
내리막을 위해서도 기운을 남겨 두는 겸손으로,
험난한 길에서도 늘 믿고 의지하는 갈급함으로,
산을 넘듯이
그분께 꼭 붙어서….

유학중인 큰아들이 다니는 미국의 한 장로교회는 대학 캠퍼스 사역
이 주를 이루고, 교인의 대부분이 유학을 온 청년들이다. 아들은 집
에서 차로 한 시간 정도 거리에 있는 교회에 가서 매주 금요일 밤에
대학청년부 기도회를 인도하고, 주일예배 반주를 맡고 있다. 담임목
사님 부부께서 각별히 보살펴 주셔서 얼마나 감사한지 모른다. 자주
집으로 불러서 한국 음식도 해 주시면서 이런저런 이야기도 나눈다
고 한다. 그러던 중 내가 신학을 하고 있다는 걸 알게 되었고 매우 깊
은 관심을 보이셨다고 한다.

조직신학 전공으로 네덜란드 개혁신학자를 연구한다고 했더니, 언
제 미국에 아들을 보러 오시냐고 물으셨단다. 조만간 오실 거라고
했더니 그럼 그때 청년들에게 기독교 세계관 강연을 해 달라고 말씀
하셨단다. 처음엔 그저 아들이 교회에서 대학청년부를 열심히 섬기
고 있으니 인사로 그러시는 줄 알았다. 그런데 그게 아니라 매우 구
체적으로 말씀하셔서 아들을 방문하는 시기가 정해지면 일정을 조
정하자고 하셨다고 한다.

생각해 보면 참 좋은 기회이긴 하다. 아들이 다니는 교회의 대학청
년부 학생들과 함께 그리스도인으로서 하나님과 사람, 그리고 세상
을 어떤 시각으로 바라보며 살아야 할지를 나누는 좋은 기회가 될
것 같다. 당장은 아니지만 열심히 공부하고 연구해서 아들 같고 딸

같은 학생들에게 포스트모던 시대에 어떤 가치관과 세계관으로 학문을 하고 직업을 갖고 가정을 이루며 살아야 할지 알려 주고 함께 고민하고 생각해 보면 좋을 것 같다. 사실 그것이 내가 공부하는 이유이기도 하다.

아들을 잘 챙겨 주시는 목사님일 뿐만 아니라 조직신학에도 지대한 관심을 가지신 분이라서 반갑고, 그런 강연을 의뢰해 주신 것도 고마운 일이다. 언젠가 청년들과 그런 자리를 갖고 심도 있는 대화를 나눌 수 있도록 나도 성실하고 책임감 있는 연구에 매진해야겠다.

| 종 강 감 사 |

가장 바빴던 한 학기를 마쳤다. 줌 수업을 다 마치고 과제를 모두 제출하고 나니 약간은 진이 빠진 느낌이 들었다. 종강 날이면 으레 뭔가 재밌는 일을 해야 할 것 같고 그간 고생한 내게 달달한 디저트라도 선물하고 싶은 마음이 들곤 했었는데 오늘은 좀 달랐다. 조금은 무거운 마음으로 시작했던 이번 학기를 무사히, 그것도 은혜롭게 마치게 해 주신 주님께 감사의 기도를 드리고 싶어서 책상을 정리하고 주님 앞에 한동안 머물렀다.

이번 가을 학기는 개강을 앞두고 시아주버님의 비인두암 4기 진단과 절친이자 동역자인 분의 암 수술이 예정되어 있었다. 공동체 소그룹 인도와 바빙크(Bavinck) 독서모임이 토요일마다 있었다. 공동체 모임은 줌으로 만나지만 일대일 만남은 반드시 해야 할 일이었다. 큰언니의 환갑잔치도 즐겁고 행복한 시간이었다. 운동도 거를 수 없어서 매주 산행도 했다. 등산 선배들에게 감사하는 마음으로 준비한 여행도 했고, 꼭 만나고 싶은 친구가 있어서 기차로 목포 여행도 했다.

지나고 보니 정말 많은 일들이 있었다. 시아주버님은 항암과 방사선치료의 경과가 좋아서 대부분의 암세포는 제거되었다. 절친의 암 수술도 예상보다 가볍고 경과 또한 좋았다. 모두 주께서 베푸신 긍휼의 손길이었다. 작년에 가르쳤던 제자가 입시에 재도전해서 합격한 기쁜 소식도 주셨다. 공동체 소그룹 멤버들은 각자 다른 삶의 자리에서 말씀을 붙들고 어떻게든 지키며 살아가려 애쓰는 귀한 나눔으로 내게 은혜와 도전을 주었다. 늦은 나이에 예수님을 믿은 언니는 묵상하며 신앙시를 써서 친정 식구 카톡방에 은혜와 감동을 선사한다. 광야와 같은 40년의 시간이었지만 주님은 신실하게 친정 식구 모두를 구원해 주시는 은혜를 베푸셨다.

페이스북에서 알게 되어 서로의 글과 삶을 나누고 배우며 도전과 은혜를 받는 일이 많아졌다. 특히 여성 사역자분들과 작가님들, 사모님들의 진솔하고 깊은 나눔이 마음을 울리는 날이 많았다. 삶의 지경을 넓혀 주시는 은혜를 경험한다. 그래서 이 모든 일들을 허락하신 주님 앞에 머물 수밖에 없는 너무나 감사한 종강 날이었다.

| **주 예수를 믿으라. 그리하면 너와 네 집이 구원을 받으리라** |

친정아버지 11주기 추모예배를 가족들과 함께 드리며 말씀을 전했다. 지난 40년간 하나님께서 우리 집안에 베푸신 은혜를 기억하는 시간을 가졌다. 중학생 시절 어느 날 하굣길에, 가난한 가정과 고단한 삶에 힘든 마음을 안고 차 창 너머로 무심결에 쳐다본 버스 정거장의 차양막에 적힌 "주 예수를 믿으라. 그리하면 너와 네 집이 구원을 받으리라"는 사도행전 16장 31절 말씀을 읽었다. 순간 '구원'이라는 단어를 '살 길'로 해석한 나는 예수를 믿으면 살 길이 있을지도 모른다는 생각에 혼자서 한 교회를 찾아갔다. 말씀의 뜻은 깨닫지 못하고 가난한 우리 집이 살 길은 돈을 벌어서 부자가 되는 거라고 생각했고, 사업을 하시는 아버지가 제발 돈을 잘 벌어서 부자가 되게 해 달라고 매일 기도했다.

그 기도는 끝내 응답되지 않았지만, 가족들 한 사람 한 사람 교회를 다니기 시작했다. 부자가 되지는 못했지만 하나님을 믿으신 아버지는 치매에 걸린 상태에서도 가끔 온전한 정신으로 본인이 가족들을 고생시켜서 미안하다고 하셨고, 제일 좋아하시던 찬양이 〈나 같은 죄인 살리신(찬 305)〉이었다. 그렇게 아버지는 11년 전에 회개한 죄인으로 천국에 입성하셨다. 아버지와 작별할 때 건넨 인사는 "아버지, 천국에서 다시 만나요"였다.

교회를 다니면서 예수님을 믿고 구원의 의미를 깨달은 후 "너와 네 집이 구원을 받는다"는 말이 온 가족이 예수님을 믿고 천국 백성이 된다는 뜻임을 깨달았다. 그런데 한 가지 마음에 걸리는 것은 다른 가족은 모두 교회에 다니는데 큰언니 혼자 다른 길을 가고 있다는 사실이었다. 전도하기 시작한지 20년 정도의 시간이 흐르는 동안 난 열심을 내기도 했지만 속상한 일들도 있어서 포기한 시간도 꽤 길었다.

예수님을 먼저 믿은 자로서 덕이 되지 못했던 내 삶이 은혜의 걸림 돌이었다는 걸 인정하는 순간부터 큰언니의 마음이 열리기 시작하는 걸 느낄 수 있었다. 그러더니 작년 초부터 언니가 우리 교회를 다니기 시작했고, 예수님을 믿게 되었다. 환갑 나이에 늦게 예수님을 믿었지만 그 누구보다 복음을 잘 깨닫고 회개하고 기도하는 삶을 살아가고 있다.

돌아보니 친정 식구 일곱 명 모두 예수님을 믿는 데 40년이 걸렸다. 우리는 모두 양 같아서 각기 제 길로 갔지만 그리스도께서는 우리 모두의 죄악을 담당하시고 십자가에 달리시고 죽으심으로써 영원한 생명을 주셨다. 그래서 우리 일곱 식구 모두는 천국에서 다시 만나게 되었다. 아무도 아무 공로 없이 오직 은혜로 천국 백성이 되게 하신 신실하신 하나님의 은혜를 기억하며 감사와 찬양을 올려드린 추모예배였다. 그리고 남동생 부부가 멋진 식당에서 대접해 준 맛있는 음식도 감사의 마음을 더했다. 오가는 길 하늘은 유난히 청명했다.

| 남편의 기도 |

남편이 "오늘은 기도회 때문에 늦어요" 하면서 출근했다. 대학에서 학생들을 가르치는 남편은 학과 학생들과 9년째 기도 모임을 하고 있다. 공식적인 동아리 모임이 아니라 학생들의 자발적인 요구로 이루어진 기도 모임을 남편이 인도하기 시작했고 지금까지 계속해 왔다. 코로나로 인해 작년 봄 학기만 추이를 지켜보자고 하며 쉬었다가 가을 학기부터 줌 모임으로 계속 진행해 오고 있다. 이번 학기에는 금요일 저녁 시간에 줌으로 모인단다.

그 모임에 참여하는 학생들은 각자 다른 교회를 다니고 있지만 주중에 학교를 다니면서 공유하는 학업과 진로에 관한 고민들, 이성교제와 교우관계, 신앙과 현실적인 문제 사이의 고민 등을 나누고 매주 함께 기도한다. 남편은 평소에 학생들과 축구나 농구 등 운동도 함께 하고, 대화 나누기를 좋아하고, 모두 자식 같은 아이들이라며 그들과의 인생 상담을 스스로의 기쁨으로 여겼는데 코로나로 인해 큰 기쁨을 잃어버린 셈이다.

명석하지만 가정환경이 어려워서 꿈을 펼치길 주저하는 학생들에게 장학금과 다양한 진로 등을 알아봐 주고, 편부나 편모 가정에서 자라는 학생들에게 남다른 관심을 보였다. 그렇게 해서 전도된 학생들도 있었다. 부모님이 이단 교회에 나가신다고 걱정하며 상담을 해오는 학생 등 신앙상담에도 적극적으로 임했다.

이렇게 해서 자연스럽게 캠퍼스에서 자발적인 기도 모임을 갖게 되었고 매 학기 많게는 20여 명의 학생들이 9년째 이어 오고 있다. 대면으로 모일 때는 남편이 학생들에게 삼겹살도 사 주고, 나도 집에서 김밥이나 간식을 보내기도 했는데 그 시절이 너무 그립다. 다시 그 시절이 돌아와서 마음껏 퍼 주고 나눠 주면서 더욱 풍성한 생명을 누리는 날이 속히 오기를 기도한다.

| 서재(書齋) |

유학 간 큰아들이 쓰던 방에 이제는 쓰지 않는 가구들을 버리고 책장에 책들을 채워 내 서재로 꾸몄다. 남편은 연구실에 충분한 공간이 있어서 모든 책들을 둘 수 있었지만 내 사정은 그렇지 않아서 안방과 거실 책장 등에 여기저기 흩어져 있는 내 책들을 정리할 필요가 있었다. 덕분에 며칠 동안 버리고 정리하고 쓸고 닦느라 진을 뺐다. 조금 과장하면 한 트럭은 버린 것 같다. 마침 휴가 중인 둘째의 도움도 컸다.

정리를 마치고 나서 생각해 보니 내 인생에 내 방(my own room)이라고는 처음 가져본다. 셋째 딸로 태어나서 결혼할 때까지 언니들과 늘 방을 같이 썼으니 평생 혼자 방을 쓴 적이 없었던 거다. 방뿐만 아니라 나는 어릴 때 늘 언니들이 입던 옷을 물려받아서 입었고 새 옷을 입어 본 적이 없을 정도다. 순전히 막내딸의 비애다.

결혼하고 나서도 맞벌이를 했고 평생 공부하고 가르치는 직업이었지만 아이들 위주로 살았으니 내 몫의 공간을 고집할 수가 없었다. 그래서 내가 보는 책들은 늘 집안에 있는 책장 어딘가에 흩어져 있었다. 아이들을 돌보면서 내 일을 해야 하는 처지라서 거실이나 식탁 테이블을 옮겨 다니며 유목민처럼 공부를 할 때도 많았다. 또 책을 보다가도 아이들을 데려오거나 데려다 주고 돌볼 일이 생기면 바로 덮고 일어나야 했다.

이렇듯 아내가, 엄마가 집에서 책을 보고 공부를 한다는 건 쉽지 않은 일인 듯하다. 하지만 감사하게도 성숙한 가족들의 배려와 협조로 나는 일과 공부를 계속할 수 있었다. 이제는 신학 공부가 본업이 되어 긴 시간 앉아 있어야 하고, 머릿속으로 정리를 하는 시간도 필요한 때에 서재를 선물로 받은 느낌이 들어 참 감사하다. 이제 공부 못할 핑계가 사라졌으니 더 매진해야 하는 부담이 생긴 셈이다.

4
진리 안에서 누리는 자유

나는 어떤 사람으로부터 오랜 시간 동안 매우 적극적인 미움과 비난을 받으며 살아왔고, 그 미움의 강도가 초기보다는 다소 약해진 듯하나 여전히 있고, 그리고 쉽게 없어질 것 같지는 않아 보인다. 이 글의 초점은 나를 미워하는 사람에 대한 원망이 아니라 내 인생의 거짓 메시지를 하나님의 말씀으로 물리치고 일어나려고 몸부림 치고 있는 신앙의 고백에 있다. 1, 2년이 아니라 10년, 20년 아니 그보다 더 긴 시간이었다. 처음 10년 정도는 '내가 뭘 잘못했겠지', '내가 먼저 고쳐 보자'라고 생각했다. 그분은 내가 떠나고 싶다고 떠날 수 있는 분이 아니었고, 하나님이 내 인생에서 권위자의 자리에 세우신 분이었기 때문에 나로서는 당연한 반응이었다.

그분 마음에 들기 위해서 정말 안 해 본 일이 없는 것 같다. 실제로

이 기간 동안 이전까지는 해 보지 않았던 엄청나게 많은 일들을 해 보았고, 많은 부분에 능력계발이 된 것도 사실이다. 하지만 그러면서 깨닫게 된 건 내가 어떻게 하든지 그분은 그냥 내가 싫다는 사실이었다. 그다음 10년 정도는 나도 그분을 미워하며 산 것 같다. 그분을 미워하는 나 자신도 미워하며 사랑받고 인정받지 못하는 나를 용서하지 못한 채 마음속 흙탕물이 휘저어졌다가 가라앉았다를 반복하며 마음속을 그 어디보다 격렬한 전쟁터로 만들며 산 것 같다. 용서하지 못하는 사람을 마음에 품고 사는 건 그 사람의 목을 움켜잡고 나도 함께 감옥 속에서 사는 것과 같다.

미움을 받을 때 다른 사람들은 무시도 잘한다는데 나는 절대로 권위자를 무시하는 성향이 아니었다. '사랑의 다섯 가지 언어'의 이론에 따르면 '스킨십'을 원하는 사람에게 폭력은 인격 살인이라는데, 내가 원하는 건 '인정하는 말'이니 지속적인 미움과 비난은 내게 죽음과 같은 고통이었다고 말할 수 있다. 반항도 거역도 할 수 없고 도망도 칠 수 없다는 사실에 정말 죽고 싶었다. 그 이후의 시간들은 '이렇게 살 수는 없다', 반드시 '하나님 안에서 해결을 보자'였다. 내가 받아야 할 훈련이면 성실히 받고, 여기서도 주시는 은혜를 놓치지 말고 어떻게든 그 은혜의 자리를 떠나지 말자는 몸부림이었다. 만날 때마다 그분이 자극하는 나의 열등감들을 십자가 앞에 가져가 치유와 회복을 경험하고, 나를 향한 비난 속에서도 계발된 능력으로 누린 유익에 감사하고, 아무리 노력해도 안 되는 일들을 통해 나의 의를 내려놓는 회개가 있었다. 미움과 비난 속에서도 임하는 주의 위로와 격려를 통해 더 이상 상벌에 연연하지 않는 건강한 자아상을 추구하게 되었다.

보복하고 싶어지는 미움과 피 흘리기까지 싸우며 나의 깊은 죄성을 뉘우치고, 이 땅에 용서하지 못할 사람은 없음을 깨닫는 은혜가 있었다. 골짜기를 헤맬 때마다 피할 길을 주셔서 오직 은혜로 사는 인생임을 기억하게 하셨다. 사람에게 미움을 받고 있는 순간에도 하나님의 사랑을 받을 자격은 상실되지 않는다는 사실을 믿음으로 붙잡으며 일어설 수 있었다. 좀처럼 털어놓기 힘든, 상처로 얼룩진 마음속 이야기를 써 내려갈 용기가 생긴 것은 어제 주일설교 말씀 때문이다. 우리가 속지 말아야 할 인생의 거짓 메시지를 물리치고, 하나님께서 하실 일들을 기대하는 인생으로 나아가야 함을 마음 깊이 새겨 놓으시는 은혜가 있었다. 예전처럼 마음이 요동치는 건 아니지만 아직도 나를 힘들게 하는 건 '도대체 언제쯤 이 고통이 끝날 것인가' 하는 것이다. 여전히 끝나지 않는 고통에 대해 영혼 깊숙이 주님께 묻고 있을 때, 주님이 말씀하신다. "내가 너를 통해 할 일이 있다"고.

예수께서 대답하시되 이 사람이나 그 부모의 죄로 인한 것이 아니라
그에게서 하나님이 하시는 일을 나타내고자 하심이라(요 9:3)

이 말씀이 가슴을 치며 떠오르는 기억이 있다. 전도를 할 때마다 자연스레 말하게 되는 내 인생 스토리 중에 세상적인 성취나 성공은 그저 양념일 뿐 별다른 감동을 낳지 못한다. 그런데 이분의 미움과 비난 속에 눈물 흘리며, 때로는 피 흘리며 걸어온 이 길은 늘 사람들의 마음에 내가 믿고 섬기는 주님에 대한 궁금증을 낳았다. 그렇게 해서 전도된 사람들이 꽤 있었다. 그렇다. 이제는 거두어 주셔도 될 법한 이 고통의 문제를 그냥 두시는 주님의 깊은 뜻은 생명의 역사에 있었던 거다. 만약에 "10년, 20년 노력했더니 해결되더라"라고 한다면 그건 인간 승리지 복음의 증거는 되지 못한다. 내가 암 수술을 앞두고 있을 때, 완치된 사람의 위로가 고맙긴 하지만 큰 격려는 되지 않았었다. 오히려 여전히 항암치료를 하고 있지만 밝게 살고 있는 사람의 미소가 큰 희망이 되었던 것을 기억한다. 내 인생도 마찬가지인 것이다. 설교 말미에 마지막으로 내 마음에 새겨 주신 말씀이 있었다.

나에게 이르시기를 내 은혜가 네게 족하도다 이는 내 능력이 약한 데서 온전하여짐이라 하신지라 그러므로 도리어 크게 기뻐함으로 나의 여러 약한 것들에 대하여 자랑하리니 이는 그리스도의 능력이 내게 머물게 하려 함이라(고후 12:9)

아멘입니다! 그렇습니다. 저는 10년, 20년 아니 지금도 여전히 누군가에게 미움과 비난을 받고 있습니다. 그래도 괜찮습니다. 이 아픔 너머에 주님의 선하신 뜻, 이 수치의 십자가의 자리를 통해 오늘도

말 못 할 마음의 상처와 사탄이 주는 거짓 메시지로 고통받고 있는 분들에게 "사랑받기에 충분한 존재임"을 일깨우는 하나님의 일에 쓰임 받는, 주님께는 너무나 사랑스런 딸이기 때문입니다.

황금률

이번 방학에 학생을 가르치다가 수능 영어 기출모의고사 독해 지문에서 발견한 '황금률'에 관한 흥미로운 글이다. 가끔 이렇게 생각해 볼 만한 주제를 다루는 지문들이 있다.

모든 황금률이 다 같은 것은 아니다. 시간이 지나면서 두 종류가 나타났다. 부정적인 버전은 자제를 지시하고, 긍정적인 버전은 개입을 장려한다. 하나는 최소한 해를 끼치지 않는 기준선을 설정하고, 다른 하나는 염원하거나 이상화된 선행을 베푸는 행위를 가리킨다.

이러한 규칙의 예는 많아서 남김없이 열거할 수 없을 정도지만 여기서는 우리의 목적을 위해 다음의 버전, 즉 "자신이 싫은 것은 다른 사람에게 행하지 말라(What is hateful to you do not do to another)"와 "타인을 자신처럼 사랑하라(Love another as yourself)"로 충분한 것으로 하자.

해치지 않는 것과 같은 부작위(不作爲)를 통해서든, 아니면 적극적으로 개입함에 의한 작위(作爲)를 통해서든 이 두 버전은 모두 다른 사람을 배려할 것을 주장한다.

그러나 이러한 황금률이 행위자에게 타자를 배려하도록 권장하는 반면, 그것들은 자신에 대해 마음 쓰는 것을 완전히 버리는 것을 요구하지는 않는다. 의

도적으로 관심을 자아로부터 멀어지도록 옮긴다 해도, 그럼에도 불구하고 부분적으로는 자신을 가리키는 상태로 남아 있다.

부정적인 버전과 긍정적인 버전은 둘 다 행동 평가의 기준이 되는 본질적인 척도로서 자아를 언급한다.

_ 2020년 6월 고3 모의고사. 영어영역 34번

흥미로운 것은 여기서 말하는 황금률이 "남에게 대접을 받고자 하는 대로 너희도 남을 대접하라"(눅 6:31)와 "네 이웃을 네 자신과 같이 사랑하라 하신 것이라. 이보다 더 큰 계명이 없느니라"(막 12:31)는 성경 말씀을 기준으로 하고 있다는 점이다. 그러면서 황금률을 부정적인 측면(~을 하지 말라)과 긍정적인 측면(~하라)으로 나누어 설명하면서 두 가지 행동 모두의 척도로서 자아를 언급한다는 논지이다.

지문은 여기서 끝나지만 그 척도가 되는 자아의 성격을 분명히 할 필요가 있을 것 같다. 가치 기준에 있어 자기중심적인 자아가 그 척도가 된다면 서로 다른 기준점으로 인해 대접하고 사랑하고자 하는 대상에 맞출 수 없기 때문에 부정적인 방식과 긍정적인 방식 두 가지 모두 실패할 수밖에 없다. 먼저, 이웃을 내 몸과 같이 사랑하기 위해서는 사랑이신 하나님을 믿고 알아야 한다. 그 사랑을 이 땅에서 보여 주신 예수 그리스도를 닮아가는 삶 가운데 성령의 인도하심을 따르는 자아가 기준이 되어야만 가능한 일이다.

하나님은 인격적이시고 그분 안에서 모든 사람이 소중하기 때문에 사랑과 섬김을 받는 대상뿐 아니라 섬기는 자도 소중한 존재이다. 그렇기 때문에 섬김의 방식에서도 강요받거나 억지로가 아닌, 인격적이고 자발적으로 사랑하고 섬겨야 함은 당연한 일이다. 또 그렇게 할 때만 서로 간에 진정한 사랑으로 느껴지고 마음이 전달되기 때문이다. 이것이 황금률이 가지는 의미이자 우리가 서로 사랑하는 인격적인 방식이 아닐까 싶다.

│ COVID-19, 그대로 멈춰라! │

아이들이 좋아하는 놀이 중에 함께 노래하면서 "즐겁게 춤을 추다가 그대로 멈춰라!" 하면 모든 움직임을 멈추고 얼음처럼 서 있어야 하는 놀이가 있다. 지금 세상은 코로나로 인해 마치 그 놀이처럼 멈춰섰다. 거리에 차도 줄고, 걸어 다니는 사람도 줄고, 상점에 손님도 줄고, 직장에 출근하는 직원들도 줄고, 재택근무가 가능한 경우는 아예 출근도 안 한다. 대학은 개강 연기와 원격수업을 시행하고, 초중고 개학은 미뤄졌다. 그래서 학생들은 학교에 못 가고, 선생님들과 교수님들도 학교에 못 간다. 교인들도 교회에 못 가고 온라인으로 예배한다. 불편함과 문제점을 이야기하는 건 끝도 없고 원망과 불평만 낳을 뿐 어떤 것도, 누구의 말도 해결에 도움이 되지 않는다.

조용히 아주 조용히 그분의 세미한 음성에 귀를 기울인다. 그리고 이 시간의 의미와 우리가 멈추게 된 이유, 이를 통해 이전엔 미처 알지 못했던 깊은 은혜를 깨닫게 된다. 아침 일찍 일어나서 부지런히 하루하루 열심히 살아가는 것은 나의 노력이라 생각했다. 늦지 않게 직장에 가고 성실히 일해서 받은 월급과 성취감은 내 노력의 결과라고 생각했다. 지각도 결석도 없이 등교하고 열심히 공부해서 받은 성적 또한 내 노력의 결과라고 생각했다. 새벽 기도를 가고 수요예배, 주일예배에 빠짐없이 참석하면서 주님의 은혜로 살아간다고 말하면서도 마음 깊은 곳에선 신앙생활까지 성실히 한다고 은근 스스로를 기특하게 여겼다.

그런데 익숙하게 해내던 그 모든 일들을 할 수 없게 되고 보니 내가 한 일이 아님을, 결코 내 힘만으로는 할 수 있었던 게 아님을 알게 된다. 은혜가 아니면 아무것도 할 수 없는 존재임을 비로소 깨닫게 된다. 자고 깨는 것이 은혜임을 느끼면서 질병으로 고통받고 있는 분들을 기억하게 된다. 수많은 회사가 있어도 내가 출근할 직장이 없어서 고통받는 가장들이 생각난다. 그 많은 학교 중에 내가 갈 학교가 없어서 방 안에서 힘겨운 시간을 보내는 청소년들이 기억난다. 하루하루 일해서 버는 돈으로 생활하는 분들의 초조한 일상이 안타깝다. 몸이 아파서 교회에 가지 못하고 병상에서 외로이 혼자 기도하고 예배하는 분들의 마음에 비로소 가까이 가게 된다. 그리고 그런 이웃에 대한 사랑 없이 드린 형식뿐인 예배를 하나님은 얼마나 가슴 아파하셨을지 생각하니 아찔하다.

멈춰 서니 보이는 게 있다.

그동안 우리가 바라보아야 했던 곳,

주목했어야 했던 사람,

기억했어야 했던 일,

꼭 했어야 했던 중요한 일들 말이다.

하늘, 바람, 나무, 꽃, 강, 바다,

사랑하는 사람과 사랑해야 할 사람,

가족과 함께하는 밥상과 소소한 일상,

그 속에 담긴 그분의 세심한 사랑의 손길,

그분이 원하시는 곳으로 함께 걷는 길.

주님은 우리에게 늘 변함없는 은혜를 주시지만 때로 그 은혜의 주권을 분명히 하실 때가 있다. 우리가 모두 멈춰야 할 이유가 있었다고 느낀다. 생각 없이 그냥 달릴 뻔한 길에서 돌이켜 방향을 재설정하고, 올바른 우선순위를 정하고 다시 시작하는 거다. 내 힘은 빼고 오직 은혜로!

| 크고 대단한 일을 하기보다... |

사랑하며 살라고 주신 많은 사람들과 함께하며 크고 대단한 일을 하기 보다는 때에 맞는 진심을 담아,

"고맙습니다."

"미안합니다."

"용서해 주세요."

"사랑합니다"라고만 잘해도

허다한 허물을 덮고, 천국을 누리며 살 수 있지 않을까 싶다.

어떤 관계에서든 '아이큐(IQ)'나, '이큐(EQ)'도 좋지만 "땡큐(Thank you)"가 제일 중요하다. 높은 마음에서 나오는 치하(致賀))가 아니라 낮은 마음에서 고마움을 표시하는 것이다. 미안한 마음을 전할 때 진심은 어떤 방식으로든 전해지지만 변명 없는 진솔한 사과는 상대의 화를 속히 녹인다. 잠시나마 마음에 분을 담았던 자신을 돌아보게 하기도 한다. 사람과의 관계에서 자신의 잘못이 드러났을 때 용서를 구하는 것은 죄가 드러났을 때 하나님 앞에 회개로 엎드리는 것과 밀접한 관계가 있는 듯하다. 용서를 구하고 은혜로 회복되는, 진정 자유한 삶으로 가는 길이다.

사랑한다는 그 한마디가 어려워서 떠나보낸 사람들, 잃어버린 기회들, 돌이킬 수 없는 후회로 남은 날들이 얼마나 많았던가. 내가 속한 공동체와 내 주변에서 만나는 사람들과 함께 천국을 누리는 삶을 사는 것은 그리 크고 대단한 일을 요구하지는 않는 듯하다. 그 순간이 아니면 너무 늦어버릴, 어쩌면 다시 할 수 없게 될 수도 있는 진심어린 한마디 말이 서로 간에 허다한 허물을 덮고 위로와 격려를 주며,

살고 싶게 만들 수 있다. 폭염이 기승을 부리는 여름에 곁에 있는 이에게 얼음냉수 같은 한마디 말을 건넬 일이다.

| 바 람 직 한   위 로 의   메 시 지 |

수능을 앞두고 가르치고 있는 학생과 영어 독해 지문(수능완성)을 해석하다가 발견한 좋은 내용이다. 우리가 누군가를 위로하려는 의도로 말을 할 때 의도와는 달리 상대에게 위로가 되지 않는 경우가 있고, 오히려 더 상처를 주게 되는 경우도 있다. 여기서는 바람직한 위로의 메시지의 핵심이 '인간 중심성'이라고 말한다. 그런 메시지의 특징으로는 청자 중심, 감정 중시, 그리고 평가적인지의 여부가 기준이 된다고 한다. 그 영어 지문을 해석한 내용이다.

위로의 메시지의 특징

위로를 주는 의사소통의 영향에 관한 가장 영향력 있는 연구는 Brant Burleson과 Wendy Samter와 Suzanne Jones를 포함한 동료들에 의해 수행되었다. 이 이론의 틀에서 위로의 메시지는 '인간 중심성'의 면에서 다양하다고 기술되는데, (인간 중심성이란) 메시지가 '의사소통 상황의 주관적, 정서적, 그리고 관계적 측면에 대한 인식과 적응'을 반영하는 정도라고 정의된다. 인간 중심성이 낮은 위로의 메시지는 (다른 사람의) 감정을 비난하거나 그 감정의 정당성에 이의를 제기하거나 상대방에게 어떻게 행동하거나 느껴야 하는지를 말함으로써 그 사람의 감정과 관점을 부인한다.

인간 중심성이 보통인 위로의 메시지는, 상대방의 관심을 고통스러운 상황으로부터 다른 곳으로 돌리려고 시도하거나, 공감의 표현을 제공하거나, 고통을 줄이는 기능을 할 수도 있는 상황에 대한 설명을 제시함으로써 다른 사람의 감정을 암묵적으로 인정한다.

인간 중심성이 높은 위로의 메시지는, 다른 사람의 감정을 분명히 말하도록 돕고, 상대방이 왜 그런 방식으로 느낄 수도 있는지에 대한 이유를 상세히 설명하고, 더 넓은 관점 안에 그 감정을 두려고 노력함으로써 다른 사람의 감정을 명백하게 인정하고 정당화한다. 전반적으로 인간 중심성이 높은 메시지는 청자 중심성이 가장 높고 감정에 중점을 두며 평가적이지 않은 경향이 있는데, 인간 중심성이 보통인 메시지와 낮은 메시지는 이런 특성을 더 적게 보여준다.

상처받고 힘들고 아프고 곤경에 처한 누군가를 위로할 때, 나는 어떤 유형의 메시지를 전달하는지 돌아보게 하는 좋은 텍스트다.

| 포 기 도 사 랑 |

가끔은, 포기도 사랑일 때가 있다. 우리는 사랑이라는 이름으로 가까운 누군가에게 무언가를 바라고 기대하면서 살아가지만, 그 또는 그녀가 도저히 도달하거나 해낼 수 없음에도 불구하고 여전히 변화를 기대하고 있는 모습을 발견할 때가 있다.

그것이 어느 순간엔 포기하기 어려운 독한 희망이 되어 나 자신도 상대방도 힘들어질 때가 있다. 그저 기대를 내려놓고 있는 그대로를 받아들이는 게 끝내 힘들다면, 그냥 포기하고 보내 주자. 내 판단과 기대가 틀렸을지도 모르니 거기서 생각을 멈추자. 내가 할 수 있는 일이 아니려니 하면서 말이다. 입장을 바꾸어 생각해 보면, 나는 또 얼마나 많은 이들의 기대와 바람을 채우지 못함으로 인해서 그들의 마음속에 포기해 버리고 싶은 리스트 안에 들어 있을까.

실패하지 않고 포기하지 않는 사랑은 그분만 하실 수 있는 게 아닌가. 누군가가 보여 주는 모범을 통해, 누군가의 권면을 통해서 변화된 경우가 얼마나 있는지를 생각해 보면 사실상 사람은 타인에게 변화를 일으킬 수 있는 존재가 아니다. 여기서 '포기'를 좀 더 정확히 표현하면, 어떤 이의 변화에 대한 나의 기대와 소망, 노력과 수고를 내려놓고 그 어떤 것도 하지 않고 쉬는 것이다. 그 사람의 변화는 오직 하나님만 하실 수 있는 일임을 인정하고, 하나님께서 일으키실 인격적 변화만을 신뢰하는 것이다. 그것이 오히려 더 인격적인 사랑의 방식이 아닐까? 해서 사람의 사랑에는 가끔 포기가 필요할 때도 있지 싶다.

| 그 아이의 범죄 기록을 보지 않겠습니다! |

개인적으로 위기 청소년 사역을 해 오던 중, 전문적으로 그 사역을 오랫동안 해 온 교회에 탐방을 가서 담임목사님(주영광교회, 임귀복 목사님)을 인터뷰한 적이 있는데 그 목사님의 간증은 오래도록 내 마음에 남아서 죄 문제와 관련한 일이 생길 때마다 되새기게 된다.

강력 범죄를 저지른 청소년들은 경찰서에서 연락을 해도 부모나 다른 가족이 오지 않는 경우가 많은데, 경찰이 그 지역에서 그런 아이들을 돌보는 것으로 알려진 목사님께 연락을 해서 보호자가 되어 줄 건지를 묻는다고 한다. 그날도 연락을 받고 경찰서에 도착하니 담당 경찰관이 목사님에게 "이 아이의 범죄 기록 좀 보십시오" 하면서 두께가 엄청난 서류 뭉치를 내밀더란다. 이 기록들을 다 보고, 이 아이의 보호자가 되어 줄 건지 답을 해 달라면서.

그러나 목사님은 "그 아이의 범죄 기록을 보지 않겠습니다"라고 대답하고 부모를 대신해서 보호자 서명을 하고, 아이를 데리고 나왔다고 하셨다. 그 후로 많은 우여곡절이 있었지만 몇 년 후 그 남학생은 목사님의 사역에 가장 큰 도움을 주는 청년이 되었고, 장래 희망이 목사와 선교사인 청년으로 자랐다는 간증이었다.

인간은 하나님을 믿기 전에 지은 모든 죄를 용서받고 도말해 주시는 구원의 은혜를 받고 그리스도인이 된다. 그 용서가 있었기 때문에 우리는 새로운 피조물로서 새로운 인생을 출발한다. 그리스도의 향기를 풍기며 살아가도록 부름을 받았지만, 죄의 영향력 아래 여전히 살아가고 있기 때문에 원치 않아도 또 죄를 지으며 살아간다. 회개하고 돌이키면 된다. 그래서 매일, 어쩌면 매 순간 우리는 자신의 죄에 대해 용서의 은혜를 간구하게 된다.

자신의 죄에 대하여는 늘 은혜를 구하면서 다른 사람의 죄에 대하여는 마치 검찰 당국자라도 되는 양 그 범죄 기록을 왜 그렇게 오래도록 기억하는 것일까? 눈물의 회개를 들으시고 하나님께서 용서하셔서 이미 회복된 타인의 죄를 기억하고 또다시 묻는 것은 이미 처리된 폐기물 더미를 뒤지는 것과 무엇이 다른가? 다른 사람이 나에게 직접 피해를 준 죄를 범해도 용서해야 할 일인데, 직접적인 피해를 입지 않았으면서도 타인의 죄악을 기억하고 문제 삼는 것은 분명 심판주로 오실 그분의 자리에 걸터앉는 일이다. 가끔은 그 자리에 쉽게 걸터앉는 나를 발견할 때가 있다. 정신을 차리고 회개할 일이다.

나에게 큰 상처를 주어서 도저히 용서할 수 없는 리스트 속에 들어 있던 수많은 이름들을 지우고 잊어버리는 것이 은혜로 구원받은 자가 마땅히 행할 일인 것처럼, 나와 크게 상관없는 타인의 범죄 기록도 보지 않고 지우는 것이 은혜받은 자의 마땅한 도리이리라. 주님이 용서하시고 거룩하다 하신 이들, 사랑하라고 주신 모든 이들의 범죄 기록을 삭제하고 기억도 하지 말자. 날마다 주님이 내게 그리하시는 것처럼 그들에게도 second chance를 주는, 진정으로 은혜받은 자의 길을 걸어가길 다짐해 본다.

| 큰아들의 출국 |

며칠 전에 큰아들이 미국 유학길을 떠났다. 코로나 시기에 공항을 세 개나 통과해서 무사히 목적지에 도착했다. 감사하게도 마중 나온 선배들의 도움으로 정착과 적응이 순조로운 듯하다. '기적'이란 말이 아니고서는 설명이 불가한 큰아들은 태어나는 과정부터 기적이었다. 어느 글에선가 표현한 대로 의사 선생님도 태아가 뱃속에서 살지 못할 거라고 했었는데 '백만 분의 일'의 가능성으로 살아나 우리에게 와 주었다.

큰아이가 뱃속에 있을 때 살려만 주신다면 내 것이라고 주장하지 않겠다고 수없이 기도했었다. 그때 나는 "그(아브라함)가 하나님이 능히 이삭을 죽은 자 가운데서 다시 살리실 줄로 생각한지라. 비유컨대 그를 죽은 자 가운데서 도로 받은 것이니라"(히 11:19)는 말씀의 의미를 깊이 묵상하는 은혜를 누렸다. 그리고 또다시 다섯 살까지 말을 못해서 애간장이 녹아내리는 시간을 보냈다. 아이의 표정만으로 의사소통을 해야 하는 상황에서 말도 글도 가르쳤으나 진전이 없는 가운데 나는 새벽반 영어 학원 강의를 매일 나가야 했다. 어떻게 내 인생은 어린 시절부터 하나도 쉽게 되는 일이 없는지 하나님께 원망도 했었다. 게다가 가난한 친정에서 시집을 온 데다 아이 하나도 변변찮은 걸 시댁에서 곱게 봤을 리가 있겠나…. 아, 말로는 도저히 표현할 길이 없는 참 힘든 시간이었다.

어느 날 긴 기도 끝에 하나님께 "포기하지 않고 아이를 가르치고 키워 보겠다"고 결단하는 기도를 드리며 불가능해 보이는 상황이니 지혜도 주시라고 간구했다. 먼저 주님은 내게 아이의 교육을 장기간의 프로젝트로 계획하게 하셨다. 그리고 나 스스로는 먹을 수 없는 마음, 즉 아이가 잘 성장하고 온전하게 양육된 미래의 모습에서 현재를 바라보게 하셨다.

나의 모든 시간과 에너지의 우선순위를 양육, 직업, 가사의 순서로 두었다. 그것들을 모두 다 할 수 없으니 내 수입의 상당액을 가사 도우미 비용으로 지출했다. 아이에게 안락한 가정이 가장 중요한 환경이기 때문이다. 학원 강사로서의 직업도 성실히 임하고 강의가 끝나면 일체의 모임은 생략하고 곧장 집으로 향해서 아이와의 시간을 가장 소중히 여겼다. 하루도 기도를 쉴 수 없었다. 힘든 육아로 지치긴 했지만 나는 강사로서의 직업을 좋아했고, 일중독 성향이 조금 있었던 나로 하여금 더욱 중요한 가정에 집중하게 하신 하나님의 큰 그림이 아니었을까 하는 나만의 감사 또한 마음 깊이 가지고 있다.

그리고 '아이가 뱃속에서 사산될 위기를 겪어서 이런가?' 싶었던 마음은 접어 두고, 주변의 모든 사람들과 특히 아이에게는 그 일을 절대 비밀로 했다. 그 이유는 피해 의식을 갖지 않게 하고 싶었기 때문이다. '난 아기 때 아팠던 사람이니까', '난 말을 잘 못했던 사람이니까' 등의 피해 의식은 성취동기도 떨어뜨리고, 쉽게 포기하는 습관과 특히 영적으로 건강하지 않은 자아상을 만들기 때문이었다. 그래서 도리어 아이에게 예의범절이나 성실함과 책임감에 관해서는 더욱 엄격하게 가르쳤다.

그러던 어느 날 느리지만 아주 조금씩 말을 하고, 6살부터는 글씨도 조금씩 알아갔다. 초등학교 입학할 때가 되었을 때, 나는 그저 '선생님 말씀만 알아듣고, 사람 구실만 하게 해주세요' 하는 마음이었을 뿐 기대는 없었다. 그러다 학교에 가서 1학년 담임선생님을 만났는데 뜻밖의 말씀을 하셨다. 수업 내용도 잘 알아듣고 모범적이고 숙제도 꼼꼼히 잘한다고 칭찬을 하시는데, 난 정말 다른 집 애와 착각하고 말씀하시는 줄 알고 몇 번을 우리 아이인지 확인했다. 담임선생님을 만나고 돌아오며 길에서 감사함에 복받쳐 그냥 엉엉 울었다.

그렇게 초등학교를 졸업하고 중학교, 고등학교에 진학해서는 학업적으로 두각을 나타내기까지 했다. 눈으로 보면서도 정말 믿기 어려운 일이었다. 내게는 매번 기적이었다. 그때마다 "주님, 저를 불쌍히 여기시는 거죠. 정말 감사합니다"라고 되뇌었다. 그보다 더 감사한 것은 아들이 중학교 1학년 때 교회 여름 수양회에서 예수님을 구주와 주인으로 영접하는 일이 일어난 것이다. 더 나아가 고등학교 1학년 때 중·고등부 찬양예배에서는 하나님의 콜링을 받았고, 자신의 인생을 어떤 형태로든지 주님께 드리겠다는 결단도 했다고 했다.

입시실적에 몰두하는 지역에 위치한 고등학교를 다녔는데도 친구들을 모아서 등교 한 시간 전에 모여 기도하고 수업을 시작하는 기도 모임을 만들어서 3년 내내 멘토 선생님과 함께 섬겼다. 대학원 시절에도 학우들과 함께 불신자들도 초청해서 함께하는 기도 모임을 만들었는데 성공적으로 운영되었고, 아들이 졸업한 지금도 여전히 잘 이어 가고 있다. 교회에서도 800여 명의 대학부 학생들로 이루어진 비교적 큰 공동체를 섬기다 임기를 마치고 출국한 것이다. 아들은 교회를 너무 사랑하고, 그 아이에겐 정말 하나님이 전부다. 나는 이것이 주님 안에서 가장 자랑스럽다.

이렇게 하나님을 사랑하는 아들은 '하나님의 나라'에 관심을 가졌고 그분의 통치의 구현에 관심을 가지면서 자연스레 서울대학교 정치학과에 진학했다. 그리고 보다 구체적으로 기독교적 가치관 안에서 하나님의 통치를 구현하는 학문으로써 행정학을 연구하고자 석사과정을 마치고 미국 시라큐스 대학(Syracuse University) 박사과정에 진학했다.

모든 엄마에게는 모든 자녀가 특별하지만 내게는 처음부터 이렇게 특별했고, 지금도 여전히 특별한 아들과 공항에서 헤어지기란 정말 힘들었다. 그래서 기도하고 또 기도했다. 하나님께서 예비하시고 인도하시는 길을 따라 지금껏 인도하신 대로 앞으로도 선하게 이끄실 그분께 전적인 신뢰와 순종으로 나아가는 아들이 되기를 눈물로 기도하며 웃으면서 보내 주었다. 그리고 날마다 기도하면서 멀미 같은 그리움과 가슴에 구멍이 뚫린 듯한 휑한 마음을 달랜다.

수면바지, 혼잣말, 스웨터, 그리고 산행. 큰아들의 출국 후에 남은 가족들의 그리움의 언어다. 큰아들이 출국한 날부터 둘째는 자기 방보다 훨씬 작은 형의 방에서 잔다. 그리고 형이 입던 수면바지를 입고 침대에서 온종일 기타를 친다. 남편은 큰애와 영상통화를 하고 나면 묻지도 않은 혼잣말을 계속한다. "아주 가까이 있는 것 같아." 나는 아직도 큰애 방에 잘 못 들어간다. 출국 전날 큰애가 입었던 스웨터를 아직 빨지 않고 안방에 두었다. 그리고 함께 올랐던 산에 오른다. 아무도 "아들을, 형을 보고 싶다"고 말하지 않는다. 그래도 우리는 서로 다 알아듣는다.

| 충성된 지호네 |

이른 아침에 방학을 마친 둘째가 사관학교로 복귀했다. 첫째가 출국한 후에 그 큰 빈자리를 둘째가 채워 주어서 그나마 견딜 수 있었는데 둘째도 다음 휴가를 기약하기 어려운 복귀를 한 것이다. 가슴 한편에 불던 찬바람이 이젠 사방이 뚫린 듯 휑하는 소리까지 들리는 듯하다. 때를 맞춘 듯 창 밖에서도 바람소리가 들린다. 내겐 참 잔인한 아침이다. 이런 날엔 커튼도 내리고 그냥 아무것도 안 하고 누워 있고 싶었다.

그래도 혹시나 빨랫감이 있나 하고 큰애 방에 들어갔다. 그리고 보니 큰애 출국 후 처음 들어가 보는 거였다. 간단히 정리만 하고 나오려는데도 울컥울컥, 견딜 수가 없었다. 아, 작작 사랑할 걸⋯. 계속 있다가는 도저히 못 견디지 싶어 나오려는데, 큰애가 섬기던 대학부 친구들이 생일에 만들어 준 이름표를 피에타 그림 액자에 붙여 둔 게 보인다. 그 친구들이 지호에게, 또 우리 가족에게 붙여 준 이름이다.

"충성된 지호네." 만감이 교차한다. 과분한 칭호다. 지호를, 우리 가족을 그렇게 봐 준 교회 대학부 친구들의 믿음이 귀하다. 좀 전까지 나는 아들들과 떨어지게 되어 마음이 너무 아파서 아무것도 하기 싫고 커튼치고 누우려 했건만. 가만히 놔두면 저절로 회귀하는 과거의 추억에 머물고만 싶었다.

주님께 조금 부끄럽고 죄송한 마음이 들어 책상에 앉아 헤르만 바빙크(Herman Bavinck)의 책을 편다. 100여 년 전의 개혁신학자의 삶과 신앙과 사고의 자리로 돌아가는 시간 여행과 그 빛을 통해 이 시대를 바라보며 건강한 신학과 신앙을 꿈꾸는, 내게 주신 소명의 자리로.

오늘은 내 믿음이 아니라,
이 작은 골방에서 기도하며
주의 공동체를 섬겼던 아들의 믿음으로 일어선다.
주님 앞에,
"충성된 지호네"니까!!

| 큰일 VS 작은 일 |

남편의 직장에 동행해서 단풍도 보고 캠퍼스에서 산책도 했다. 남편이 24년째 재직 중인 직장에 내가 가 본 일은 손에 꼽을 만큼 적었다. 왜 그랬는지 기억을 더듬어 보니 이유는 있었다. 유학을 마치고 귀국해서 남편이 교수로 임용되자 시어머님은 내게 "남자가 큰일을 하는 직장에 여자가 드나들면 안 된다"고 하셨다. 귀국 후에 먼저 직장에 다니던 나의 직업은 자동적으로 '작은 일'이 되었다.

시아버님이 평생 공직에 계셨으니 가족들도 공무원법에 따라 조심하며 생활해야 한다는 의식의 발로이기도 하니 이해가 안 되는 건 아니다. 공직자의 아내로 사신 시어머님의 경험담 중에 가장 기억에 남는 일이 있다. 시아버님이 고위직에 오르신 후에 뇌물 성격의 선물을 거절하는 일은 어떤 면에서 쉬웠다고 한다. 그런데 신혼 초에 시동생들까지 데리고 살아야 하는 처지라서 끼니가 오간 데 없이 정말 적은 월급으로 생활해야 했을 때 누군가 설탕 한 봉지, 밀가루 한 봉지를 갖다 주는 건 정말 거절하기 어려웠다는 옛날이야기다. 같은 여자요 살림을 하는 입장에서 충분한 공감과 연민이 가는 일이다. 게다가 옛날 어른이시니 남자는 큰 일, 여자는 작은 일을 한다고 생각하신 거다.

외국어 학원에서 비교적 빨리 자리가 잡힌 내 수입이 남편의 수입을 훨씬 웃돌았음에도 내가 하는 일은 그냥 작은 일이었다. 그리고 일을 하는 며느리라고 해서 시댁 식구들에게 소홀히 하는 건 허용되지 않았고, 남편을 공경하고 잘 뒷바라지하는 건 당연한 일이었다. 사실 난 두 아이를 키우며 감당하는 내 직장에 다니기도 바빠서 남편의 직장에 관심을 둘 새도 없었다. 그러다 보니 남편의 직장에 방문할 일이 없었던 거였다.

작년 가을 코로나로 학생들이 비대면 수업을 하게 되어 텅 빈 캠퍼스를 한번 들러 본 후로 이전보다 더욱 학생들을 위해 기도하게 되었다. 마음을 쓰고 기도하니 또 한 번 둘러보고 싶어져서 찾았다. 모든 게 멈춘 듯 한 코로나 팬데믹 상황에서 꿈마저 중단된 듯한 청춘들의 고뇌와 좌절이 마음 깊이 안쓰럽다. 도전하고 싶은 게 많은 나이에 이것도 저것도 안 된다고만 하며 주저앉히는 것 같은 세상에 지지 않도록 주께서 힘과 지혜를 더하시길 기도한다.

깊이 생각하고 기도하며 할 수 있는 일과 방법을 찾아서 꿈을 펼치되, 하나님을 경외하며 그리스도를 아는 고상한 지식을 먼저 구하는 청년들이 캠퍼스마다 일어나길 기도한다. 그런 의미에서 대학 캠퍼스마다 기독교 동아리 모임이 활성화되면 좋겠다. 인생에서 가장 찬란한 봄날 같은 청년의 때에 귀한 배움의 터에서 주님을 알아가고 인격적으로 만나는 일들이 많아지길 기도한다. 삶의 주권을 주님께 드리며 삶의 의미와 목적을 발견하고 은사와 소명을 발견하여 진로를 정하고 최선을 다해 살아가는 삶의 길을 선택하길 바란다.

이 세상에 큰일, 작은 일이 어디 있겠나. 무슨 일을 하든지 창조주요 구원자이신 한 분 하나님을 경외하며 그분의 선하신 뜻을 따라 성실하고 책임감 있게 소명을 감당하는 것이 중요할 뿐이다. 그런 의미에서 이 땅의 청년들의 꿈과 소중한 젊은 날을 위해 캠퍼스 곳곳을 돌아보며 기도하는 큰일을 하고 온 의미 있는 하루였다.

| 연애편지 |

대학 2학년 때 소개팅으로 만나서 3년 반의 연애 끝에 지금의 남편과 결혼했다. 서로 지척에 있는 학교를 다니던 터라 하루건너 한 번씩 만날 정도로 자주 보던 사이였음에도 둘 다 문과생이라 그런지 손 편지를 자주 주고받았다. 특히 남편이 군복무 기간 동안엔 내게 더 많은 편지를 보냈고 결혼하고 나서 서로의 편지를 모아 보니 더 많아졌다. 그 많던 연애편지를 미국 유학 생활과 적지 않은 이사를 다니면서도 천으로 된 가방에 고이 넣어 간직했었다.

그러던 어느 날, 그때까지 교회에 다닌 지는 오래됐었지만 주님의 사랑이 너무나 크게 가슴 깊이 다가왔다. 그런 깊은 사랑을 깨닫고 나니 사람의 사랑과 사람의 말이 너무 가볍게 느껴지고 특히 나의 고백은 진실하지 못한 것 같아 한없이 부끄러웠다. 느낀 만큼만 말하고 솔직한 감정을 주고받으며 사는 게 맞지 않나 하는 생각이 들었다. 그래서 그 많던 편지들을 가방째로 버렸다. 지금이라면 그러지 않았을 텐데 은혜를 받고 난 후에 행한 너무나 과격한 결단이었다.

가끔 손발이 오글거리던 편지들을 다시 읽어 보고 싶었지만 이제
는 불가능한 일이 되었다. 그런데 남편의 감성은 그때만 빛을 발했
고, 결혼한 후에는 감성지수 제로다. 커피를 좋아하고 책을 읽고 영
화 보는 걸 좋아하는 나와는 달리 남편은 커피도 안 마시고 운동을
좋아하고 책도 전공 서적과 성경만 보는 스타일이다. 그러니 옛날에
내게 써 보낸 연애편지 같은 감성은 발견할 수 없게 된 거다. 페이스
북 친구인 목사님들이 자주 포스팅 하시는 아내를 향한 애틋한 사랑
고백을 읽을 때마다 그 많던 연애편지를 통째로 버린 나의 과격한
결단을 후회하게 된다. 은혜는 받되 결단은 신중해야 함을 다시 한
번 되새긴다. 차가운 비바람이 부는 이런 날 따뜻한 커피를 마시며
오래전 그 편지들을 읽었으면 좋았을 걸 그랬다.

| 인내 유발자 |

남편은 각종 전자제품의 얼리어답터(early adopter)임에도 집안에서 쓰
는 가전제품, 예를 들어 세탁기, 전기밥솥, 커피메이커, 에어프라이
어, 슬로우쿠커, 블렌더 등에 대해서는 1도 모른다. 열심히 가르쳤지
만 불가능함을 깨닫고 결국 포기했다. 평생 맞벌이를 해 온 이력을
생각하면 해도 해도 너무 한다는 생각이 들고, "이거 어떻게 켜는 거
야?"라는 말을 들을 때마다 울화통이 치밀었지만 신앙심과 교양이

극단적 폭발은 막아 주었다. 하지만 속마음은 이미 다 드러나서 남편도 내가 화가 난 걸 다 안다. 하지만 자기도 어쩔 수 없으니 내 눈치를 보는 게 느껴지면 안쓰러워 넘어가곤 했다. 내심 저 사람은 내게 인내 유발자라며 참아 왔다.

반면에 나는 수포자, 즉 수학을 포기한 사람이다. 중3 때 인수분해를 배우는데 이건 완전 외계의 언어처럼 전혀 들리지 않았다. 그래서 그냥 포기하고 시험 때마다 3번이나 4번으로 찍었다. 수학에서 포기한 점수를 다른 과목에서 만회해야 하니 국어와 영어, 그 밖에 암기 과목들을 열심히 공부해서 대학에 갔다.

그리고 나는 지도를 못 알아본다. 따라서 방향감각과 길눈이 무척 어둡다. 여러 번 가 본 곳임에도 거기서 누구와 무슨 일이 있었는지는 아는데, 정확히 거기가 어딘지는 모른다. 내비게이션은 나 같은 사람에겐 최고의 발명품이다. 이번 여행에도 나의 바보짓은 계속되었다. 늘 가던 목적지에 늘 다니던 곳인데도 "와, 이 길은 처음 오네!" 하고, 음식 값 계산도 매번 틀렸다. 주차한 곳도 못 찾아서 반대 방향으로 걸어가는 나를 보며 남편은 피식 웃는다.

슬슬 자존심이 상해서 "여긴 진짜 처음 온다, 그치?" 했더니 남편이 "열 번쯤 왔던 곳이야" 한다. 이젠 그만 꼬리를 내려야 할 것 같아서, "나 진짜 한심하죠"(이럴 땐 존댓말) 했더니, "귀엽지" 하고 끝이다. 그러고 보면 나 역시 그에게 인내 유발자다. 그이는 눈치라도 보는데 나는 당당하기까지 하다. 대부분의 여행지에서 바보짓을 하는 나를 혼내봤자 마음만 상할 테니 그냥 웃고 넘긴 남편 속이 더 넓다는 걸 수시로 까먹고 살았다. 나는 화를 내고 짜증도 내는데 그는 웃으며 귀엽다고 하니 그가 더 큰 사람이다. 그이보다 내가 더 심한 인내 유발자임을 자각하고 반성하는 매우 뜻깊은 여행이었음을 고합니다. 부끄러워 이만 총총⋯.

| Handkerchief |

남편은 조금이라도 화려하거나 멋을 부린 티가 나는 걸 못 견딘다. 직장이 보수적인 곳이기도 하지만 그보다는 성격인 것 같고, 여자 형제가 없이 자라서 그런 것 같기도 하다. 늘 비슷한 색깔과 똑같은 스타일의 양복이 지겨울 것 같아 몇 년 전에 큰맘 먹고 재킷에 행커치프가 살짝 부착된 양복을 사 주었다. 하지만 평소엔 말할 것도 없고, 중요한 행사가 있을 때도 전혀 입지 않았다. 그래서 입고 다니지 그러냐고 했더니 연구실에 두고 특별한 날 입겠다더니 그것도 하지 않았다. 그럴 거면 왜 샀나 싶어 집에 가져오라고 했다. 거의 새 옷이다. 살짝 짜증이 날 뻔했다.

나로서는 이해가 가지 않는 일이다. 그런데 기억을 더듬어 보니 연애 시절에도 미용실은커녕 옷 가게도 여자들이 가는 곳이라며 못 들어간 사람이었다. 선물 같은 걸 파는 팬시점에 갈 때도 나만 가라고 하고 자기는 밖에 서 있곤 했다. 오랜 세월을 함께 살아도 도저히 이해가 안 되는 점이 있다. 그저 나랑 다를 뿐 틀리다고 할 수는 없는 일이다.

오늘은 남편이 직장에서 선거를 통해 선출된 학장 임명장을 받는 특별한 날이다. 그래서 이 양복을 꼭 입게 하고 싶었다. 해서 결국 행커치프를 제거해 주었다. 그랬더니 편안한 마음으로 입고 출근했다. 내 스타일을 포기하고 상대에 맞추는 것이 상대가 내게 맞추느라 힘들고 불편한 옷을 입게 하는 것보다는 나은 일이다.

그러고 보니 그 행커치프를 일찍 제거해 줄 걸 그랬다. 그의 성격을 고치는 것보다 내 스타일을 포기하는 게 더 쉽다는 사실을 깨닫는 데에 너무 긴 시간을 허비했다. 타이는 푸른색과 붉은색이 교차하는 걸로 골라 직장에서 서로 간에 이해와 협력을 이루는 좋은 학장님으로 섬기라고 격려하며 출근을 도왔다.

| 동지에서 연인으로 |

학기 중에는 서로 여유 있는 시간을 내기 어려워 방학엔 기회가 닿는 대로 남편과 함께하는 시간을 가지려고 노력한다. 맞벌이 부부로 살아온 터라 우리의 결혼 생활은 미션을 수행하듯이 강한 동지애로

버티며 살아온 것 같다. 각자의 일을 하면서 아이들을 돌보고, 양가 식구들에 친척들도 챙기고, 교회 생활도 열심히 한 편이다. 이제 아이들이 각자의 자리로 떠나고, 코로나로 양가 친척 챙길 일과 교회에 가는 일도 전보다는 줄어든 셈이다. 그러고 나니 이제야 조금은 여유롭게 서로를 바라보게 된 듯하다.

긴 시간 동안 각자의 분야에서 바쁘게 살아오면서 구축된 세계와 익숙해진 습관과 삶의 패턴이 보인다. 더욱 굳어지고 강화된 부분도 있고 나이 들어가면서 연약해진 면도 보인다. 그에 대해 알고 있다고 생각했던 데이터들 중 상당 부분이 과거의 것들임을 느낀다. 남편에게 존경스러운 면과 측은한 면이 동시에 느껴진다. 진실한 사랑엔 올바른 지식이 동반되어야 하고, 거기엔 긍휼이 더해져야 한다는 생각이 든다. 남편으로, 아버지로, 가장으로서 늘 무거운 의무와 책임감을 가져온 그를 함께 미션을 수행하는 동지가 아니라 이제부턴 연인으로 바라보려고 한다. 어떤 음악을 좋아하는지, 오늘처럼 흐린 날엔 무얼 하고 싶은지, 훌쩍 떠나보고 싶은 곳은 어딘지 하는 것들을 편하게 나눌 수 있는 친구이자 연인처럼 말이다.

| 인생의 성적표 |

오늘은 31주년 결혼기념일이다. 아래는 얼마 전에 남편이 친정 가족들의 톡방에 올린 결혼 생활에 대한 소회(所懷)다.

아이들 엄마가 저와 결혼하고 오랜 시간 동안 한결같은 희생과 헌신으로 시댁을 섬겨왔습니다. 결코 쉽지 않은 시어머니와의 관계에서도 순종과 사랑으로 며느리의 본분을 한 번도 저버린 적이 없었죠. 그렇지만 그런 과정들이 절대 손쉽게 그냥 이뤄지지는 않았습니다. 무엇보다도 아내의 내면에서 수없는 자기부인과 하나님의 뜻을 헤아리려는 몸부림이 있었음을 잘 알고 있습니다. 남편으로서 그런 아내가 무작정 고맙고 미안했어야 함에도 불구하고 전 그저 좋은 게 좋은 거 아니냐고, 유난스럽게 그럴 것까지 뭐 있냐는 말만 해 왔습니다. 창피하지만 평화주의자로 위장한 회피주의자였던 것이죠.

시집와서 가난한 유학생 남편을 위해 낯선 땅에서 모진 직장 일을 하고, 한국에 와서도 10년 동안 새벽부터 종일 일하고, 그 후에도 계속 과외와 학원, 두 아이를 최선으로 교육해내고, 교회 식구들 챙기고, 남편은 물론이고 시마다 철마다 수십 명의 시집 식구들 섬기고…. 그러다가 암이라는 몹쓸 병도 만나고 건강도 상하게 되니 정말 너무 면목 없고 미안할 따름입니다.

뒤늦게 힘든 신학 공부를 하는 모습을 보면, 이제 좀 쉬고 놀아도 되지 않나 싶은데 이마저도 안쓰럽네요. 결혼에 대해, 관계에 대해, 하나님의 눈에서 깊은 영성으로 소화하고 살아가는 것을 보면 존경스런 마음이 듭니다. 저도 한 뼘이라도, 한 마디만큼이라도 겸손하고 책임감 있는 남편으로 조금씩 성장해가기를 소망하고 기도합니다.

연애 시절 손 편지를 썼던 남편의 감성이 결혼 후엔 사라졌었다. 그 긴 침묵 끝에, 결혼한 지 만 30년 만에 그 감성이 부활한 건가…. 처음 이 글을 읽고는 얼떨떨했다. 말로 하진 않았던 그의 속내를 알게 되니 나 역시 고맙고 미안한 마음이 든다.

내게는 이 글이 하나님께서 남편을 통해 은혜로 후하게 쳐주신 인생의 성적표로 느껴진다. 앞이 보이지 않는 캄캄한 어둠 속에서 빛을 찾아 헤매던 시절, 그 빛이 되어 주신 말씀과 눈물로 부르짖던 기도의 골방을 기억나게 해 주는. 그래서 이번 결혼기념일엔 다른 선물은 필요치 않다고 했다. 이보다 더 좋을 순 없는 큰 선물을 이미 받았으니 말이다. 이렇게 선대해 주시는 주님 앞에서 하루하루를 더 잘 살아야겠다.

│ 시아버님 │

코로나 때문에 시니어타운 방문 규정이 엄격해져서 남편과 둘째가 시부모님을 뵙고 온 후에 시어머님께서 음식에 대해 고맙다고 전화를 하셨는데도 시아버님께서 또 전화를 하셨다. 명절이면 늘 보던 며느리를 못 보셔서 궁금하신 듯해서 큰애 소식이며 소소한 일상의 이야기들을 해 드렸다. 며느리 사랑은 시아버지라는 말대로 평생 시아버님의 사랑을 넘치게 받았다. 나 또한 친정아버지가 소천하신 후로는 마음속에 유일한 아버지셨다. 시아버지와 며느리의 관계가 아니어도 인간적으로 매우 존경스런 분이다.

시아버님은 너무나 가난한 집안에서 7남매 중 둘째 아들로 태어나셨고 시할아버님이 일찍 돌아가셨다고 한다. 낮에는 일하고 밤에만 공부를 했는데 얼마나 가난했는지 집에 전등불이 없어서 동네에서 불이 켜진 노름판의 불빛을 의지해 가며 책을 보셨다는 전설 같은 이야기를 들었다. 그것도 본인의 입에서가 아니라 그런 시아버님을 형님으로 두신 시댁의 작은아버님들의 증언을 들은 것이다. 그런 상황에서도 시아버님은 열심히 공부를 해서 서울대 정치학과를 졸업하셨다. 학비를 벌어가며 학업을 이어 가야 하는 처지여서 당시 교통부에서 사무직 보조(지금으로 하면 인턴십)로 근무했던 인연으로 공무원이 되셨단다. 그 후로 쭉 교통부 공무원으로 일하셨다.

당시엔 건설과 개발붐이 한창이던 시대였고 여기저기 정부 공사 입찰에 비리가 적지 않던 시절에 그런 비리를 방지하기 위해 시아버님은 자격이 되는 회사들 중에서 추첨을 통해 결정하는 방식을 처음 제안하고 도입하셨다고 한다. 평생을 두고 청렴하고 공정한 공직자로 사신 것이 가장 존경스럽다. 교통부 안의 여러 국장직을 두루 역임한 후 관광분야에 선진 학문과 제도의 도입이 우리나라에 절실함을 깨달으시고, 돌연 사표를 내고 미국 유학길에 오르셨다. 쉰둘의 늦은 나이에 미국으로 유학을 가셔서 석사와 박사를 마치고 귀국하셨다. 시아버님께서 유학하시던 시절에 우리 부부도 결혼과 유학 생활을 시작했다. 그리고 첫째가 태어나고 며칠 후에 시아버님은 한국에서 해운항만청장(현재 해양수산부의 전신)으로 임명되셨다. 몇 년 후 시아버님은 교수로, 대학원장으로 퇴직하셨다.

시아버님은 미국 유학 시절에 예수님을 만나 신앙생활도 성실히 해오신 장로님이시다. 남편과 아주버님의 기억 속의 시아버님은 매우 엄격하고 차가우셨다는데, 시아버님께서 예수님을 믿고 따뜻한 분이 되신 후에 만나선지 내겐 늘 다정하게 대해 주셨다. 사실 난 다른 가족들에게 눈치가 보일 만큼 시아버님의 사랑을 받았다. 사람을 좋아하는 데에 꼭 이유가 있는 건 아니지만 자수성가형 시아버님의 눈에 가난한 집 딸이었던 내가 애를 쓰며 사는 모습이 측은하고 애틋하게 보였던 것 같다. 그 사랑 덕분에 힘들고 어려운 시절을 견디고 버틸 수 있었던 것 같다. 참 고마운 일이다.

구순을 바라보는 연세에도 손주들과 아들, 며느리에 대한 일들은 놓치지 않고 기억하시고 기도하시는 시아버님의 사랑에 늘 존경과 감사의 마음이 든다. 코로나로 인해 자주 못 뵙게 된 상황에 대한 안타까움이 전화기 너머로 고스란히 느껴진다. 아프지 마시고 건강하게 오래도록 우리 곁에 계셔 달라고 말씀드릴 때마다 눈물이 차오른다. 이 땅에서 시아버지와 며느리로 살게 해 주신 주님께 감사하고, 아이들에게 존경스러운 할아버지로 살아주셔서 감사하다고 꼭 전해드리고 싶다. 그리고 무엇보다 교회를 먼저 생각하고 섬기신 장로님으로서 존경하고 사랑합니다, 아버님.

| 노을빛 꿈 |

추석에 양가 부모님의 관심은 손자인 우리 집 장남의 몇 달 후에 있을 미국 유학행이었다. 그중에서도 시아버님께는 특별한 의미인 듯하다. 아버님은 청렴한 공직자로 사시다가 오십 대 늦은 나이에 도전한 미국 유학 후엔 학자로 사셨다. 유학 중에 예수님을 늦게 믿으셨지만 신실한 그리스도인으로서도 좋은 본을 보이셨다. 깊은 묵상과 기도의 삶으로 자손들이 뒤따라갈 좋은 신앙의 이정표가 되셨다.

그런 시아버님이 노년에 쇠약해지시는 모습을 보는 건 매번 마음이 아팠다. 하지만 세월이 주는 변화를 자연스레 받아들이시고 할 수 있었던 것들을 하나씩 내려놓으시며, 아름다운 조연으로 한 걸음씩 물러나시는 하늘의 지혜를 엿보았다.

손자의 유학길을 축복하시며 어쩌면 다시 못 볼지도 모른다는 생각에 애틋해 하시는 것 같다. 그리고 아버님이 세상을 살다 가시는 흔적으로서 손자의 인생을 바라보시는 것 같기도 하다. 타국에서 학업을 해 나간다는 것이 어려움도 있겠지만 그러한 삶이 주는 도전이 얼마나 많은 배움과 발전을 주는지, 얼마나 성숙하는 계기가 되는지 절제된 말로 가르쳐 주신다. 주의 영으로 충만한 노인의 꿈속에는 앞으로 손자의 인생에 있을 도전과 성취, 실패와 좌절, 인내와 성숙, 그렇게 키워 가실 하늘 아버지의 마음이 느껴지시는 듯하다.

주님 안에서 사람이 늙는 건 하나님의 지혜인 것 같다. 존경스런 어른이 없는 시대라는데 시아버님과 며느리로 만나서 평생 존경하며 사랑받고 살 수 있어서 감사하다. 아들, 손주, 며느리에게 삶으로 전해 주신 아름다운 신앙의 유산에도 감사를 드린다. 하늘의 지혜로 충만한, 할아버지의 손자를 향한 노을빛 꿈이 가져다주는 깊은 울림이 있는 추석이다.

│ 사 랑 의 빚 │

사회적 거리두기가 1단계로 조정되어 지난번 연기했던 친정 사촌들의 모임을 어제 드디어 가졌다. 마이너스의 손을 가지신 친정아버지 덕분에 우리 형제들은 어린 시절에 외할머니, 이모, 외삼촌 댁에 얹혀 지내며 학교를 다녔다. 어른들의 일은 어떻게 돌아가고 있었는지 어린 우리들이 다 알 수는 없었지만 어쨌든 우리 사촌들은 늘 함께 모여 놀 수 있었고, 공부하기 싫을 때면 서로에게 늘 좋은 핑곗거리가 되어 주는 친척이자 친구였다.

사촌들의 입장에서 생각해 보면, 어느 날 찾아온 친척 형, 누나, 동생에게 자신의 시간과 공간을 내어 주고, 자기가 당연히 누릴 수 있는 것들을 공유해야 하는 상황에 놓였던 거다. 참 많은 불편과 손해를 감수한 사랑과 희생이었다. 얼마나 고마운지 이루 말할 수 없는 일이다. 그렇게 나와 형제들은 수많은 사람들에게 사랑의 빚을 지고 어른이 되었다.

하지만 이 모든 상황과 모든 이들의 입장과 마음을 이해하고 정리하고 은혜를 깨닫고 감사로 나아가기까지는 내게도 시간이 필요했다. 남들에겐 당연해 보이는 집과 가정, 공부방 등 그 어느 것도 당연하게 주어지지 않았던 내 척박한 삶의 현실이 어린 나이에도 너무나 무겁고 아팠다. 그러면서 마음속 깊이 자리 잡은 열등감, 피해 의식, 자기 연민 등의 건강하지 못한 감정과 쓴 뿌리들의 해결이 필요했다. 깊은 기도의 자리에서 토설하는 그 상한 감정들은 늘 뜨거운 눈물이었다. 내 상처와 고통에 제일 먼저 귀 기울이시는 주님만 주실 수 있는 위로와 회복이었다.

그런 치유의 과정을 거치고 만나서 어릴 적 그때로 돌아가 웃고 떠들고, 먹고 놀고, 윷놀이 한판에 목숨 걸고 이기겠다고 달려들던 그때 그 시절로 돌아간 시간 여행 같은 하루였다. 뿐만 아니라 살아가는 이야기들, 직장과 사업, 부모와 자녀, 시댁과 친정 등에 관해서도 할 말이 참 많은 진짜 가족임을 느낀다. 너무 큰 사랑의 빚을 지고 성장했는데 이제야 그 사랑과 희생에 보답하고픈 마음이 든 게 못내 아쉽고 미안하다. 지금껏 못다 한 나눔과 사랑의 시간을 앞으로 더 알차게 채워 가 보자고 다짐하게 되는 참 고마운 시간이었다.

| 고마웠어요, 이모부 |

갑작스런 부고를 받고 달려간 장례식장에서 이모부의 영정 사진을 보는 순간 참았던 눈물이 터졌다. 평생 동안 존경한 이모부였기에

더욱 눈물이 났다. 부모님이 사업 실패로 지방에 내려가신 후 서울에 살던 집이 없어지자 잘 곳이 필요했고, 학교를 다니기 위해 친척 집을 전전하며 지냈다. 그래서 나는 일찍부터 마음이 너덜너덜해지는 게 뭔지 알게 되었다.

등록금과 용돈을 벌며 아무리 열심히 공부를 하고 심지어 장학금을 받아도, 먹고살기 급급했던 우리 가족 중에는 내 성적표 한번 봐 주는 이가 없었다. 대학생 때 이모 집에서 학교를 다니던 시절에, 이모가 잘 대해 주시는 것도 고마웠지만 이모부가 잘 대해 주시는 건 더 감사한 일이었다. 이모부는 고려대 정치외교학과를 졸업하셨고 평생을 일해 오신 국내 대기업의 경영 사장님으로 계시다가 은퇴하셨다. 번역서 등 책도 여러 권 출판하실 정도로 문학적인 은사도 가진 분이었다. 뿐만 아니라 남모르게 기부활동도 오랜 시간 꾸준히 해 오셨다. 여러 가지로 배울 점과 삶의 교훈을 많이 남기신 존경스런 어른이셨다.

이모부께 나는 부모가 가난해서 더부살이를 하고 있는 처조카 딸이었고, 주목받을 이유가 하나도 없는 아이였음에도 이모부는 인격적으로 사람을 대하는 게 뭔지를 몸소 가르쳐 주신 분이다. 별거 아닌 일도 잘 했다고 칭찬해 주시고 고생이 되더라도 미래를 위해 꿈을 가꾸라고 말씀해 주셨다.

결혼도 하필이면 가난한 유학생 남편을 만나 출국을 앞두고 있던 어느 날, 친척 어른들 입장에서 나는 인사를 올까 봐 오히려 걱정되는 조카였을 것이다. 그런데 이모부는 남편과 나를 불러 고급 식당에서 맛있는 음식을 사 주시며 당시의 나로선 상상도 못했던 액수의 미화(dollar)를 건네 주셨다. 장도(壯途)를 축하한다는 말씀과 함께. 눈물이 앞을 가렸다.

인격적인 아버지로서 이모부는 슬하의 2남 1녀의 자녀들로부터 극진한 효도를 받으셨고, 세 명의 자녀 모두 임종을 지켰다. 내겐 모두 평생 가까이 지낸 사촌 동생들이어서 아버지를 보내드리는 그들의 아픔에 아주 깊이 공감하고 위로했다. 그런 이모부와의 작별이어서 눈물을 참기 힘들었지만 장례식장을 나오면서 흰 국화보다 환한 감사의 꽃다발을 드리고 싶다는 생각이 드는 순간 로비에 장식된 정말 커다란 화병 속 꽃다발을 물끄러미 바라보며 혼잣말을 했다.

"평생 존경했고 고마웠어요, 이모부!!!"

5
가족 전도

| 친 정 언 니 전 도 일 기 1 |

친정 식구들 모두 교회에 다니는 분위기에서 혼자서 굳세게 독자 노선을 걸으며 불신자로 살아온 큰언니가 몇 달째 나와 함께 교회를 다닌다. 전도한 지 20년이 되어 가도록 꿈쩍도 않던 언니가 내 옆에 나란히 앉아서 예배를 드리고, 설교를 들을 때는 여차하면 앞으로 걸어 나갈듯이 집중하면서 듣는다. 뿐만 아니라 저녁이면 전화로 온라인 새벽설교 말씀을 들으면서 느낀 점을 이야기한다. 그래서 나는 요즘 날마다 기적을 경험하는 느낌이다.

환갑을 바라보는 언니가 이렇게 어린아이처럼 순수하고 겸손한지, 때로는 코믹한지를 예전엔 미처 몰랐다. 언니가 교회에 나오기 시작했을 때쯤에 주일예배 설교말씀 본문이 요한계시록의 "일곱 교회를 향한 말씀"이었다. 언니는 교회라곤 처음 다니는 처지니 요한계시록

이 뭔지, 일곱 교회가 뭔지 알 턱이 없었다.

한번은 내게 "교회 이름이 자꾸 바뀌네. 순전한교회인 줄 알았는데 '서머나교회'라더니, 또 '빌라델비아교회'라고도 하고, 근데 '라오디게아교회'는 이름이 너무 길지 않니?" 하는 거다. 너무 웃겨서 쓰러질 지경이었다. 또 한번은 나더러 온라인으로 예배를 드릴 때는 유튜브에 "좋아요"를 먼저 누르고 듣는 게 예의란다. 예배의 모든 순서 즉, 찬양, 광고, 기도, 말씀 등에서 들리는 모든 내용을 자신에게 적용한다. 어린아이처럼 스펀지처럼 받아들이는 언니가 신기하고, 존경스럽고, 어떤 때는 귀엽기까지 하다.

어느 날엔 팔목 골절로 깁스를 한 채로 통증을 참으며 설교하시는 목사님의 모습이 자꾸 생각나면서, 혼자서 두 아이를 키우며 아파도 직장에 나가야 했던 언니가 견뎌 온 시간이 떠올라서 운전하고 가다가 갓길에 차를 세우고 하염없이 울었단다. 짐작건대 언니는 요즘 과거에 자신이 하나님과 상관없이 살았던 삶을 되짚어가는 듯하다. 혼자서 두 아이를 억척스럽게 키워서 아들은 지난 12월에 장가를 보내고, 딸은 학교 앞 원룸에서 자취를 하게 되어 혼자 지내게 되니 심리적으로 매우 외로운 시기에 교회를 나오게 된 것이다. 하나님의 타이밍이란….

아들 같고 남편 같았던 아들을 장가보내고는 언니가 자꾸 찾아가고,

전화하게 될까 봐 자기가 더 바쁘게 지내야 한다고 쉬는 날이면 산에 가서 쑥을 뜯어다가 떡을 해서 우리 집에 갖다 준다. 아들, 딸이 좋아하던 반찬을 하고 있으면 애들이 집에 있는 것 같아 마음이 따뜻해진다며 혼자서는 다 먹을 수도 없는 양의 반찬을 해서 우리 집에 가져다준다. 공부하느라 반찬할 시간이 없으니 이거 먹고 기운 내라고. 이게 언니가 아들을 잘 떠나보내는 방법인 걸 알기에 미안해도 고맙게 받아먹는다.

언니가 제일 좋아하는 말씀은 고아와 과부, 나그네를 잘 대해 주라는 말씀이다. 그게 예배나 기도보다 더 중요하다는 스가랴서 말씀을 참 좋아한다. 마음이 무너진다. 교회 집사님이 선물해 준 새번역 성경이 이해하기 쉽다며 좋아한다. 알려 주고 싶은 게 많지만 언니가 궁금해할 때까지 꾹 참는다. 그리고 날마다 기도한다. 언니가 세례 받게 되는 날, 아주 그냥 크게 교회 잔치를 할 생각이다.

| 친정언니 전도일기 2 |

온종일 비가 내리던 어제 오후 언니의 병원 검사에 동행했다. 애써 우스갯소리도 하며 따라다녔지만 그간 언니의 병원 진료 이력을 살펴보니 적재 초과라는 표현이 어울릴 만큼 그 어깨에 홀로 진 인생의 무게가 느껴져 가슴이 아려왔다.

검사를 마치고 나서 달리 위로할 방법이 없어 아늑한 곳에서 맛있는 저녁을 먹기로 했다. 이런저런 이야기를 하다가 요즘 교회에 다니는 건 어떤지, 말씀은 잘 들리는지 넌지시 물었다. 언니는 심지가 굳은 불신자로 평생을 살아왔고, 20년 전도 끝에 교회에 나온 터라 사람의 말은 통하지 않을 거라 생각했기에 교회 예배에 나오는 것만으로도 너무 감사해서 언니가 묻는 말 외에 교리나 신앙생활에 관한 어떤 도움말도 일절 자제해 왔다.

요즘 주일마다 요한복음 강해설교를 듣고 있는데, 어렵다고 하면서도 골똘히 듣는 모습이 신기할 뿐이었다. 그런데 언니가 놀라운 말들을 하기 시작했다. 예수님이 하나님의 아들인 것도 자긴 절대 믿을 사람이 아니었는데 이제 믿어진단다. 46년 동안 지은 성전을 헐고 사흘 만에 짓는다는 것과 물이 변해서 포도주가 되었다는 것도 그분은 할 수 있을 거라 믿어진단다. 하나님의 아들이니까.

그리고 똑딱선처럼 보잘것없는 자기 인생, 살아보니 고작 이건데 이제 저분을 믿고 가 볼까 싶단다. 놀랍고 기쁜 마음에 언니에게 예수님이 구주와 주인이 되신다는 게 영접이라고 알려 주면서 죄와 구원, 십자가 등에 대해서만 설명해 주었다. 그랬더니 자기가 인간적으로도, 또 하나님을 모르고 떠나서 살아온 죄인인 건 너무 확실하다고 말한다.

이를 악물고 애들 때문에 버티고 살았지만 애들까지 출가하고 나니 이제 살아서 뭐하나 하는 생각에 우울했는데, 교회 올 땐 힘이 나고 생기가 돈다고 하는데 성령 하나님의 일하심에 입이 쩍 벌어지고 할 말을 잃었다. 놀랍고 놀랍다. 이렇게 빠른 시간 내에 이렇게 확실히 복음을 깨달을 줄이야. 20년 동안 불가능하다 여겼던 일이 단 몇 달 만에 성령이 스승되사 언니의 머리와 가슴에 복음을 심어 주실 줄이야. 기적이 일어났다!!

벅찬 가슴으로 돌아와 주님께 감사와 영광을 올려드리고, 그간 기도해주며 이 기쁜 소식을 기다리는 분들과 함께 나눴다. 주님께 감사, 또 감사를 올려드린다.

│ 친정언니 전도일기 3 │

입원 중인 언니가 평소에 먹던 간식을 사다 달라기에 받아 적었다. 사탕, 사과 주스, (삼립)호떡, 우유. 나는 두 가지 이유로 마음이 아팠다. 먼저, 이것들은 가격이 너무 싼 음식들이다. 나를 포함한 다른 사람들에게 언니가 해다 주는 음식들은 모두 싱싱하고 좋은 재료들로 만든 것들이었기 때문에 나조차도 언니는 늘 맛있고 좋은 것들만 먹을 것 같은 착각을 했던 것이다. 혼자서 어떻게든 키워야 했던 두 아이에 대해 가장으로서의 짐을 진 언니의 속내를 나는 깊이 헤아리지 못했던 거다. 그러느라 자기 입에는 고급진 것들이 들어갈 새가 없었던 거다. 어린 시절 우리 형제들이 외가에 맡겨져서 몇 년 간 살았을 때에도 언니는 내게 엄마 같은 존재였다. 갑자기 미안하고 속이 상하고 울컥해진다.

그리고 언니가 평소에 먹던 것들은 모두가 달콤한 것들이다. 그중에서도 사탕을 즐겨 먹는 건 오래전부터 알고 있었다. 그래도 살도 안 찐다고 철없이 부러워했는데 이제와 생각해 보니 언니는 사탕이 늘 필요할 만큼 힘겹고 씁쓸한 인생을 살아온 거였다. 사실 언니는 웬만해선 참고 견디기 힘든 일들도 삼키고 인내해 온 존경스런 여인이다. 그래서 더 마음이 아팠다.

말하지 않았는데도 입원할 때 교회의 한 집사님이 선물한 신앙서적을 가지고 가서 틈틈이 읽는단다. 그리고 같은 병실에 있는 한 아가씨가 많이 아파서 언니가 돌봐준 모양이다. 언니는 기도할 줄도 잘 모르지만 딸 같은 아이가 저리 아프니 매일 몇 번씩 기도한단다. 중보 기도도 시작한 거다. 그리고 내게도 그 아가씨를 위해 기도해 달라고 부탁한다. 중보 기도가 뭔지도 모르는 언니인데 성령이 스승 되시니 자연스레 진도가 나간다.

그런 언니를 주신 주님께 감사하고, 이제 막 주님과의 첫사랑을 시작한 언니가 이 달콤한 사랑의 때를 마음껏 누리며 사탕이 필요 없이 주님과 달달한 인생이 되길 간절히 기도한다. 언제나 그리스도 안에서 참 기쁨을 발견하고, 주님이 언니의 참 남편이 되시고, 오래도록 져짊어온 가장의 짐도 아버지 되신 그분께 내려놓고 자유케 되기를, 주는 것도 기쁘지만 교회 공동체 안에서 사랑받는 기쁨도 충분히 누리길 기도한다. 세상과 나는 간 곳 없고 구속한 주만 보이는 진정으로 달콤한 인생이 되길 간절히 구해 본다.

│ 친정언니 전도일기 4 │

예수님을 갓 믿고 나서 비대면이지만 공동체 소그룹 모임에 참여하게 된 언니의 주옥같은 나눔들을 시간이 지나서 잊어버리게 될까 봐 남겨 두고픈 마음이다.

첫 모임의 소감으로 언니는 "울타리도 없고, 아버지도 없이 살다가 집에 들어온 느낌이에요"라고 말했다. 그리고 얼마 후 언니 집 현관문 위쪽 벽에 오래전에 누군가 써 준 '입춘대길(立春大吉)'이 적힌 문구와 부적을 떼 버렸다며 "이제 나의 생사화복을 하나님께만 의지하기로 했으니, 이런 건 버리는 게 맞는 것 같아요"라고 말했다.

"어려운 개역개정 외에 쉬운 말 성경이 있어서 얼마나 이해에 도움이 되는지요" 하면서 소그룹에서 이번 학기에 한 신약통독을 매일 밤 성실히 이어 갔다. 그러는 중에 그날그날 읽은 성경구절 중에서 자신의 마음에 담긴 말씀을 소그룹 사람들과 나눈 후 잠든다.

"이렇게 재밌는 성경을 앞으로도 읽을 페이지가 수없이 많다는 게 기뻐요." 먼저 믿은 자매들에게 은혜요, 도전이 된다. "목사님이 주일마다, 매일 새벽마다 저렇게 좋은 말씀을 전해 주시는데 감사인사를 너무 못하는 것 같아 미안해요." "아들, 며느리, 딸, 친척들, 지인들, 내가 아는 모든 분들 구원받게 해 달라고 기도하다 보면 하루가 언제 지나갔는지 몰라요." "내가 진심으로 하나님 사랑하고, 기도하고 살다 보면 우리 애들도 언젠가 하나님 믿을 날이 오겠지요. 기도밖에 없는 것 같아요." "애들이 장성해서 떠나고 나서 내가 살아갈 이유가 없어진 것 같았는데, 이젠 하나님이 무언가 내게 주신 사명이 있지 않을까 생각되고, 그게 이제 내가 살아갈 이유가 된 것 같아요." "인생의 황혼에서 주님을 만났기 때문에 시간이 많지 않으니 더 뜨겁게 믿고, 깨끗하게 살다가 천국 가고 싶어요."

둘이 만났을 때도 예수님 믿은 지 한 십 년은 된 듯한 주님을 향한 알토란 같은 언니의 나눔을 들을 때마다 혼자서만 듣긴 참 아깝다는 생각이 들었다. 영혼 구원을 왜 추수에 비유했는지 알 것 같다. 부러울 것 없이 뿌듯한 이 기분, 주님 안에서 누리는 참 기쁨이다. 그리고 주님과 나의 첫사랑의 그 설렘, 진홍빛 사랑의 기억들로 내 마음도 뜨거워짐을 느낀다.

| 언니의 세례식 |

일평생 가장 기쁘고 감사한 날이다. 큰언니가 환갑 나이에 교회를 다니기 시작한 지 2년여 만에 세례교육을 다 마치고 드디어 오늘 세례를 받았다. 이로써 친정 가족 모두 예수 그리스도를 구주와 주인으로 고백하고 하나님의 자녀가 되었다. 지난 2년간 교회에서 주일마다 요한복음 강해설교가 이어졌고, 계속되는 복음의 진수에 언니의 영혼이 반응하기 시작했다. 그런 시간들이 이어져 오늘과 같은 천국잔치를 맞이하게 되었다.

모든 가족이 교회를 다니는 분위기 가운데 유일하게 불신자의 길을 가던 언니를 전도하는 데에는 줄잡아 20여 년의 긴 세월이 걸렸다. 십여 년은 열정적으로 전도했던 것 같고, 십여 년은 포기했던 기억이다. 그 후론 언니에게 복음을 전할 누군가를 보내달라고 기도했다. 그런데 2년 전 주님은 내게 가라고 하셨다. 불가능하다고 여겨졌던 언니의 전도, 그러나 주님의 뜻이니 순종했다.

하나님의 때에 하나님의 방법으로, 성령이 스승이 되시니 놀라운 일이 벌어지기 시작했다. 매주 설교 말씀에 반응하는 언니는 자신이 죄인임을 깨달았고, 지난 인생을 복음 안에서 다시 돌아보기 시작했다. 깊은 회개와 치유, 결단과 회복의 시간들이 이어졌다. 무엇보다 기도하기 시작했다. 공동체 소그룹에서도 솔직한 나눔으로 은혜를 나누었다. 언니의 세례를 축하하기 위해 소그룹의 자매들이 모두 함께했다.

세례를 축하하기 위해 언니의 아들과 며느리도 교회에 와서 함께 예배를 드렸다. 예배 후에 맛있는 음식도 나누고 커피도 마시며 조카부부가 오늘 처음 와 본 교회는 어땠는지 담소도 나누었다. 정말 기쁘고 감사한 시간이었다. 주님께 가슴 깊은 감사와 찬양을 올려드리는, 생애 가장 기쁜 주일이었다.

| 아주버님의 투병 |

이번 여름방학엔 유난히 시댁에 일이 많았다. 시부모님의 시니어타운 입주에 따른 가구 처분과 이사 과정이 꽤나 복잡했다. 그런데 그건 아무것도 아닌 걸로 느껴질 만큼 더 큰일이 생겼다. 아주버님의 비인두암 판정이었다. 코 안쪽 윗부분에 생기는 암으로 한국인에게는 드문 경우라고 한다. 이미 림프절에 전이가 되어서 4기라고 한다. 수술이 어려운 부위라서 항암과 방사선 치료를 병행하는 지난한 치료과정을 앞두신 상황이다. 아주버님이 잘 견뎌 주셔야 할 텐데 걱정이다. 간호를 해야 하는 형님도 너무나 안쓰럽다. 우리 부부는 검진 전부터 이상 증세를 감지하고 있었지만, 시부모님께는 아직 말씀 드리지 못하고 있다. 아시게 되면 얼마나 놀라실지 걱정이 앞선다.

조직검사 결과를 받던 날부터 며칠 밤을 뜬눈으로 지새웠다. 남편에겐 이 세상에 둘도 없는 유일한 형이다. 내게도 아주버님은 시댁 식구라기 보다는 평생 친정 오빠처럼 자상한 분이다. 형님도 마찬가지로 내겐 특별한 언니이자, 힘든 시집살이를 함께 견디어 온 동지다. 그래서 더 마음이 아프다. 그렇듯 각별한 사이여서 더욱더 수십 년 동안 두 분을 전도하기 위해 나름대로 애를 썼지만 아직까지 이렇다 할 진전이 없던 차에 이런 안타까운 소식을 접하니 더 마음이 아프다. 하염없이 눈물이 나고 어쩌나 하는 생각만 들었다. 늘 그렇듯 이럴 땐 엎드리는 것밖엔 달리 방법이 없다. 그저 간절히 주님의 도우심을 구할 뿐이다. "사람으로서는 어쩔 수 없는 이 모든 상황을 오직 주님께 올려드리고, 아주버님을 불쌍히 여겨 주시길 간구 합니다. 이 아픔 너머에 지금은 우리가 알 수도 없고 짐작도 할 수 없는 선하신 뜻이 있으리라 믿고 의지합니다. 다소 어두운 포장지에 싸여서 온 암이라는 선물이지만 우리 가족이 이것을 온전히 믿음으로 받고, 아주버님 가족에게 영원한 생명으로 응답해 주시길 간절히, 간절히 기도합니다."

아주버님의 치료가 시작되었다. 주말에 입원해서 첫 항암주사를 맞고, 지금은 방사선 치료를 받고 있다는 연락을 받았다. 상황이 나아진 건 없지만 아주버님은 남편에게, 형님은 내게 치료가 진행되는 상황을 소상히 전해 준다. 시댁 식구도 오래되니 말하지 않아도 속마음이 느껴지는 게 있다. 아직 주님을 믿진 않지만 지금 두 분은 지푸라기라도 붙잡는 심정으로 우리 부부에게 기도 부탁을 하고 있구나 하는 느낌이 전해져 온다. 그리고 아주버님이 언제까지 숨기겠냐고, 이번 추석엔 시부모님께 직접 말씀드리겠다고 하신다. 이 상황을 받아들이고 계신 것 같아 측은하면서도 한편 마음이 놓인다.

항암에 이어 방사선 치료를 마치도록 기다리고 상태를 지켜봐야 하는 형님에게도 엄청 긴 밤일 텐데 나도 왠지 쉬 잠이 들 것 같지 않다. 긴 여정이겠지만 아주버님이 치료과정을 잘 견디시길, 그리고 그 가정에 구원의 기적이 임하길 더욱 간절히 기도하는 밤이다.

| 카이로스 |

비인두암 4기 진단을 받고 지난 몇 달 간 항암과 방사선 치료를 받아오던 시아주버님이 일주일 전에 폐렴과 패혈증으로 응급실에 실려가셨다. 울먹이는 형님의 다급한 목소리에서 사태의 심각함이 그대로 느껴졌다. 응급실에서 중환자실로 가야 하는 상태였지만 코로나로 인해 꽉 차서 갈 수 없게 되어 일인실로 들어가게 되었다. 고열에 의식도 인지도 안 되고, 의사소통도 불가능한 상태였다. 주보호자한 명만 병실에 들어갈 수 있으니 그 모든 상황을 혼자서 감당하는 형님이 너무 가여웠다. 의사는 염증이 뇌에까지 퍼져 있어서 항생제가 듣지 않으면 생존 가능한 시간이 일주일 정도라며 마음의 준비를하라고 했다. 소식을 듣고 너무 기가 막혀서 말문이 막혔다. 급한 마음에 남편이 아주버님께 전화해서 몇 마디 말을 하고 기도도 했지만 서로 소통이 불가능한 상태였다. 하루하루 형님에게서 소식이 오기만을 기다리며 가족 모두 초긴장 상태였다.

새벽마다 엎드리고 부르짖어 기도했다. 살려달라고, 이대로 가시게되면 안 된다고, 아주버님 부부의 구원을 위해 20여 년 기도해 온 거하나님 들으시지 않으셨냐고 떼를 쓰며 울었다. 딱 일주일이 지난 어제 오후, 항생제가 듣기 시작해서 폐렴과 패혈증이 잡히고 정신이 돌아왔다는 소식이 왔다. "하나님, 감사합니다. 감사합니다!"하면서 뛸듯이 기뻤다. 이제 아주버님의 정신이 돌아왔으니 주님이 허락하시는 때에 복음을 전해야 한다. 그때를 우리가 잘 분별해서 꼭 전하고, 아주버님이 반응하실 수 있기를 기도한다. 아주버님은 계속되는 방사선 치료로 인해 비인두가 녹아내려서 말소리를 정확히 낼 수 없는 상황이지만 복음을 듣고 인격적으로 반응하실 수 있는 상태가 되기만을 간절히 기도한다.

생애 가장 길었던 일주일, 어쩌면 오늘의 기도도 불가능할 수 있었던 긴박한 시간이었다. 우리의 몸과 영혼, 생명과 시간의 주인이 주님이심을 가슴 깊이 느끼고 새긴 카이로스(Kairos)의 시간이었다.

| 기쁜 소식 |

시아주버님이 반응하실 수 있는 시간이 언제일지 기도하며 기다렸

는데, 그 기다림의 시간이 길어진다고 해서 달라질 건 별로 없을 거라는 마음이 들어서 남편과 함께 민감하게 상태를 체크하자고 말했다. 그런데 남편이 판단하기에 지금이 좋을 것 같아서 목사님께 부탁을 드렸다고 한다. 그래서 바로 담임목사님이 아주버님에게 전화해서 복음을 전하셨고, 아주버님이 어린 시절에 교회를 다니면서 들었던 말씀도 기억하고 있고, 교회에서 계속 기도해 주신 것도 고마워하셨다고 한다. 무엇보다 중요한 건, 목사님이 전하시는 말씀과 기도(예수님을 믿으며 살아가자는)에 "아멘!"으로 반응하셨고, "감사합니다!"라고 여러 번 인사를 하셨다는 사실이다.

비슷한 시간에 형님은 의사와 면담을 했는데, 향후 치료 계획을 이야기 했다고 한다. 치료과정은 대략 3개월 이상이 소요될 거라는 말에 형님의 마음이 밝아졌다. 일주일 밖에 남지 않았다는 말을 들었던 불과 얼마 전의 상황을 생각해 보면, 치료 가능성이 그만큼 높아졌다는 것이 아닌가 말이다. 전화기 너머로 형님의 희망적인 목소리를 들으며 주님께서 아주버님에게 영적인 생명을 주시는 날에 육적인 생명도 연장시켜 주셨음을 알 수 있었다. 우리의 영혼뿐 아니라 육신도 돌보시는 하나님 아버지께 감사와 찬양을 올려드리는 참 좋은 날이다.

아주버님의 암 판정이라는 다소 어두운 포장지에 싸여 우리에게 주어졌던 선물을 믿음으로 풀어 보니 생명의 기적이 그 안에 들어 있었다. 20여 년 동안 기도해도 응답되지 않았던 기도가 응답된 것이다. 여전히 병상에서 고통 중에 계신 아주버님이지만 하나님의 자녀가 되는 권세를 누리며 주님과 동행하는 삶을 살아가게 되는 은혜를 주셨으니 얼마나 복된 선물인가. 이제 치료와 회복을 위해 더욱더 기도하는 일만 남았다.

다음 날 아침, 그 기쁜 소식이 있기까지 지난 몇 주간 아주버님과 관련해 휘몰아친 일들로 인해 지친 건 물론, 남편의 늘어난 흰머리를 보며 측은한 마음이 들었다. 지난주에 받았던 나의 정기검진 결과를 보러 가서 기분 좋은 소식도 들은 김에 평소 잘 찾지 않았던 남편의 직장으로 발길을 돌렸다. 대면 수업이 일부 진행되어선지 작년보다는 캠퍼스에 학생들이 눈에 띄고 활기가 느껴진다. 벚꽃, 개나리, 목련, 진달래 등등 봄꽃들도 활짝 피었다. 꽃들을 보며 둘 다 동시에 "이제야 꽃들이 보인다"고 말했다. 오랜만에 느끼는 봄기운에 아직은 쌀쌀한 날씨지만 기분 좋게 걸었다. 험난하고 가파른 산을 함께 넘은 이 느낌, 사랑이라는 로맨틱한 말로는 설명할 수 없는 서로를 향해 동지나 전우라고 불러야 할 듯한 묘한 연대감을 느끼며 드디어 봄을 맞은 캠퍼스를 천천히 걸었다.

6

산(山) 이야기

| 산 동무 |

지난겨울 큰아들이 유학차 출국한 이후로 혼자서 산행을 시작하면서 고요하고 적막한 겨울 산의 매력에 빠져들었다. 한 가지 아쉬웠던 건 동행할 산 동무가 없다는 것이었다. 남편은 방학 중에도 거의 공휴일에만 쉬는 뼛속까지 공무원 스타일인데다, 공이 있어야 운동이라 생각할 만큼 구기 종목에 편향되어서 산행엔 재미를 못 느낀단다. 그러니 혼자 다닐 수밖에 없다.

그런데 드디어 산 동무가 생겼다. 새로운 코스로 오르기로 하고 길을 나섰으나 바위산 위에서 두 갈래길을 만났다. 혼자서 가 볼까, 도로 내려갈까 고민하던 중 몇 분이 도란도란 이야기하며 산을 오르기에 용기를 내어 먼저 말을 건넸다. 본인들도 그리로 가고 있으니 따라오란다. 야호!

가파른 바위산 길도, 낙엽 쌓인 흙길도, 울퉁불퉁 돌산 길도 함께 오르며 초보인 나를 배려해 우회로로 가 주어서 얼마나 감사한지, 고수라서 해 줄 수 있는 배려다. 덕분에 난 삼성산 삼막사 국기봉이라는 정상에 올랐다. 앞에서 보여 주고 가르쳐 주는 분들과 답답할 텐데도 더딘 나를 뒤에서 지켜보며 혹시나 있을지 모르는 위험을 막아 주는 따뜻한 분이 계셔서 가능했다.

그분들은 산행을 더 하는 일정이라 나는 골짜기 길로 하산하며 인사를 나누었다. 다음 주부터 그분들과 입구에서 만나 처음부터 동행하기로 하고, 큰 신세를 졌다며 깊은 감사를 드렸다. 나 혼자서는 도저히 오를 수 없는 산이지만 이제 성숙한 산 동무들의 도움으로 조금 성장할 수 있는 기회를 얻게 되었다.

그래서 주님은 우리에게 교회를 주시고 서로 불쌍히 여기며, 사랑하고 격려하는 공동체를 주신 게 아닐까 생각해 보는 기분 좋은 산행이었다.

| 고수들과의 산행 |

지난주 산에서 만난 산 동무들과 함께 산에 올랐다. 처음 만난 날도 고수의 느낌을 받긴 했었지만 얘기를 직접 들어보니 내가 만나고 싶어도 쉽게 만날 수 없는 분들이었다. 그중 한 분은 백두대간 종주를

했고, 다른 분은 스위스의 몽블랑과 네팔의 에베레스트를 등반했단다. 그런데 나같이 손이 많이 가고 귀찮은 초보를 끼워 준 거다. 이런 과분한 은혜가 있나.

하라는 대로 말을 잘 들으며 따라가면서 산에서의 고수는 어떤 분들일까 궁금해서 엄청난 존경심을 가지고 유심히 지켜보았다. 산속에 핀 진달래 꽃망울을 감고 올라오는 성가신 넝쿨 가지를 잘라 준다. 진달래꽃이 잘 필 수 있게 말이다. 그리고 산행을 하면서 사람들이 실수로 떨어뜨린 물건들과 쓰레기를 봉지에 담아서 들고 내려온다.

그리고 묵묵히 지켜보다가 바위를 딛는 어설픈 내 발걸음을 바로잡아 준다. 오르막길을 오를 때는 몸을 앞으로 숙이고 스틱으로 밀어 주면 탄력을 받으며 앞으로 갈 수 있다고 가르쳐 준다. 오늘 또 한 가지 배웠다. 자연을 소중히 여기고 아끼며 곁에 있는 모자라고 도움이 필요한 나 같은 사람을 티내지 않고 기꺼이 도우며 가르쳐 주는, 진정한 고수들과의 산행은 온종일 감동과 은혜였다.

| 승급 테스트 |

등산 선배들과의 산행은 늘 설렘과 두려움이 앞선다. 다들 산에 오른 지 30년이 넘은 베테랑들과 함께하니 내가 민폐를 끼치는 건 당연한데 그 민폐의 정도를 최소화하는 게 관건이다. 이번에도 설렘과

긴장감으로 산에 오르기 시작하면서 코스를 물어보니 그냥 따라오란다. 그 말이 더 무서웠지만 어쩔 수 없이 따라 오르기 시작했다.

지난 몇 주간의 산행에선 올라가는 산봉우리가 한 개나 두 개 정도였는데, 따라가다 보니 이번엔 세 개나 된다. 처음부터 코스를 말해주지 않은 이유가 있었던 거다. 돌이나 바위산은 험난하긴 하지만 그 장애물을 넘는 순간엔 긴장하기 때문에 힘든 걸 잘 모르고, 넘기전과 후에 짤막하게 숨을 돌릴 틈이 있다. 그런데 이 산봉우리들은 돌도 없고 순한 듯한데 끝없는 오르막이다. 정말 순한 산이 사람 잡는다.

심장이 터질 것같이 숨이 차고 나중엔 어지럽기까지 했다. 그런데 베테랑들은 나의 느린 속도가 얼마나 답답하겠나 싶어서 정말 사력을 다했다. 세 번째 봉우리에 오르기 직전엔 아무도 몰래 눈물이 찔끔 났다. '이렇게 힘든 산행까지 원한 건 아니었는데, 내려가는 길을 모르니 따라가지만 이건 내게 너무 벅차다.' 이런 생각을 하고 있을 때 팀 리더 격인 대선배가 올랐던 길을 도로 내려와서 내 배낭을 휙하고 가져가더니 대신 지고 올라간다. 배낭만 없어져도 이렇게 가볍구나 싶은 생각이 들면서 내게 그런 마음을 써준 게 너무 고마웠다.

하산하는 길에 선배님 왈, 오늘 오른 산은 수리산을 처음부터 끝까지 종주한 거란다. 어쩐지 힘들었다. 그리고 내게 승급 테스트에 통과했다며 이제 1학년에서 2학년으로 진급했단다. 그러지 않으면 폐활량도 지구력도 늘지 않는단다. 난 당분간 승급은 안 하고 싶다고 했다.

하나님께서 우리를 부르실 때도 오늘의 산행처럼 처음부터 구체적인 과정을 다 말씀하시지 않는 것 같다. 일단 따라가다 보면 오르막, 내리막, 비탈길, 돌길, 바위산, 절벽, 계곡, 골짜기, 습지 등을 지난다. 각각의 길들이 왜 거기 있었는지, 왜 그 길들을 통과해야만 했었는지 우리는 절대 다 알 수 없다. 하지만 일련의 과정들을 마치고 나면 그 복잡해 보이던 퍼즐들이 어느 정도는 보이게 된다.

산행을 하면서 순종과 신뢰를 배운다. 복잡한 생각들을 지우고 집중하는 훈련과 끝까지 포기하지 않는 인내심과 지구력을 키워 간다. 이번에도 힘들었지만 나도 모르는 사이에 1학년에서 2학년으로 올라가는 테스트에 합격했단다. 떨어뜨리려는 게 아니라 합격시키기 위한 시험이었던 건 정상에 오르기 직전에 선배님이 내 배낭을 대신 져 주는 걸 보고 알았다. 숨이 차는 순종의 길 끝에는 늘 은혜가 있다. 이번에도 은혜로 통과했다.

| '초짜'가 '갑'이 되는 공동체 |

선배들과의 산행에서 나는 완전 '초짜'에 '약자'이며 '막내'다. 언니

들은 전문 산악인에 암벽 등반가들이고 나는 그저 끼워 주는 게 은 혜일뿐인 생초보다. 평생을 선생으로, 교회에선 소그룹 인도자로 살아왔는데 실로 수십 년 만에 너무나 많은 도움이 필요한 초짜가 되었다.

오르막을 보면 한숨부터 나오고 숨이 차서 헉헉대는 것에서부터, 날이 더워지면서 목이 마르니 언니들에게 계속 내 배낭 속에 있는 물을 꺼내달라고 하고, 내 걸음 속도가 너무 느려지면 아예 내 배낭을 언니들이 지고 올라가는 등 정말 손이 많이 가는 민폐 초짜다. 깎아지른 바위산을 내려오던 날은 겁이 나서 아이처럼 울기도 했다. 각오를 단단히 하고 간 어느 날엔 비교적 갈 만한 길이다 싶어서 물어보니 꼭대기로 가야 하는데 나 때문에 7부 능선으로 돌아가는 중이란다. 이젠 좀 씩씩하게 걷고 있다고 스스로 생각한 어느 날, 한 언니가 나더러 아장아장 걷는단다. 아, 정말 자존심 상한다.

어느 날 팀 리더인 백두대간 선배님 왈, "요즘은 윤정이가 '갑'이야. 은근 코스를 결정해" 하신다. 그 말에 모두 다 빵 터졌다. '갑'일 리가… '을' 중의 을이지. 아무리 험한 산도 언니들은 충분히 갈 수 있는데, 내가 갈 수 없는 코스들이 많아서 돌아간다는 뜻이다.

그런데 언니들은 한 번도 나를 귀찮아 한 적이 없다. 나 때문에 늦어지고 돌아가고 챙겨 줄 게 많아서 번거로워져도 그냥 웃으며 말한다. "우리도 처음엔 다 그랬어. 다 겪어 본 일이야. 그래도 포기하지 않고 따라오는 게 기특하지!" 하며 격려한다. 사실 내가 감지하는 것보다 훨씬 더 많은 희생과 보살핌, 배려와 사랑이 산행의 모든 순간에 배어 있음을 안다. 그래서 너무 고맙고 감사하다. 그런 언니들로부터 등산뿐 아니라 인생에 대해서도 많은 것들을 배운다.

이십여 년째 공동체와 성경공부 소그룹 리더로 살아오면서 언제나 약자와 초신자를 배려하는 리더십을 추구해 왔다고 생각했다. 그런데 그 섬김과 배려의 많은 부분이 추상적이고, 의식적이고, 일종의 훈련된 매뉴얼 같은 것들이 작용하지 않았는지 돌아보게 된다. 일부러 의식해서 하는 게 아니라 아예 몸에 밴 말과 행동, 무엇보다 마음과 태도에 그대로 드러나는 긍휼과 사랑이 얼마나 있었는지 더 깊이 돌아본다.

성숙한 소그룹 리더는 반드시 도착해야 할 지점인 예수 그리스도라는 정상으로 모두가 오를 수 있도록 팀원들을 인도해야 한다. 한두 명의 엘리트가 아니라 팀원들 모두가 함께할 수 있는 여러 가지 길과 방법을 경험적으로 알고 있어야 하고, 그 길을 제시하되 팀원들의 마음속에 각자의 능력이나 상황에 따라 교만이나 열등감이 일어나지 않도록 서로 협력하고 배려하는 공동체로 성숙해 갈 수 있도록 도와야 한다.

가장 어렵고 험한 지점은 먼저 가는 솔선수범을 보여야 하고, 초보자도 충분히 따라올 수 있는 쉬운 설명으로 가르쳐 주어야 한다. 팀원들의 탁월함보다는 서로 돕고 협력할 때 칭찬을 아끼지 않아야 한다. 가르치려 한다거나 꾸짖으려 한다거나 불평하는 언행은 그 시작부터 지혜롭게 잘 막아서 소그룹의 연합이 잘 이루어지도록 리더십을 발휘해야 한다.

소그룹의 경험이 많은 팀원은 겸손한 태도를 가지고, 초보자는 감사하는 마음을 잃지 않도록 모두에게 칭찬과 격려를 해 주어야 한다. 이것이 머릿속에 입력된 매뉴얼이 아니라 완전히 체화되어 자연스레 나와야 할 텐데. 건강한 소그룹들이 모여서 건강한 공동체가 형성되고 건강한 교회를 이루어 간다. 교회 안에서 해를 더해 갈수록 더욱 두렵고 떨린다.

혹시 우리끼리만 통하는 말들과 행동방식으로 배타적인 그룹을 형성해 가고 있지는 않은지, 낯선 세상 낯선 문턱을 넘어서 들어와야 하는 초신자나 불신자들에게 충분히 이해할 만한 말과 행동과 배려를 하고 있는지, 그들에게 꼭 필요한 도움을 주고 있는지, 알량한 거 도와주고 생색이나 공치사를 하고 있지는 않은지, 섬김이나 배려를 하더라도 내 것이 아닌 은혜로 했으니 까맣게 잊어버리는지, 혹여라도 보답이나 인정을 바라고 있지는 않은지 돌아본다.

웃으면서 기꺼이 '초짜'가 '갑'이 되게 해 주는 성숙한 소그룹, 성숙한 공동체를 꿈꿔 본다.

| 후미 짝꿍 |

산행에서 늘 꼴찌인 내 뒤를 한결같이 지켜 주는 언니가 있다. 지난주에 부스터샷 후유증으로 산에 못 간 내게 그 언니가 아쉬워하며 나를 '후미 짝꿍'이라고 불렀다. 나 같은 초짜를 짝꿍이라 불러 주다니…. 그 언니로 말할 것 같으면 수십 년의 등산 경력에 암벽등반가에다가 유럽에 있는 거의 모든 산을 오르내렸으며, 산악자전거도 즐기고 특전사 캠프에 참여해서 젊은이들을 제치고 표창까지 받은 여전사다. 일찍이 이런 쿨하고 멋진 여인을 본 적이 없다.

그런 언니가 나를 후미 짝꿍이라 부르며 챙겨 주는 따뜻함과 성숙함에 늘 감동이 되고 너무 많이 배운다. 가파른 산을 오를 때, 내가 목이 마르고 숨이 차서 헐떡이거나 다리에 쥐가 나서 아플 때도 이 언니만 곁에 있으면 걱정이 없다. 뒤에서 내 상태를 조용히 지켜보다가 물이나 초콜릿, 사탕 등을 슬그머니 건네 준다. 절대로 먼저 가르치는 일이 없고, 내가 궁금해서 물으면 그때 꼭 필요한 요령을 짧고 쉽게 가르쳐 준다. 돌산을 오를 때 만에 하나 발을 헛딛거나 내게 무슨 일이 생겨도 늘 뒤에 언니가 있으니 걱정하지 말라고 한다.

그 언니를 볼 때마다 교회 안에서의 리더십도 그렇게 조용히 꼭 필요할 때 도와주고, 물어볼 때 알려 주고, 뒤에서 보살피고 책임져 주는 리더십이면 참 좋겠다는 생각이 든다. 그러면서 단지 친구처럼 그렇게 겸손하고 친근한 짝꿍 같은 리더십을 지향하면 좋겠다. 존재론적으로 어마어마한 차이가 있음에도 우리를 친구라고 불러 주시는 주님을 닮은 다정하고 인자한 그 언니처럼 나도 또 다른 누군가에게 믿고 기댈 수 있는 후미 짝꿍으로 남고 싶다.

｜ 백두대간 그녀 ｜

지난봄 산길에서 나의 외로운 발걸음을 한눈에 알아본 그녀를 백두대간이라고 불렀다. 삼십 대부터 우리나라 백대명산을 모두 오른 데다 암벽등반에 산악자전거에 스키까지, 그야말로 만능 스포츠 우먼이다.

남편의 갑작스런 사업 실패로 집을 잃고 반지하 단칸방에 살게 되었을 때 산에 오르지 않았다면 우울증으로 어떻게 됐을지 모른다고 했다. 그 후로 알뜰하고 지혜로운 저축을 통해 다시 집을 마련하고 재산을 모아 남편에게 너무 애쓰지 말고 편안히 은퇴하라고 했단다. 21세기형 현모양처다. 그런 경험 때문인지 그녀는 인생의 힘든 시간을 보내는 여인들을 만나면 산으로 이끌고 와서 함께 걷고 함께 먹고 동행하며 살려 낸다.

등산에도 각자의 경험과 실력에 차이가 있고, 암벽을 오를 땐 집중하지 않으면 사고의 위험도 크다. 그녀의 리더십은 위험요소가 있을 때 강한 카리스마를 보인다. 모든 사람이 집중해서 아무도 다치지 않게 하는 게 제일 중요하기 때문이다. 그중에서도 가장 초보자인 나를 한결같이 집중 케어를 해 주었다.

언제나 제일 험한 길은 자신이 먼저 가 보고 팀을 이끈다. 산길에 버려진 쓰레기는 본 사람이 주우면 되는 거라며 봉지에 담아서 하산할 때 버린다. 산행 중에 먹는 도시락엔 늘 그녀의 출중한 요리 솜씨가 빛난다. 각종 산나물, 유기농 채소와 건강한 먹거리 등을 구입하고 조리하는 법까지 많이 배웠다.

그러면서 자연스레 산행 중에 작은 공동체를 경험했다. 스스로 말하지 않아도 그녀가 그리스도인이란 걸 한눈에 알 수 있었다. 리더로서의 그녀에게서 느껴지는 은혜와 진리 때문이었으리라. 그녀에게 산은 창조주 하나님께 감사하며 곁에 있는 자매들을 낮은 마음으로 정성을 다해 섬기는 예배의 장소다. 지난 일 년간 만난 사람들 중에 누구보다 진한 그리스도의 향기를 전해 준 아름다운 그리스도인이었다. 그녀를 백두대간 언니라 부르며 내년에도 잘 따라가 볼 생각이다. 한 해 동안 말로는 다 전하지 못했던 감사와 존경을 이 글에 담아 전합니다.

제2부

워킹맘,
자녀교육을 말하다

1
두 아이의 교육과 입시

《베리타스알파 교육신문》 인터뷰 내용을 중심으로

큰아들 지호가 고등학교 2학년 때, 베리타스알파 교육신문에서 지호의 고등학교로 인터뷰 요청이 왔다. 학업과 품성 등 여러 가지로 모범적인 학생을 추천받아서 하는 인터뷰였는데, 선생님들이 만장일치로 지호를 추천하셔서 인터뷰를 하게 되었고, 그 기사가 신문에 게재된 적이 있었다(베리타스알파 제86호 34면). 그 후 지호를 인터뷰한 기자분께서 하시는 말씀이, 그동안 많은 학생을 인터뷰하며 기사를 써왔지만 지호의 경우 다른 학생들과 구별되는 지점들이 있고, 그 지점들이 워낙 독특하고 흥미롭다며 그다음 달 인터뷰로 엄마인 내게 요청이 들어왔다. 처음에는 입시 관련 교육신문이라서 입시 성과에 집중된 이야기를 해주길 원할 거라고 여겨 거절했다. 그런데 지호가 했던 이야기를 통해서 엄마의 교육 철학이 궁금해져서 그것을 듣고 싶은 것이라고 하시길래, 그러면 있었던 일 그대로를 편안히 이야기할 수 있겠다 싶어 집으로 초대하고 인터뷰를 하게 되었다(베리타스 알파 제88호 30면). 해서, 그 당시에 기자와 나눈 이야기를 중심으로 두 아이의 교육과 입시의 과정을 되돌아보며 나처럼 워킹맘으로 살아가는 분들께 하고픈 말을 전해본다.

교육신문 기자가 원하는 것이 입시학원 정보나 교육 노하우, 효과적인 학습 방법 등일 거라고 생각하여 거절했었다. 그러나 의외로 그분이 알고 싶어 하는 건 아이들을 양육하는 가치관과 교육관이었다. 자연스럽게 기독교적인 가치관으로 아이들을 양육한 이야기와 추구하는 교육관에 관해 이야기하고, 그것이 사회적 현실과 상충할 때 어떻게 대처했었는지, 그리고 엄마로서 실수하고 잘못했을 때는 어떻게 돌이키고 회복했는지 등을 이야기하였다. 나는 크리스천이 세상적 방법으로 자녀를 교육하는 것도 문제지만, 소위 믿음이 좋은 가정일수록 세상과 담을 쌓고 기도로만 아이를 키우겠다는 태도도 문제라고 생각했다. 학원도 과외도 필요 없다고 여기며 입시 정보에 무지하면서 기도로만 가면 된다며 아이들의 입시에서 부모로서 마땅히 도와야 하는 직무를 유기하는 경우를 심심치 않게 봐왔기 때문에 그것은 바람직하지 않다고 생각했다. 세상의 기준과 방식을 무시하면서 신앙적으로만 교육하려 한다면, 객관적 기준으로 볼 때 최소한의 입시에도 실패할 가능성이 높고 훗날 그 아이의 사회생활 자체가 어려워질 수도 있기 때문이다. 게다가 기독교적 교육의 목적이 사회에서의 낙오자를 만드는 것도 아니기 때문이다. 크리스천은 반드시 명문대를 졸업해야 한다는 뜻이 아니라 적어도 자기 은사대로 적정한 수준의 학교를 졸업해서 자격을 갖추어 다른 사람들을 도우며 살 수 있는 사회인으로 잘 성장해야 한다는 뜻이다. 가치관과 교육관까지는 아니어도 입시에 관한 한 세상과 직접적인 소통과 공유 지점이 있어야 한다는 생각이다. 아이 혼자서는 도저히 알아낼 수 없는 입시 정보와 재정적 도움 등 학부모로서 해야 할 의무는 필수적이다.

인터뷰를 하다 보니 큰아들과 작은아들 모두에 관한 이야기를 자연스럽게 하게 되었다. 그때 이후로 시간이 흘러 지금은 두 아이의 진로가 분명해졌고 각자 너무도 다른 길을 가고 있다. 그때는 몰랐지만 지나고 보니 더욱 선명해지는 두 아들의 성향과 기질, 은사와 탁월함 등이 보인다. 큰아들 지호와 작은아들 민호는 5살 터울이다. 큰아이가 동생을 잘 챙기고 작은아이가 형을 잘 따르다 보니 아이들끼리 사이가 좋은 편이다. 부모에게 소중하지 않은 자식이 어디 있을까 마는, 나에게 두 아이는 각기 다른 이유로 너무나 소중하고 아픈 존재다. 워킹맘으로 살아서 아이들이 학교에 다녀오는 시간이면 집에서 기다리고 있다가 간식 등 이것저것 챙겨 주는 전업주부 엄마들처럼 대해 주지 못해서 늘 미안했다. 시간도 늘 부족해서 아이들에게 최선이 무엇일지 고민해서 가장 효율적인 방법을 찾아야 했다. 다행히 아이들이 잘 따라와 주었고, 은혜라고밖에는 설명이 안 되는 무난한 성장 과정을 거쳐 성인이 되었다. 그런데 늘 바쁜 워킹맘에게 맡겨 주신 두 아들, 달라도 너무 달랐다. 아이들 각자에게 최선의 길이 무엇인지 고민하고 기도하며 걸어온 길을 되짚어 본다.

│ 큰아들, 지호 │

미국 유학 시절, 큰아들 지호를 임신 초기에 유산할 뻔했지만, 100만분의 1의 생존 가능성으로 기적처럼 무사히 태어났다. 하지만, 당시의 기억은 우리 부부에게 너무 아픈 기억이라 생각하는 것조차 괴로운 일이다. 유학을 마치고 20개월 된 아이를 데리고 귀국했다. 지호는 잘 자라는 듯하더니 5살 때까지 말을 전혀 못 해서 우리 부부의 애간장을 태웠다. 당시에 외국어 학원에서 새벽반 강의를 했던 나는, 퇴근 후에 직접 '노벨과 개미'라는 학습지로 지호에게 글을 가르쳤지만 당시 아이가 너무 더뎌서 가르치기 무척 힘들었다.

일을 그만두고 집에서 아이만 돌보고 싶었으나 당시에는 남편이 교수로 임용되기 전이었다. 이곳저곳의 대학을 옮겨 다니며 시간 강사로 일할 때라 수입이 매우 적었기 때문에 내가 일을 그만두면 생활 자체가 불가능했다. 그래서 나는 학원에서 하루 종일 서서 8시간 동안 강의를 하고, 집에 와서 지호를 데리고 말과 글을 가르쳤다. 하지만 소용없었다. '배 속에서 그런 일을 겪어서 그런가? 내가 뭘 잘못했나?' 별생각이 다 들었다. 가르쳐도 안 될 것만 같았다.

적은 수입으로 살아가던 터라 교육비가 비교적 저렴하고 맡겨진 아이들 정원도 많은 한 구립 어린이집에 맡겨서 키웠는데, 지호는 선생님의 말을 잘 알아듣지도 못하고 대답도 잘 못하는 아이였다. 하루는 선생님의 말을 못 알아들어서 아이들과 함께 하는 프로그램에 들어가지 못 하고 온종일 '생각하는 의자'에 앉아 있다가 왔다고 한 날이 있었다. 가슴이 찢어지는 것 같았다. '어떻게 이럴 수가 있나…' 하고 밤새 울었다. 내가 할 수 있는 건 기도뿐이었다. "하나님, 어떡해요. 하나님, 도와주세요."라고 하면서 기도의 힘으로 버티며 포기하지 않고 아이를 가르쳤다.

그러다가 지호가 7살이 된 어느 날 유치원 선생님이 와보라는 연락을 주셔서 찾아갔다. 지호가 말은 더디지만 수학 문제를 초등학교 3~4학년 아이들이 푸는 문제를 푼다는 것이다. 그것도 아주 독특한 자기만의 방법으로 푸는데 답을 다 맞춘다고 했다. 믿기지 않았다. 그런데 직접 확인해 보니 정말 다 맞추고 있었다. 너무나 놀랍고 감사했다. 캄캄하고 답답한 터널 같은 나날을 살아가던 내게 한 줄기 빛이 비치는 것 같았다. 그 소망을 붙잡고 더 열심히 아이를 가르쳤다.

그러면서 우리 부부는 한 가지 중요한 결정을 했다. 임신 초기에 겪었던 유산의 위기와 말을 못 해서 우리의 애간장을 녹인 일을 아이가 어느 정도 성장할 때까지는 말하지 않기로 했다. 주변의 친척들에게도 당부하는 등 아이에게는 비밀로 하기로 했다. 지호가 혹시

'난 말을 못 하니까, 아팠으니까. 그러니까 난 안 돼.'라는 피해의식을 가지고 충분히 해낼 수 있는 일도 지레 포기하는 일이 생길까 봐 고등학생이 될 때까지 아팠던 사실을 얘기하지 않았다. 사람이 세상을 살면서 자기연민이나 피해의식을 가지고 있으면 본인의 정신 건강에도 좋지 않을 뿐 아니라 주위 사람들에게도 피해를 준다고 생각했기 때문이다.

지호가 초등학교에 입학할 때, 정말 떨리는 마음이었다. 반 배정을 받고 두어 달쯤 지나서 담임 선생님을 찾아뵈었다. 아이에 대해 무어라 말씀하실지 두렵고 떨렸다. 말이 더디고 학교 공부를 따라가지 못하고 있다고 하시면 어쩌나 싶어서 걱정스러운 마음으로 만났다. 그런데 나의 염려와 그 모든 두려움이 단번에 날아가는 말씀을 하셨다. "어머니, 지호는 그 많은 아이들 사이에서 너무나 돋보이는 아이입니다. 순하고 말도 잘 듣고 집중도 잘하는 모범생이에요. 어떻게 키우셨는지 너무 궁금했어요."라고 하시는 게 아닌가…. 나는 다른 아이와 착각하신 줄 알고 "누가요, 우리 지호가요?"라고 되물었다. 분명히 우리 지호라고 하셨다. 좋게 봐주셔서 감사하다고 인사를 드리고 담임 선생님과 대화하는 중에는 꾹꾹 누르고 참았던 눈물이 교문을 나서면서 터졌다. 배 속에서부터 태어날 때까지 조마조마했고, 말과 글을 가르치면서 흘렸던 눈물과 기도를 생각하면 감사해서 하염없이 울며 말했다. "하나님, 감사합니다. 하나님, 감사합니다."

걱정했던 것과 달리 지호는 무난하게 초등학교에 적응하고 학업에서도 서서히 좋은 성과를 보였다. 남편도 교수로 임용되었고 살림도 나아져서, 우리는 지호가 원하는 미술, 음악, 체육 등의 예체능 사교육도 받게 해줄 수 있었다. 학교 수업 중에는 유치원 때부터 소질을 보인 수학 과목에서 두각을 나타냈다. 그러자 나 역시 여느 엄마들처럼 아이에 대해 욕심이 발동하기 시작했다. 아이에 대한 기대 수준이 한껏 높아져서 점점 등수에 연연하는 보통 엄마가 되어 갔다. 어느 날 지호가 초등학교 2학년 때 수학 경시대회에서 2개를 틀려 동상을 받은 적이 있었다. 예전 같으면 잘했다고 칭찬해 줬을 텐데, 나도 모르게 공부를 열심히 해놓고 왜 동상밖에 못 받았냐며 야단을 쳤다. 그 일은 우리 모자 사이에 큰 벽을 만들었다. 지호의 입장에서는 아무리 다른 무엇을 잘해도 엄마는 결국 성적을 가지고 자신을 평가한다는 생각에, 엄마를 불신하기 시작했다. 뒤늦게 실수를 깨달았지만, 감정의 지속성이 큰 편이었던 지호는 그 후로부터 몇 년간 내게 마음을 닫았다. 엄마로서 저지른 가장 부끄러운 실수였다.

그때부터 아이에게 진심으로 용서를 구했다. "네가 나를 용서하지 못한다고 해도 용서하고 싶지 않은 네 마음을 이해해. 엄마는 너의 성적 때문만이 아니라 무조건 너를 사랑한단다."라고 말하며 끊임없이 아이의 마음 문을 두드렸다. 어느 날 지호가 "엄마, 이제 나 괜찮으니까 그만해도 돼. 세상의 많은 엄마들이 자식을 그렇게 대하는데, 엄마가 나한테 용서를 구하면서 마음이 어땠을까 생각하면 가슴이 아파."라고 했다. 아이와의 힘든 시간 동안에 나는 스스로를 돌아보았다. 당시에 몸담고 있던 외국어 학원은 학생 수에 따라 월급을 받고 학생들의 재수강률을 조사해 등수를 내는 평가 방식이었는데 10년 동안이나 그런 구조 속에서 일을 하다 보니 뼛속까지 성과주의, 업적주의가 새겨져 있던 나 자신의 모습을 보게 되었다. 그런 마음으로 아이를 키우다 보니 나도 모르는 사이에 나쁜 독이 올랐던 거다. 그런 독을 해결하지 못한 채 아이들을 양육해서는 안 된다는 뼈아픈 교훈을 얻었다.

지호는 초등학교 시절에 친구들과 잘 어울리는 행복한 아이였고, 성적은 상위권이었지만 그다지 뛰어난 학생은 아니었다. 5~6학년 때까지는 특히 수학에 관심이 많아 동네에 있는 작은 학원을 다니면서 수학을 공부하기도 했다. 그 학원의 장점은 한 문제를 놓고 다양한 풀이 방법을 서로 논의해 보는 토론·발표 형태의 수업을 진행했는데 스스로 생각하는 힘을 기르는 데 많은 도움을 받았다. 남편의 안식년으로 미국에 가기 전까지 공통수학에 대한 학습을 마칠 정도로 수학에 흥미를 느낀 지호는 당시엔 수학 계통으로 진로를 생각하고 있었다. 영어는 우리 가족이 다니던 교회의 사무실을 주중 학원으로 활용하여 교회 자매들로 구성된 선생님들이 서로의 아이들을 가르쳤던 작은 학원에서 배웠고, 문법은 내가 직접 가르쳤다. 학원이자 교회이고 영어를 배우는 친구들 모두 교회 친구들이었던 셈이다. 서로 매일 만나다시피한 아이들은 주말이면 서로의 집을 돌아가며 파자마 파티도 하고 가족처럼 지내곤 했다. 지나고 나서 생각하니 그때가 아이들에게도 좋은 추억을 만들어 준 즐거운 어린 시절이었다.

지호가 중학교에 입학하고 나서 중1 때인 2006년 여름부터 2007년 여름까지 약 1년 동안, 남편의 안식년을 맞아 다시 미국으로 건너가 보스턴에서 생활했다. 특이한 점은 ESL(English as a Second Language) 과정을 거치지 않고 바로 현지 학생들과 같이 정규 수업을 들었다는 것이다. 이를 통해 지호의 영어 실력은 향상되었다. 하지만 우리나라와 비교해 상대적으로 수학 교육의 수준이 높지 않은 미국에서 수학 실력의 향상을 기대하기는 어려웠다. 보스턴에서 우리 가족이 다니던 교회에는 하버드, MIT 등 소위 명문대에 재학 중인 형제, 자매들이 많았다. 지호는 그런 형들과 누나들의 모습을 보면서 멋있다는 생각을 하고 열심히 공부해야겠다는 마음이 생겼다고 한다.

1년여의 미국 생활을 마치고 한국으로 돌아온 지호는 선생님의 권유로 본격적인 외고 입시 준비를 했다. 외고 입시를 준비한 이유에는 선생님의 권유 말고도 여러 가지가 있었다. 지호가 고입을 치를 즈음에 외고에 대한 인기가 최고조이기도 했고, 미국에서 돌아와 적응에 어려움을 겪을 때였기 때문에 지호는 스스로 뭔가를 이루어 보고 싶다는 마음이 들었다고 한다. 해서, 지호는 외고 입시 전문 학원을 다니며 최선을 다해 열심히 공부했다. 당시 학원 내 최상위권 학생들로 이루어진 반에서 중상위권 정도의 성적을 유지했고, 주위에서도 다들 합격을 예상했을 뿐 아니라, 학원 자체적으로 예상한 합격률도 80% 정도로 높은 편이었다. 그러나 결과는 불합격. 기대만큼 실망도 컸다.

문제의 원인은 미국 생활 1년의 공백이었다. 영어 실력은 좋았지만, 상대적으로 언어·사회 실력은 뒤처질 수밖에 없었던 것이다. 시험 당일 긴장하여 영어 듣기에서 실수를 한 데다가 면접에서 언어·사회 관련 문제가 출제되었는데 미국 생활을 하는 동안 또래 친구들이 배웠던 부분에서 출제되었다는 걸 나중에 알게 되었단다. 더구나 시험 당일 마지막 차례였는데 처음인 줄 알고 아무 준비도 안 하고 가는 바람에 2~3시간 정도를 가만히 앉아 있었단다. 여러 상황들이 복합적으로 좋지 않은 영향을 끼쳤다. 시험 결과 발표 후, 실망했던 지호에게 가장 위로가 되었던 것은 교회 선생님들과 학원 선생님들이었다. 발표 후에 학원을 갔더니 800여 명의 학생들이 다니던 학원에 찾아온 사람은 지호 혼자밖에 없더라고 했다. 선생님들과 부둥켜안고 눈물을 흘리며 서로 위로했다고 한다. 1달 정도의 힘든 시간을 겪은 지호는 일반고에 입학하면서 다시금 목표를 세우고 학업에 매진했다. 막상 입학한 후에는 같은 중학교에서 올라온 친구들이 많아 빠르게 심리적 안정을 되찾고 아픔을 극복할 수 있었다.

외고 입시 실패 경험은 지호의 마음가짐에 큰 변화를 가져왔다. 실패의 맛은 썼지만 그 노력이 다 헛수고는 아니었다. 자신의 목표를 위해 공부하고 노력했던 당시의 일들이 돌이켜보면 정말 소중하게 느껴진다고 했다. 특히 단기적인 목표를 세우고 공부하는 법을 알게 됐단다. 물론 입시에 치우친 면이 없진 않지만, 그때의 노력이 내공으로 쌓이면서 고등학교 입학 후에 학업을 이어가는 데 큰 도움이 되었다. 학업 외적인 측면에서도 변화가 생겼다. 사실 상위권 성적의 아이 중에는 친구들과 담을 쌓고 지내면서 자신만 생각하는 경우가 많은 게 현실이다. 지호에게 외고 입시 실패는 인생에서 아주 좋은 약이 되었다. 실패를 겪은 후에는 주위에 환경이 좋지 않은 친구, 아픔이 있는 친구들을 한 번 더 돌아보고 그들의 입장에서 생각해 보는 여유를 갖게 됐다. 지호 자신도 실패의 뼈아픈 경험을 하면서, 열심히 노력했는데도 불구하고 실패한다는 것이 어떤 느낌인지를 알게 되어 가능한 일이라고 했다. 결국 실패는 실패가 아니었던 셈이다.

그때부터 지호는 친구들 사이에서 '친절한 친구'로 통했다. 그만큼 친구들이 하는 질문이나 친구들의 고민을 함께 나누려고 노력했다. 시험 때가 되면 유독 친구들이 질문을 많이 하는데 하나하나 성실하게 대답함으로써 도움을 주려고 노력했다. 친구들에게 먼저 자신의 성적이 어느 정도인지 파악한 후에, 취약한 과목은 무엇인지 자신에게는 어떤 공부법이 맞는지를 판단해서 행동해야 한다고 조언했다고 한다. 한번은 기말고사를 2~3일 앞둔 시점이었는데, 친구의 고민을 들어 주고 함께 문제 해결에 나서는 것을 본 적이 있다. 친한 친구가 진로에 관한 고민을 털어놓았단다. 본인은 야구를 하고 싶은데 아버지는 공부를 하라고 강요하신다는 거였다. 그 친구의 고민이 자신의 입시보다 더 중요하다고 생각한 지호는 결국 친구를 도와 야구팀의 감독님께 테스트를 받아 봄으로써 자기 실력을 객관적으로 점검한 후에 학업을 계속하는 방향으로 진로를 정하는 것을 지켜본 적이 있다. 그 친구는 결국 아버지의 의견에 따른 모양이 됐지만 사실 당사자가 수긍하는 것과 억지로 따르는 것 사이에는 어마어마한 차이가 있다고 했다. 그렇게 친구들과 많은 이야기를 나누면서 함께 고민하며 길을 찾아가는 지호를 바라보는 뿌듯함과 감사가 있었다.

지호가 고등학교에 갈 때쯤은 집안 환경이나 교육 여건이 좋은 편이었지만 그건 오직 하나님께 감사할 일이지, 특권의식을 갖거나 목적의식 없이 무조건 명문대 입학을 꿈꾸는 건 우리 가족의 가치관과는 거리가 먼 일이었다. 어떤 사교육도 아이의 의사에 반하는 결정은 하지 않았다. 아이가 원할 때, 정보를 수집해서 도와줄 뿐이었다. 학원은 학교 수업을 뒷받침하는 정도이기 때문에 무조건 배척하기보다는 적절히 활용해야 한다고 생각했다. 나는 학원에서 학생들을 가르쳐 본 경험이 있기 때문에 실질적인 조언을 통해 현명하게 판단할 수 있도록 돕고자 했다. 지호에게 가장 강조한 것은 얇은 귀를 가지지 말라는 거였다. 어느 학원이든지 한 학원을 꾸준히 오래 다니면서 선생님들과 돈독한 관계를 유지하라고 했고, 실제로 특별한 문제가 없는 한 한번 정한 학원은 최소 3년 이상을 다니게 했다. 그래야 선택에 신중해지고, 그 선택만큼 최선을 다해 노력할 수 있게 되기 때문이다. 학원 선생님에게도 아이를 향한 장기적인 교육 플랜을 가지고서 실행하고 실천하는 기회가 주어져야 한다고 믿었다. 사제 간에 신뢰가 없이 이루어지는 학습은 무의미하기 때문이다.

지호는 공부에 지칠 때나 시간이 날 때는 영화를 보기도 하고, 친구들과 농구나 축구 등을 즐기며 스트레스를 풀기도 했다. 공부가 진도를 못 나가고 제자리걸음을 할 때면 책을 억지로 붙잡고 있기보다는 친구들과 하루 정도 재미있게 노는 것으로 극복했다. 어릴 때부터 배운 피아노도 여가 시간을 활용하는 데 큰 도움이 되었다. 10년 정도를 꾸준히 배워서 교회에서 중고등부 예배의 반주자로 활동하기도 했다. 지호는 피아노를 배우면서 스트레스를 해소하는 것은 물론 풍부한 감수성을 갖게 되어 일상 생활하는 데도 도움이 된다고 했다. 그 당시 지호는 '뛰어난 사람보다는 아름다운 사람이 되자'라는 좌우명을 가지고 살고자 했다. 공부도 중요하지만 그 외에 소중한 것들이 너무나 많기 때문이라고 했다. 신앙생활도 그중 하나였다. 가끔 주위에서 '신앙생활 하는 시간을 줄이고 공부에 좀 더 힘쓰면 어떻겠느냐'라고 했지만 그건 지호의 생각과 전혀 맞지 않는 일이었다. 오히려 신앙생활을 열심히 하기 때문에 공부도 열심히 할 수 있다고 했다. 학생으로서의 직분인 공부도 열심히 하면서 인간적으로도 따뜻한 심장을 가진 멋진 사람이 되는 것이 바로 지호의 삶의 목표였다.

그런 생각을 가지고 살아가던 지호는 고등학교 1학년 때 친구들과 기도 모임을 하고 싶다는 마음이 생겼다. 그래서 방법을 찾고 수소문을 해보니 몇 년 전까지 해오던 기도회가 중단되었다는 사실을 알게 되었고, 그 모임을 인도하셨던 선생님을 찾아가서 기도회를 다시 인도해 주시면 안 되냐고 부탁을 드렸다고 한다. 학교에서 종교 모임에 교실을 줄 수 없다고 해서 처음엔 계단에 모여 앉아서 하기 시작한 기도회에 점점 아이들이 많아지자 학교에서 교실 하나를 내주었다고 했다. 그래서 매주 학교 수업 한 시간 전에 인도자 선생님과 학생들은 모여서 기도회를 하고 나서 학교 수업을 하게 되었다고 했다. 그 기도의 힘으로 힘든 입시 과정을 견딜 수 있었다고 했다. 나중에 지호가 고등학교를 졸업한 후에도 이 모임은 오래도록 이어졌다. 지호뿐 아니라 함께 기도한 모든 아이에게 너무나 감사한 하나님의 손길이었다.

지호가 학급에서 반장이 되어서 내가 학급 어머니들의 모임을 주도해야 하는 입장이 되었다. 학기 중에 한 달에 한 번은 모이자는 어머니들의 의견이 있었으나 많은 생각과 고민 끝에 학기 초에 딱 한 번만 모이자고 했다. 서로 간의 교육 정보 교환 등의 이유로 어머니들의 반대가 있었지만 욕먹을 각오를 하고 관철시켰다. 사실 어머니들의 교육 방법이 일관적이지 못한 것은 다른 어머니들과의 교제를 통한 대화에서 많이 파생되었고, 때로는 그것이 아이들에게 도움이 되기보다는 더 큰 어려움을 주기도 했다. 학부모 모임은 학급 아이들에게 시험 감독 등 꼭 필요한 도움을 주는 것이 더 중요하다고 생각했다. 또한 나는 내 한계를 잘 알고 있었기 때문에, 만약 다른 어머니들로부터 이런저런 이야기를 듣다 보면 마음이 불안해질 거라고 생각했다. 학교에나 다른 어머니들께는 죄송했지만 각자의 소신대로 일관되게 아이를 교육하는 것이 옳다고 생각했다. 지금도 그 결정이 옳았는지는 잘 모르겠다. 다만 나는 시류에 휩쓸리지 않고 하나님께서 주신 성경적 가치관을 가지고 일관되게 아이들을 교육하고 싶었다.

고등학교 3년간 지호의 학업과 관련해서 엄마로서 도왔던 것은, 먼저 취약 과목이었던 언어 영역이었다. 모의고사 결과도 1~2등급을 오가며 기복을 보여 학교 수업 이외에 학원의 도움을 받았다. 학원을 선택할 때, 주로 대형 학원은 피했다. 대형 학원은 물론 나름대로의 장점이 있긴 하지만 함께 공부하는 학생이 많다 보면 집중하기도 어렵고, 선생님들도 학생 개개인에게 신경 써주시는 것에 한계가 있을 수밖에 없기 때문이다. 그런 이유로 소규모 학생으로 구성되는 수업을 선호하는 편이었다. 수리 영역은 한 수학 전문 학원을 꾸준히 다녔다. 매년 새로운 교재가 많이 나오고 있지만 지호는 《수학의 정석》만큼 좋은 교재는 없다고 생각했다. 수학은 개념 중심이 될 수밖에 없고, 개념을 이해하지 못하면 다음 단계로의 진행이 아예 불가능한데 그런 면에서 아무리 시간이 지나도 정석만큼은 높은 가치가 있다고 했다. 지호는 반복 학습을 중요하게 생각해서 틀린 문제를 다시 한번 더 살펴보는 데 시간을 많이 투자했다. 특이한 공부법 중 하나는 수학 교재에 유독 한글을 많이 쓴다는 점이었다. 수학 문제를 풀 때 문제마다 핵심을 한글로 써서 그 문제에서 요구하는 핵심에 집중하는 방식이라고 했다. 외국어 영역의 경우에는 모의고사에서도 틀리는 문제가 거의 없을 만큼 안정된 성적을 유지했다. 미국에서 학교 수업을 한 것과 문법·독해 수업과의 균형 유지가 큰 도움이 되었던 것 같다.

또한 지호는 정규 과목 공부와는 별도로 여러 방법의 다양한 공부를 하면서 자신의 진로를 준비했다. 예를 들면 경제 관련 경시대회를 준비하면서 경제에 대한 실전 감각을 키우기도 하고 방학을 이용해 학원에 다니며 한국사 인증 능력 시험을 준비하면서 국사 공부도 병행했다. 특히 역사에 관해서는 남편이 지호에게 큰 도움을 주었다. 지호가 아빠와 대화를 나누면서 여러 사회 문제에 관하여 이야기하다 보면 틀에 박힌 개념적 내용이 아니라 살아 있는 지식을 얻을 수 있어서 여러모로 유용하다고 했다. 그리고 당시에 지호가 스스로 찾아서 지원한 G20 국제 행사에서 통역 봉사를 한 것도 좋은 경험이 되었다.

고3 가을, 본격적으로 입시가 시작되었다. 어디에 지원할지 결정해야 하는 시점이 된 것이다. 숙고와 기도 끝에 지호는 서울대 정치학과로 결정했다. 지호에게 주신 마음은 하나님 나라의 통치에 관한 관심이었기 때문이다. 마음이 정해졌기 때문에 만약 불합격하면 재수를 한다고 생각하고 다른 학교나 다른 학과에는 지원하지 않기로 했다. 그다음엔 지원 방식을 결정해야 했다. 지호의 내신은 3년 통산 1.13이었고 전교 1등이었기 때문에, 학교에서는 수시 원서를 학교장이 추천하는 '지역 균형 전형'을 권했다. 각 학교 전교 1등에게 지원 자격이 주어지는 전형이었고 경쟁률이 타 전형에 비해 낮고 합격 가능성은 높았다. 하지만, 가족회의 끝에 우리는 그 전형으로 지원하지 않기로 했다. 그 전형의 취지는 본래 지방 소도시 등의 인재나 학업 능력은 우수하나 가정 환경이 어려운 학생들을 균형 있게 선발하기 위해 만들어진 전형이었기 때문에, 지호는 그 전형에 적절치 않다고 생각했다. 그래서 그것보다 경쟁률이 더 높은 영어 특기자 전형으로 지원했다.

수능일 아침, 시험을 보러 가는 길에 지호가 "엄마, 가능성은 희박한데요, 우선 선발로 합격되는 경우가 있어요. 제 수시 수험 번호와 ARS 번호를 드릴 테니까 수능이 끝나면 한번 전화해보세요."라고 했다. 수능을 마친 시각, 기다리던 시험장 앞에서 지호의 말 대로 전화를 해보았다. "○○○번, 김지호, 우선 선발로 합격 되었습니다."라고 하는 것이 아닌가! 수능 최저를 맞춘다는 조건이 전제되어 있긴 하지만 사실상 수능 당일에 지호는 서울대 정치학과에 우선 선발로 합격 된 것이다. "하나님, 감사합니다. 하나님, 감사합니다!" 얼마나 울었는지 모른다. 지호를 낳고 키우며 매일 매일 눈물로 주님께 매

달리던 기억들이 주마등처럼 스쳐 지나갔다. "태어나게만 해주세요. 자기 이름만 말할 수 있게 해주세요. 글자만 터득하게 해주세요. 학생으로 학교 공부만 따라가게 해주세요."라고 했던 아들이 아닌가! 기적이었다. 하나님만 베푸실 수 있는 기적이었다.

대학에 입학한 지호는 감사의 마음을 친구들과 후배들을 만나 대화를 통해 전도하는 것으로 주님께 드렸다. 그런데 신입생 오리엔테이션이나 MT를 가서 보게 되는 음주 문화에 대해 많이 괴로워했다. 음주를 강요당하기까지는 하지 않았지만, 그 문화에 적응하지 못하니 소외 아닌 소외를 경험하기도 했다. 그러다가 친구들과 선배들이 지호의 마음을 헤아리고서, 지호에게 무알콜 MT를 기획하고 진행해 보라는 제안을 하기도 했다. 작은 변화였지만 음주가 빠진 대학 문화를 만들어 낸 귀한 경험이었다. 그리고 서울대 행정대학원에 진학해서는 '행기모'(행정대학원 기도 모임의 약칭)를 만들어 활발하게 활동했다. 행기모는 지금까지도 활동 중이다.

대학원을 졸업하고 지호는 미국 시라큐스(Syracuse) 대학에 행정학 박사 과정에 진학했다. 유학과 동시에 하나님께 받은 마음은 '약자들을 위한 정책'을 연구하는 거라고 했다. '민주주의'를 연구하시는 훌륭한 지도 교수님을 만나서 학문 연구에 몰두하며 강의 조교와 연구 조교로 일하고 있다. 이렇게 귀한 배움의 기회를 주신 하나님께 늘 감사하다고 한다. 학교에서 한 시간 정도 거리에 있는 한 장로교회에 출석하고 있으며, 그곳에서 청년부 예배 반주자와 중보 기도 팀장으로 섬기고 있다. 금요일 저녁부터 주일 오후까지 교회 근처에 사는 청년부 회장 친구의 집에 머물면서 함께 예배드리고 청년부 사역을 한단다. 목사님과 사모님은 집을 떠나서 유학하는 청년들에게 한국 음식을 해서 먹이시고 친자식처럼 돌봐 주시니 얼마나 감사한지 모른다. 하나님 안에서 모든 게 은혜다. 앞으로 지호의 인생을 어떻게 인도해 가실지 기대와 소망으로 바라보게 된다. 여기까지 인도해 주신 하나님께서 앞으로도 지호의 인생을 주관하시고 가장 선한 것으로 채워 주시리라 확신하며 감사한다.

| 작은아들, 민호 |

지호와 달리 둘째 민호는 상대적으로 경제적 여유가 있을 때 태어나서 그런지 굉장히 밝고 활발했다. 아기 때부터 말도 잘했고, 몸놀림도 민첩해서 걱정할 일이 별로 없었다. 창의력도 있고 손재주도 좋아서 무엇이든 만들기를 잘했다. 종이 찰흙을 손으로 빚어서 천사도 만들고, 나무젓가락과 고무줄로 총도 만들고, 종이로 탱크도 순식간에 만들었다. 퇴근해서 집에 오면 내 옆에 붙어서 종알종알 재미있는 이야기를 해주었다. 내가 음식을 만들면 옆에서 보다가 필요한 걸 가져다주거나 도와주곤 했다. 그런 민호가 신기하면서도 마냥 귀엽고 예뻤다.

10년 동안 새벽반 강의를 하다 보니 두 아이를 데리고 일하기가 힘들어서 입주 도우미 아주머니를 두었다. 아주머니께서 워낙 아이를 예뻐하시다 보니 가끔 민호가 버릇없이 굴 때가 있음을 알게 되었다. 그때부터 독하게 마음을 먹고 무섭게 혼을 냈다. 막내라서 그런지 보는 사람마다 예뻐하는 데다 워낙 자기주장이 강한 아이라 민호를 바르게 양육하는 것은 쉬운 일이 아니었다. 하지만 마음이 약해질 때면 아이를 위해서라도 이를 꽉 물고 훈계했다. 주장이 뚜렷한 것도 좋지만 부모나 선생님에 의해 자기 뜻을 꺾을 줄 아는 것도 필요하다고 생각했기 때문이다. 한 번도 다른 사람에게 꺾여 보지 않고 자란 아이가 나중에 어떻게 원만한 사회생활을 할 수 있겠나 싶어서였다. 막내라고 오냐오냐하는 건 아이에게 독이 된다는 생각으로 나 자신을 더 채찍질해 가며 아이를 가르쳤다. 다행히 민호는 점차 다른 사람을 배려할 줄 아는 태도를 보이며 착한 아이로 자라났다.

아이가 둘 이상 있는 부모라면 가장 곤혹스러운 부분이 아이들끼리 차별한다고 불평할 때일 것이다. 지호나 민호 두 아이 모두 부모가 차별한다고 불평한 적은 별로 없지만, 가끔 큰아이는 "나한테 더 엄격한 것 같아요."라며, 작은아이는 "형에게 해주는 거 똑같이 해주세요."라고 할 때가 있었다. 민호가 가끔 형하고 똑같이 해달라며 떼를 쓰는 경우에는, "민호 신발 사이즈가 몇이지?"하고 물었다. 아이가 "250mm"라고 말하면 "형은 280mm지? 그럼 네가 원하는 대로 똑같이 280mm의 신발을 사주는 게 과연 너에게 좋을까?"라고 반문했다. "형과 너의 특성이 다르기 때문에 똑같이 해달라고 하는 건 형과 너 모두에게 좋지 않은 일이야."라고 설명해서 이해를 구한 것이다. 기본적으로 두 아이가 다르다는 것을 인식시켜 주었다. 누가 더 잘나고 더 못난 것이 아니라 두 아이 모두 인격을 지닌 소중한 존재라는 것을 알려 주는 건 아이들에게 매우 중요한 일인 것 같다.

민호는 워낙 친구들과 어울리기를 좋아했던 반면에 공부나 학교 성적에 대한 관심은 그다지 없었다. 지호와 다섯 살이나 차이가 나니까 민호가 더 어리게 보이는 데다가 막내이니 상대적으로 신경을 덜 쓰기도 했다. 초등학교 1학년 때 받아쓰기를 해서 60점을 받아온 날, 민호는 해맑게 웃으며 지난번엔 30점을 맞았었는데 두 배나 올랐다며 맛있는 거 사달라고 하는 아이였다. 그런데 어느 날 민호가 3일 동안이나 교과서 한 권도 없이 학교에 간 것을 알았다. 이건 단순히 공부를 못하는 문제가 아니라 학생의 본분을 다하지 않은 심각한 문제이기에 아이를 무섭게 혼냈다. 아이를 혼내고 난 뒤 곰곰이 생각하다가 나 자신의 게으름을 반성했다. 마음속에 숨겨져 있던 생각을 깨닫고서 나 자신도 조금 놀랐다. 첫째 아이가 학업적 기대를 충족시켜 주니까 나도 모르게 둘째에 대해서는 어떻게 해도 좋다는 식의 게으른 태도를 취하고 있다는 것을 인정하게 되었다.

특히 남편의 안식년으로 미국에서 1년 정도의 시간을 보낸 뒤에 돌아와 보니 당시 초등 3학년 2학기이던 민호의 성적이 많이 뒤처져 있어서 직접 가르치기도 했다. 매일 매일 배우는 대로 흡수하는 스펀지 같은 지호와는 달리, 학습지 일주일치를 몰아서 한꺼번에 하는 민호를 가르치는 것은 쉽지 않았다. 하지만 민호는 점점 학업에 관심 없는 태도를 극복하기 시작했다. 그렇게 6학년이 되었을 때 민호는 학급에서 2등을 하기도 했다. 사실 성적보다는 성실하고 책임감 있는 태도가 중요하다고 생각한다. 언제나 어느 자리에서든 최선을 다하는 태도만큼 좋은 것은 없기 때문이다. 아이들이 아직 학생인 만큼 학업에 충실함으로써 맡은 바 본분에 최선을 다하는 태도를 길러 주는 것은 어미인 내 몫이라고 생각했다.

아이들을 대하는 마음과 교육관에 있어서 남편은 시종일관 한마음으로 도와주고 응원해 주는 존재다. 지호와 민호에게 시간이 날 때마다 어려운 수학 문제 풀이나 사회·역사적 지식을 재미있게 가르쳐 주는 자상한 아빠이기도 하다. 사실 민호의 교육은 우리 부부의 몇 년 동안의 프로젝트였을 만큼 긴 시간 동안 들인 노력의 결과였다. 아무리 현명한 부모라도 종종 자식의 일에 대해서 방만한 자세를 가질 때가 있는 것 같다. 가만히 두어도 우리 애들은 어떻게든 잘 될 거라고 생각하는 태도 말이다. 하지만 부모의 사랑과 수고 없이 저절로 되는 아이는 없다. 아이들 교육은 몇 년이 걸릴지 예상할 수 없다. 아이의 성적이야 당장 오르지 않더라도 선물로 받은 귀하고 아름다운 인생을 최선을 다해서 살아가는 아이로 키워야 한다고 생각한다.

민호에게 공부를 가르치긴 했지만 절대로 아이의 공부를 대신해 주지는 않았다. 간혹 아이의 숙제나 수행평가 등을 엄마가 대신해 주는 경우가 있는데, 그러면 안 된다. 언제까지고 엄마가 대신해 줄 수는 없는 일이다. 엄마가 가르치는 것도 한계가 있다. 세대도 다르고 상황도 다르기 때문에 어느 단계에서는 손을 놓고 스스로 터득해서 헤쳐 나가게 해야 한다. 공부는 아이의 몫임을 잊지 말아야 한다. 아이들이 좌절하지 않도록 끊임없이 격려하되 절대 앞서가지 않는 태도가 중요하다. 대신에 아이들의 시험 기간에는 가급적 외출을 삼가고 아이들과 함께 있으려고 노력했다. 아이들에게 가장 힘들 때가 바로 '시험 기간'이기 때문이다. 뭘 해주지 않아도 그냥 곁에 있어 주려고 애를 썼다. 시험을 잘 못 보고 오는 날, 결과에 연연해서 다음 날까지 시험을 망치는 경우가 있는데 그럴 때는 곁에서 "잊어버려, 네가 못 봤으면 다른 애들도 다 못 봤어."라고 격려해 주면서, 다음 날 시험에 집중할 수 있게끔 도와주었다.

가끔 학교에 가면 담임 선생님에게서 민호가 선생님들의 사랑을 많이 받고 있다는 사실을 들을 수 있었다. 사람들과 어울리는 걸 좋아하는 민호에게 사랑하고 존경하는 인물이 많게끔 해주고 싶었다. 물론 개중에는 잘못된 권위를 휘두르는 분이 있다는 사실을 잘 알고 있다. 모든 선생님이 옳을 수는 없기에 그런 경우에는 정정당당히 이의를 제기하고 그것이 받아들여지지 않을 때는 용기 있게 떠나야 한다고 생각한다. 그러나 그전까지는 제자로서 최선을 다하는 태도가 중요하다. 선생님에 대한 사랑과 존경은 부모에 대한 사랑과 비슷하다고 본다. 나도 학생들을 가르쳐 봤지만 믿고 따라 주는 학생들에게는 뭐든지 다 주고 싶었다. 제자가 물어보면 모르는 것도 가르쳐 주고 싶은 게 스승의 마음이 아니겠는가. 그때 경험을 생각하면 우리 아이들을 그런 아이들로 키우는 것 또한 내 인생의 성공을 위한 과제라는 생각이 든다.

아이들을 감사할 줄 아는 아이들로 키우고 싶어서 남편의 월급날에는 반드시 아이들에게 감사의 문자를 아버지께 보내도록 했다. 물론 감사의 표현은 자녀에게만 해당하는 것은 아니다. 부모의 기대에 부응하지 못하는 아이에게만 서운함을 표할 게 아니라, 입장을 바꿔 부모도 아이가 해낸 일에 대해서 한 번이라도 감사의 표현을 해 봤는지 스스로에게 물어야 한다. 비록 만족스러운 성적이 아니더라도 학교에 잘 다니고 공부하느라 고생했다는 말을 들으면 아이들도 열심히 해야겠다는 생각이 들 것이다. 아이들에게 '아이큐'(IQ)나 '이큐'(EQ)만을 강조할 것이 아니라 서로 '땡큐'(Thank you) 할 수 있는 부모와 자식 간의 관계를 형성하는 것이 더 중요하다고 생각한다.

중학생이 된 민호는 친구들과 어울리는 것을 이전보다 더 좋아했다. 친구들 집에 놀러 가고 싶어 할 때가 많았는데, 어려서부터 함께 자란 교회 친구들이라면 괜찮지만 어떤 친구인지 내가 전혀 모르는 친구의 집에는 가지 말라고 한 적이 있었다. 사춘기이니 어느 정도의 통제가 필요하다고 생각했기 때문이다. 민호는 그런 나를 조금 답답하게 생각했다. 그러던 어느 날 민호가 사귀어 보고 싶은 여자 친구가 있으니 허락해 달라고 말했다. 그 여자 친구가 교회를 다닌 적이 전혀 없다는 말에 일언지하에 안 된다고 했다. 그 일로 민호는 나를 자기가 좋아하는 것을 무조건 못 하게 하는 엄마라고 판단해 마음을 닫았고 오랫동안 열지 않았다. 내 잘못이었다. 지금 생각해 보면 당시에 나는 매우 보수적이고 미숙한 신앙관을 갖고 있었던 것 같다.

설상가상으로 10여 년 동안이나 함께했던 교회가 갈라지는 일이 일어났고, 천국까지 함께 갈 거라고 믿었던 교회 가족들이 뿔뿔이 흩어졌다. 그렇게 우리가 모두 헤어지게 되었다고 말해주던 날 민호는 하염없이 울었다. 어릴 적부터 교회 안에서만 자랐던 민호에게 그 일은 세상이 없어지는 것과 같은 일이었고, 모든 게 내 잘못인 것 같아서 미안하다고만 했다. 그리고 그 이듬해에 나는 암 수술을 했다. 어린 민호는, 하나님이 선하시다면 세상의 전부와 같은 교회가 갈라진 일이나 교회밖에 몰랐던 엄마가 암에 걸린 이런 일들이 어떻게 일어날 수 있는지 이해가 되지 않았다고 했다. 다치고 상한 민호의 마음이 충분히 이해되었다. 어떤 말로도 아이의 상한 마음을 달래거나 설득하려 드는 건 무의미하다고 생각했고, 다만 기도할 뿐이었다.

게다가, 민호가 고등학교에 진학하면서 배정받은 학교에 중학교 때 친구들이 거의 없는 바람에, 민호는 외롭게 학교를 다녀야 했다. 여러 가지로 기운이 나질 않는 고등학교 시절에 민호가 붙든 것은 어릴 때부터 가져왔던 공군 전투기 조종사의 꿈이었다. 초등학교 1학년 때 장래 희망이 '쫄병 스낵'이라고 해서 큰 웃음을 주었던 건, 농담이 아니라 민호의 진심이었다. 그때부터 조종사의 꿈을 키워 온 것이었다. 나는 민호가 위험한 일을 하겠다고 하니 걱정이 앞섰다. 말리고 싶어서 설득하려 했으나 소용이 없었다. 아이의 꿈을 밀어주기로 남편과 결정하던 날, 나는 많이 울었다. 그런데 그 꿈에 다가가기 위해서는 거쳐야 할 몇 가지 단계가 있었다. 먼저 남편과 나, 그리고 지호까지 우리 셋은 모두 문과생이었다. 그런데 민호는 이과로 가야 했고 그러려면 수학과 과학 공부에 더욱 집중해야 했다. 그래서 남편도 나도 이과 공부에 대해서 알아보면서 민호의 입시를 도와주었다. 그리고 아는 분들을 수소문해서 공군사관학교에 진학한 선배들의 경험담을 들었다.

그러는 동안 TV에서 〈태양의 후예〉와 〈응답하라 1988〉이라는 드라마의 높은 시청률 덕분에 각 사관학교의 경쟁률이 몇 배로 뛰었다. 높은 경쟁률 때문이었는지, 민호가 내신도 좋았고 사관학교 시험도 잘 본 편이라고 생각했는데, 예상과 달리 불합격이었다. 그래서 한국항공대학교 항공운항과에 지원했고 좋은 성적으로 합격했다. 한 학기를 열심히 다니고 나서 어느 날 민호가 불쑥, "저 내일 공군사관학교 시험 봐요."라고 말했다. 혼자서 반수를 준비한 것이다. 정말 하고 싶은 일이었던 것이다. 결과는 합격이었다. 그렇게 민호는 공군사관학교에 입학해서 전투기 조종사의 꿈에 성큼 다가갔다. 너무나 원했던 길이어서인지 사관학교 4년 내내 각종 고된 훈련들을 너끈히 이기고 견뎌 냈다. 집을 떠나서 지내는 민호가 안쓰러울 때가 많았지만 너무나 의젓하고 대견했다.

그렇게 4년간의 생도로서의 모든 훈련을 마치고 졸업과 임관을 일주일 남겨 둔 어느 날, 민호는 신체검사에서 이전에는 없었던 새로운 규정인 '망막열공'이 발견되어 전투기 조종사에 실격 판정을 받았다. 전화기 너머로 "엄마, 난 안 된대요." 하며 울던 아들의 목소리가 아직도 귀에 쟁쟁하다. 아들의 무너지는 마음을 생각하니 어떻게 이런 일이 있을 수 있는지 하늘이 내려앉는 듯했다. "민호야, 너 안 다쳤으니 우린 괜찮아. 네가 잘못한 게 아니니까 우리가 지금 알 수 없는 하나님의 선하신 뜻이 있을 거야. 믿고 기다려 보자."라고 하며 민호를 달랬다. 하지만 그 일로 다친 민호의 마음이 그리 쉽게 달래질 수 있겠는가. 4년간 한 가지 목표를 향해서 수많은 훈련을 견뎌 가며 달려온 아들에게 이 청천벽력 같은 소식이 얼마나 가슴 아픈 일이었겠는가 말이다. 며칠 동안 잠을 이룰 수 없었다. 주님께 묻고 또 물었다. 그리고 민호가 이 일로 주님을 원망하는 일이 없기를 간절히 간절히 기도했다.

졸업하고 임관한 민호는 비행단에 배정을 받아 공군 장교로 근무하고 있다. 몇 달간 아이의 심리 상태를 지켜보았다. 가능하면 교수님들이나 상관들의 조언을 듣도록 격려했고, 성숙한 선배들이나 속 깊은 친구들을 만나 대화하라고 권했다. 민호는 실제로 그렇게 했다. 비록 오랜 시간 꿈꾸어 온 조종사로서의 길은 좌절되었지만 이게 얼마나 큰 아픔인지를 너무나 잘 아시는 하나님께서 분명히 이 아픔 너머에 예비하신 축복이 있을 테니 믿음을 가지고 기다리자고 격려했다. 친구들과 선후배들의 위로와 격려로 민호는 자기 일을 객관화시키면서 감사할 조건들을 찾아갔다. 전투기 조종사의 꿈은 좌절되었지만 잃은 것은 없다는 사실을 인지했다. 같은 나이의 친구들에 비하면 보장된 직업과 안정된 수입까지 있고, 원하면 자기 인생의 플랜 B를 준비할 수도 있으니 결국 잃은 건 아무것도 없고 감사하다는 것이다. 그리고 비행 훈련 도중에 탈락한 동기들을 위로하고 격려할 줄 아는 품이 넓은 어른이 되어 가는 민호를 발견할 때마다 주님께 감사했다. 좌절된 꿈 앞에서도 의연한 아들은 모습은 성공을 향해 질주하는 것보다 더욱 멋졌다!

아이들을 키우다 보면 성공과 실패, 절망과 좌절의 순간을 아이들과 함께 겪을 때가 있다. 최선을 다해 열심히 노력한 끝에 맛보는 성공과 성취도 의미 있고 소중한 순간이다. 하지만 그에 못지않게 뜻하지 않은 실패와 좌절의 순간도 그 소중함에는 차이가 없다. 어쩌면 그 순간이야말로 인생의 선배로서 자녀에게 실패와 좌절을 딛고 일어나 용감히 새로운 길을 가는 멋진 어른이 되는 길을 가르쳐 줄 수 있는 기회인 것이다. 넘어져도 주님 앞에서 넘어지고, 속이

상해도 주님께 토설하고, 주님께서 알려 주시기 전에는 그 자리를 묵묵히 지키고, 영적 민감함으로 깨어서 주님의 인도하심을 따라가는, 진정으로 하나님의 자녀로서 살아가는 길을 아이와 함께 배워가는 것이다.

2
아이들에게 아버지란

또 아버지된 이 여러분, 여러분의 자녀를 노엽게 하지 말고, 주님의 훈
련과 훈계로 기르십시오(엡 6:4, 표준새번역)

20여 년을 중·고생들에게 영어 과외를 하면서 주어진 수업 시간 외
에 꼭 따로 상담시간을 가지면서 아이들의 마음과 삶에 다가가려고
했다. 그러다 보니 여러 가지로 위기에 처한 아이들이 내게 맡겨졌
고, 아이들의 마음에 담긴 이야기도 듣고 내 어릴 적 이야기도 나누
다 보면 친해지고, 자연스레 전도로 이어져서 예수님을 믿게 되고,
삶이 회복되어 복학 또는 진학도 하게 되는 회복을 경험하는 일들이
일어났다. 그러한 과정에서 함께한 아이들이 겪는 위기들은 주로 친
구들 사이에서의 따돌림, 학교로부터의 징계, 퇴학, 가족들 간의 소
통의 부재, 장래 희망에 대한 부모 의견과의 불일치, 가난, 폭력, 성
폭력, 탈북 과정의 고통 등이었다. 가난이 고통의 이유는 되지만 경

제적으로 풍요를 누리는 부유한 가정도 예외는 아니었다. 더욱 가슴 아픈 것은 기독교 가정도 예외가 아니었다는 것이다.

어떤 경우에는 그 아이들이 겪은 고통스런 지난 일들을 듣는 것만으로도 힘겨울 때가 있었다. 하지만 나는 영어 선생이기 이전에 엄마였고, 쉽지 않은 가정 형편을 딛고 일어서면서 내가 선택할 수 없었던 삶의 조건은 어쩔 수 없지만 이후의 삶은 지혜롭게 선택해서 반드시 의미 있는 삶을 살고자 했던 어른으로서 아이들을 돕고 싶었다. 위기의 아이들에 대해서는 아이들의 이름들과 함께 내 가슴에 묻어둔 너무나 많은 이야기들이 있지만, 그 아이들의 인생이 활짝 피어날 봄날을 기대하고 바라보며 조금이라도 더 아이들을 살려 보자는 취지에서 조심스레 나누고자 한다. 그중에 제일 먼저 떠오르는 것이 아버지에 관한 것이다.

이 땅의 아버지들이 자녀들에게 자신이 얼마나 중요하고 영향력 있는 존재인지만 인식하더라도 세상은 지금보다 훨씬 나았으리라 생각한다. 한국과 같이 효도가 강조되는 유교적 사회에서 심지어 기독교를 믿는 가정에서도 가족 간의 관계나 위계질서는 아직도 가부장적인 게 사실이다. 그러다 보니 아이들은 부모의 일방적인 가르침과 훈계를 듣게 마련이다. 처음에는 부모가 자녀에게 서로의 의견을 이야기해 보자고 해 놓고 결국에는 부모의 일장 연설로 마무리되는 일방적인 대화에서 아이들은 더 이상 소통을 기대할 수 없어진다.

그리고 한국 사회만큼 아버지의 역할이 '돈 벌어오는 사람'의 이미지로 굳어져 있는 나라가 있을까 싶을 정도로 아버지들이 바쁜 일과를 보낸다. 그러다 보면 자녀들과의 대화와 소통을 시도하기란, 특히나 사춘기의 자녀들과의 소통이란 여간 어려운 게 아니다. 가끔 만나는 사이에서 훈계라는 명목으로 주어지는 책망과 비난에 아이들의 마음은 만신창이가 된다. 더 나아가 경쟁적인 사회에서 일을 하면서 생활인으로서의 아버지가 겪는 좌절감과 열등감, 자격지심이 해결되지 않은 채 자신에 대한 분노인지 자녀에 대한 분노인지 분명치 않은 감정을 쏟아 놓을 때, 반항도 거역도 할 수 없는 아이들은 그것들을 온몸과 마음으로 받아내야 하고 고스란히 깊은 상처로 영혼에 새겨진다. 아버지가 밖에 있을 때 걸치고 있었던 교양과 체면과 종교의식의 옷을 집에 들어오는 순간 편하다는 이유로 벗어던질 때, 아이들은 그 차이만큼의 고통에 노출된다. 그다음부터는 10년, 20년이 가도 회복하기 어려운 마음속의 상처와 응어리로 남게 된다.

어떤 경우에도 관계란 일방적일 수가 없다. 그리고 누가 누구에게 복종해야 하는 당연한 관계란 존재하지 않는다. 아무리 가족이어도 서로 간에 갖춰야 할 예의가 있고, 시간을 두고 조금씩 서로 알아가고 서로에 대한 지식도 쌓이고 마음도 주고받을 때 신뢰가 쌓이고, 그 위에서 사랑의 권면을 하기도 하고 받아들이기도 하는 것이다. 미성숙하고 성급한 자식 사랑에 아이들이 죽어 간다. 자녀와 부모에 관한 에베소서 6장 1-4절을 읽을 때마다 드는 생각이 있다. 부모를 공경하라는 내용은 세 절이고, 자녀를 노엽게 하지 말라는 말씀은 한 절이다. 그러나 한 절이라도 가벼이 여겨선 안 되는 것은 이것이 진리의 말씀이기 때문이다. 부모를 공경해야 하는 것도 진리이지만 어떤 부모이냐에 따라서 자식이 효자·효녀가 되는지의 여부도 결정된다. 부모가 되는 자격증을 따고 부모가 되는 건 아니지만 부모가 될 자격이 없는 부모, 아버지답지 않은 아버지로 인해 아프고 고통받는 아이들을 곁에서 지켜보면서 함께 아파한 자로서 이 땅의 아버지들에게 가족들 부양하느라 할 일이 많고 힘든 건 알지만 자신의 한마디가 얼마나 영향력이 있는지, 자신의 어떠함이 아이들에게 얼마나 큰 영향을 미치는지 숙고하시길 당부하고 싶다.

유능한 아버지보다 성숙한 아버지를, 권위적인 아버지보다 수용적인 아버지를, 훈화 말씀을 하는 아버지보다 아이들의 말을 들어주는 아버지를, 실패를 지적하는 아버지보다 실수를 덮어 주는 아버지를, 매번 이기는 아버지보다 아름답게 져 주는 아버지를, 성공사례보다 실패하고 넘어졌을 때 어떻게 일어났는지를 덤덤하게 이야기해 주는 아버지를 아이들은 더 원한다는 것을 기억하면 참 좋을 듯하다.

3
아이들에게 엄마란

좋은 엄마가 되는 법을 가르치는 학교가 있었다면 얼마나 좋았을까?
만약 시간을 되돌릴 수 있다면 좀 더 좋은 엄마가 될 수 있었을까?

오랜 시간을 두 아들의 엄마로, 영어 과외선생이자 상담자로 청소
년 아이들을 가까이에서 지켜보면서 그들이 어떤 일에 기뻐하고 실
망하고 좌절하고 분노하는지 조금은 알 수 있었고 상당 부분 공감할
수 있었다. 문제가 심각한 경우에는 그 아이들의 부모님을 만나서
대화를 해 보는 경우도 있었다. 신기한 것은 많은 경우에 그 아이를
보고 걱정스러웠던 마음보다 훨씬 심각한 걱정을 하게 하는 부모가
그 뒤에 있다는 사실이었다. 실제로는 부모와 아이가 매우 비슷한
양상을 보이는데 서로 소통하지 못한다는 데에 비극이 있다. 그래서
마치 통역을 하듯이 부모와 아이 사이에서 양쪽의 입장을 전해 주고

서로를 이해시키는 일을 하게 된 적이 많았다.

사춘기 청소년과 부모 사이의 소통은 마치 세상에서 가장 어려운 두 언어 사이의 통역이 아닐까 싶을 정도로 어렵다. 그리고 서로에 대한 애정은 있지만 표현할 줄 모르고 소통하지 못하는 안타까움에 밤새 함께 고민하며 슬퍼한 적도 있다. 그러면서 어떻게 하면-어느 정도는 피할 수 없지만-회복하기 어려운 상처를 남기는 큰일까지 가지 않고 지나갈 수 있을까를 고민하게 되었다.

그중에서 어머니의 역할은 실로 지대하다고 할 수 있다. 사랑스런 아이가 어느 날 위기의 청소년이 되기까지 문제의 발단은 실제로 아주 작은 일들에서 시작된다는 걸 알 수 있었다. 그리고 시간을 되돌려 그때로 돌아가고 싶은 마음이 들 때가 많다는 엄마들의 말에서 어떤 일들이 심각한 문제를 일으킬 수 있고, 그러지 않으려면 어떻게 하는 게 좋을지 최선의 방법은 무엇일지 한번쯤 정리해 보고 싶었다. 나 자신도 부족한 엄마로서 지난 시간의 시행착오를 돌아보면서 후배 엄마들에게 도움이 될 최선의 양육에 관한 조언이 될 수도 있겠다 싶기도 하다.

아버지들은 대체로 한두 가지 굵직한 일들로 일관되게 아이들을 힘들게 하는 경향이 있는가 하면 어머니들은 주로 일관성이 없는 것으로 인해 아이들을 힘들게 한다. 사소한 생활에서부터 교육 방침에까지 이랬다저랬다 하는 엄마의 말과 행동에 아이들은 적응하기가 어렵다. 어느 날 엄마가 교육 세미나라도 다녀오면 기존의 교육 방식을 바꾸는 경우가 있는데 그러면 아이들은 더욱 괴로워진다고 한다. 엄마들은 노력하는데 아이들은 더 힘들어지는 악순환에서 소통과 이해는 점점 더 어려워지고 서로의 마음은 닫히게 된다. 안타까운 건 기독교 가정도 예외는 아니라는 것이다.

먼저 엄마가 알아야 할 것은 내가 낳았다고 해서 그 아이의 주인이 나라고 생각해서는 안 된다는 것이다. 이것은 비기독교인도 인정할 수밖에 없는 일이다. 엄마라면 정직하게 아이가 자신의 소유일 수도 없고, 모든 걸 자신이 책임져 줄 수도 없는 존재임을 인정할 수밖에 없다. 종교가 없는 엄마도 아이가 아프면 밤새 대상도 분명치 않는 존재를 향해 아이를 낫게 해 달라고 기도한다. 아픈 아이에게 엄마인 자기 자신은 아무것도 해 줄 수 없는 존재임을 알게 되기 때문이다. 그래서 엄마는 아이에게 참부모가 있음을 인정해야 한다. 더불어 자신은 아이의 인생을 마음대로 좌지우지할 수 있는 주체가 아님을 인정해야 한다.

한 아이가 자라서 인격적으로 예수님을 만나기 전까지 그 아이의 인생에서는 단언컨대 엄마가 전부다. 왜냐하면 하나님께서 아이를 낳고 보살피고 키우며 가르치는 위대한 사명을 어미에게 맡기셨기 때문이다. 아이의 먹을 것과 입을 것과 누울 곳을 살피는 일부터 깰 때,

잠들 때, 울 때, 아플 때 등 어린아이에게 엄마는 한순간도 떨어질 수 없는 존재이다. 말하기 이전의 어린 아기일 때 가장 사랑해 주어야 함과 동시에 해도 되는 것과 하면 안 되는 것을 어떤 형태로든 가르쳐야 한다. 배가 고프다거나 기저귀가 젖었다든가 졸리는 등 특별히 보채야 할 이유가 없는데도 울고 떼를 쓰는 것을 아기라는 이유로 무조건 다 받아 주면 나중에 훈육하기가 어려워진다.

말을 가르칠 때에도 신중해야 한다. 아이가 말을 배우는 시기는 세상에 대해 알아가는 시기이고, 이때부터 인식론과 세계관에 관한 교육이 시작된다. 아이를 둘러싼 환경에서 주변에 보이는 물건에서부터 그림, 사진, 여행 등을 통해 접하게 되는 세상을 어떤 눈으로 보게 될지를 결정하게 되는 중요한 시간이다. 따뜻한 시선으로 바라보는 것에서부터 세상은 어떻게 존재하게 되었는지, 사물들과 사람들과의 관계라든지, 어떤 질서와 조화를 이루어 가는 세계인지를 쉽고 간단하게 그리고 분명한 언어로 가르치기 시작해야 한다. 5세 정도까지 언어와 신앙교육이 가장 활발하게 이루어지고, 이때가 아이의 인생에 어쩌면 다시 오기 어려운 가장 귀중한 시간이다.

| 아 이 들 에 게 엄 마 란 2 |

앞에서 나는 아이의 언어와 신앙교육에 있어서 5세까지가 매우 중요한 시기라고 했다. 아이는 이 시기에 엄마를 중심으로 가족들로부터

언어와 가족 간의 사랑과 신뢰, 다양한 의사소통 방식, 사물에 대한 인식, 환경에 대한 반응, 감정의 표현 방식 등을 학습할 뿐만 아니라 자기 의견과 주장을 적극적으로 표현하기 시작하는 등 아주 큰 변화를 경험한다. 양육자에 대해 절대 의존적이며 스펀지와 같은 흡수력을 보이기 때문에 이 시기에 해도 되는 일과 하면 안 되는 일, 그리고 신앙교육을 할 때 매우 효과적일 뿐만 아니라 이때 학습된 올바른 신앙과 가치관이 오래도록 그 인생에 영향을 미친다.

한편, 이 시기에 아이를 양육하는 엄마의 상황과 환경에는 현실적으로 어떤 변화가 일어날까? 우선 결혼이라는 인생 최대의 변화를 겪으면서 이전의 삶과는 전혀 다른 환경과 시댁이라는 엄청난 관계의 확장을 경험한다. 한 남자의 아내로서 가정을 꾸려 나가야 하는 주부가 되고 며느리가 된 자신의 변화를 잘 이해하고 받아들여야 하는 숙제가 주어진 것이다. 인간이 지켜야 할 윤리적 덕목 중에 한국처럼 효도를 강조하는 나라가 있을까 싶다. 명절과 생신 등을 비롯해서 챙겨야 할 집안 대소사와 시댁 어른들이 많아진 것이다. 결혼을 통해 가족이 되었다는 것뿐 여전히 낯선 분들과의 친척 관계와 이름 등 외울 것도 많고 의도치 않게 놓치는 것도 많다. 시댁 식구 모두 인격적이고 다정한 분들이라고 해도 여전히 어렵고 조심스럽고 혹여라도 실수할까 봐 긴장의 끈을 놓을 수 없다. 이 시기에는 남편의 이해와 도움이 절대적으로 필요하다.

인생에 있어서 책임과 의무라는 측면에서 여자에게 결혼 전과 후를 수학 문제에 비유하자면, 결혼 전까지는 사칙연산 문제를 풀어왔다면 결혼 후에는 삼각함수나 미적분을 푸는 것과 같이 어려워진다. 공부하고 시험보고 학교 다니는 것과는 비교할 수 없이 달라진 상황이다. 거기다가 직장까지 다니고 있으면 미리 준비하고 고려해야 할 일들이 한둘이 아니다. 연애할 때 별도 달도 따다 줄 것 같았던 그 남자 친구가 맞나 싶게 남편에게 실망하는 일들이 점점 자주 발생한다. 자연스레 꿈꾸던 결혼 생활과 현실의 결혼 생활을 비교하게 된다.

그럴 때쯤 찾아오는 첫아이의 임신 소식은 걱정과 염려를 뒤로하고 또 다시 새로운 기대와 변화를 갖게 한다. 기쁜 일이지만 몸이 무거워지는 만큼 엄마로서 살아가야 할 의무와 책임감도 마음을 무겁게 한다. 아이가 태어나고 이제는 내게 24시간 동안 그 안전과 건강을 책임져야 할 존재가 생겼다는 것 자체가 결코 가볍지 않은 부담감을 준다. 임신과 출산을 겪으면서 생기는 몸의 변화도 마음을 힘들게 한다. 이렇게 출산과 육아는 큰 기쁨이자 변화요 막중한 책임이다.

신생아는 대체로 2~3시간 정도 잠을 잔다. 그 시간 동안 낮에는 엄마로서 할 일을 해 두어야 하고, 밤에도 아기가 그 시간 동안만 자기 때문에 수시로 깨어서 기저귀를 갈고 씻기고 먹여야 한다. 아이를 먹이기 위해 나의 식사는 언제나 뒷전에 된다. 아기가 예뻐서 기꺼이 하는 일이지만 가끔씩 '내 인생은 어디 갔나?' 싶은 생각이 든다. 전업주부라면 이 정도의 스트레스겠지만 직장을 가진 엄마는 여기에 베이비시터를 구하는 문제와 출퇴근 시간 조정, 아기와 떨어지는 문제, 특히 아기가 아플 때는 떼어 놓고 직장으로 향하는 마음이 찢어지게 아프다. 그야말로 인생이 고난도 문제를 푸는 것처럼 힘겨워진다. 그런 와중에 엄마가 아이의 언어와 신앙교육을 도맡아 해야 하는 것이다. 그것이 과연 쉬운 일이겠는가? 아내가 되고 주부의 역할과 며느리의 책임을 다하기에도 버거워 겨우 적응해 가는데 육아로 뒤죽박죽이 된 듯한 느낌에서 벗어나기 어렵다. 이렇게 상황이 복잡해질 때에는 선택과 집중이 중요하다.

하나님께서 세상을 창조하시고 처음으로 결혼이란 제도를 만드시면서 "이러므로 남자가 부모를 떠나 그의 아내와 합하여 둘이 한 몸을 이룰 지로다"(창 2:24)라고 하셨다. 결혼과 함께 남편과 아내가 먼저 합하여 온전한 하나를 이루는 것이 제일 중요하다. 효도가 중요한 덕목이긴 하나 부부가 먼저 한마음 한뜻이 되어서 억지로 의무감으로가 아니라 기쁘게 자원하는 마음으로 양가의 부모님을 잘 섬겨드리는 것이 진정한 효도라고 해야 할 것이다. 그러하기에 부부 중 연약한 누군가에게 시간이 필요하다면 기다려 주는 것이 우선되어야 한다.

아이의 양육과 교육도 마찬가지다. 부부가 먼저 한마음이 되어서 자녀에 대한 교육관을 잘 확립할 필요가 있다. 그러고 나서 훈육을 해야 일관성 있는 교육이 이루어질 수 있다. 아이가 아무리 어려도 자기가 하고 싶은 대로 하도록 허용해 주는 사람을 찾게 마련인데 누군가는 된다고 하고 누군가는 안 된다고 하면 된다고 하는 사람을 따라간다. 그래서 부모가 교육에 있어서 의견의 일치를 보는 것은 가장 중요한 일이다. 언어와 학습보다 더 중요하고 선행되어야 하는 것이 관계에 대한 교육이다. 아이들이 말을 통해서만 배운다고 생각하는 것은 큰 오해이다. 아이들은 말이 아니라 몸짓, 눈빛, 억양 등 비언어적인 것들을 통해서 더 많이 배운다. 즉, 듣는 것보다 보는 것이 더 중요하다는 뜻이다. 그리고 생각하는 것보다 아이들은 주변에서 일어나는 일들에 대해 잘 파악한다.

아이에게 엄마로서의 권위는 엄마가 먼저 남편을 존중하고 높이는 것이 선행될 때 얻어진다. 그걸 보고 아이는 자연스럽게 배우는 것이다. 그리고 부모가 보여 주는 사랑과 신뢰의 관계를 느끼며 아이는 안전감과 사랑받고 있다는 확신을 가지게 된다. 그럴 때 학습 효과가 가장 높아지는 것이다. 그런 의미에서 하나님을 향한 부모의 사랑과 신뢰도 마찬가지로 자연스럽게 아이에게 전수되기 때문에 가정예배와 같은 신앙교육도 이때가 적기이다. 어릴 적에 배운 성경 말씀은 아이의 평생의 지표가 된다.

큰아이가 다섯 살까지 말을 못해서 애간장이 녹던 시절에 어느 날 아이를 데리고 동네 슈퍼에 갔다. 아이의 표정만을 살피며 의사를 묻는 내가 이상해 보였는지 어떤 할머니가 우리 아이에게 말을 시키셨는데 대답을 못하자 대뜸 "얘, 다 큰 애가 왜 말을 못해! 벙어리야?"라고 하셨다. 나도 속이 상했지만 그 말을 들은 아이가 상처를 받았을 일이 걱정이 되서 얼른 아이의 귀를 막고 할머니한테 따졌다. "할머니, 우리 애 아세요? 저는 할머니 처음 보는데 왜 그렇게 험한 말을 아이한테 하세요?" 했더니 도리어 "다 큰 애가 말을 못하니까 그랬지!" 하며 사과도 없이 가 버리셨다. 그날 밤 눈물로 지샜던 기억이 있다.

아이가 어리다고 함부로 대하고 어른한테는 하지 못할 말들을 아이들에겐 서슴없이 하는 어른들이 있다. 우리 아이가 당했던 일들과 같이 모르는 사람들이 하는 언어폭력도 있지만 친척이나 가족들 사이에서도 본인은 아무 생각 없이 한 말이지만 하얀 도화지 같은 아이의 기억 속에 오래도록 남아서 좀처럼 지워지지 않는 상처가 되는 말들이 있다. 여자 아이에게 "뭐 하나 달고 나오지 그랬냐"는 남아선호 사상에서 나오는 말에서부터 "여자 애가 못생겨서 어떻게 하냐"는 외모 비하 발언, "형에 비하면 덜 똑똑하다"는 식의 비교에서 나오는 말들, "다리 밑에서 주워 왔다"거나 "어쩌다 생겨서 할 수 없이 낳았다"는 자존감을 낮추는 발언, "네가 뭘 할 수 있겠냐", "넌 아무 짝에도 쓸데없어" 등 아이로 하여금 살아갈 의욕을 잃게 만드는 발언들을 어른이고 친척이고 가족이라는 이유로 거침없이 쏟아내는 무례하고 무책임한 어른들로 인해서 아이들의 가슴에는 멍이 든다. 반항도 거역도 할 수 없는 아이들은 무방비 상태에서 그런 말들을 온몸으로 받아내야 하고, 그런 말들은 어른이 되어서까지도 잊히지 않는 상처로 남는 경우가 있다.

청소년들에게 들어서 알게 된, 가족 안에서 아이들이 가장 힘들어하는 것은 역시 누군가와의 비교였다. 일명 엄친아, 엄친딸과 같은 남들과의 비교는 물론 형제간의 비교는 더욱 치명적이다. 비교는 경쟁을 낳고 경쟁은 미움과 시기, 질투를 낳으며 남학생들의 경우는 폭력으로까지 확대되기도 한다. 편애를 하는 부모들의 경우는 자신이 편애를 하고 있다는 인식을 하지 못하는 경우가 많고, 어느 날 차별받은 자녀가 분노를 터뜨리며 부모에게 자신이 차별받은 증거를 제시해도 인정하지 않는 경우가 허다하다. 그럴 때 아이들은 죽고 싶다고 한다.

아이들을 힘들게 하는 부모들 가운데 상당수가 칭찬할 줄 모르는 사람들이다. 스스로 비교적 성공적인 인생을 살아온 것에 대해 자긍심이 있는 부모들이나 자기 자신이 칭찬과 격려를 받지 못하고 자란 부모들이 대부분인데 이건 정말 치명적이다. 시험에서 97점을 맞고도 집에 가서 부모님께 혼날 일이 걱정되어 배회하다가 늦게 귀가하는 애들을 본 적이 있다. 도대체 얼마나 완벽해야 그 집에서 아들, 딸이 될 자격이 생기는 걸까. 요즘 아이들이 하는 학교생활, 학원 수업, 과외, 예·체능 실기 등의 스케줄과 똑같은 일과를 일주일만 소화해 보라고 하고 싶은 심정이다. 어려서부터 칭찬을 많이 받고 자란 아이는 튼실한 나무의 열매처럼 사랑스럽고 예쁘다. 부모로서 아이에게 가르치거나 해 줄 무언가가 없다고 생각한다면 칭찬만 해 주어도 반은 하는 셈이다.

지금은 옛날처럼 한 집에서 여러 명의 아이를 낳는 시대도 아니다. 그러니 내 아이, 남의 아이 할 것 없이 우리 모두의 아이들로 잘 키워야 하지 않을까? "한 아이를 키우려면 온 마을이 필요하다"는 아프리카 속담처럼 우리 모두의 아이들이라고 생각하고 서로 배려하는 성숙한 공동체가 되어 가면 참 좋겠다. 앞에서 5세까지의 언어교육이 중요하다고 말한 이유는 나 자신이 성공적인 육아를 한 사람이어서가 아니라 누구보다 힘들게 아이를 키운 엄마로서 나누는 마음이다. 같은 동네에 우리 아이와 동갑인 다른 아이들은 아나운서처럼 또랑또랑하게 말하는 분위기에서 자기 이름도 말하지 못하는 큰아이에게 밑 빠진 독에 물 붓기처럼 매일 반복해서 가르치며 수없는 날들을 눈물로 보냈다. 그러다가 큰아이가 여섯 살, 일곱 살이 되면서 천천히 말을 시작하면서 그간의 노력이 헛되지 않았음을 알수 있었다. 입력(input)의 기간이 긴 아이가 있을 뿐, 때가 되면 결과(output)로 나오게 되는 것을 확인할 수 있었다. 그러니 말이 더딘 아이에 대해서 너무 걱정하지 말고 차분히 가르칠 필요가 있다.

아이가 더디더라도 인내하고, 내 양에 차지 않더라도 소망을 가지고, 못하는 것보다 작은 것 하나라도 칭찬하면서 남과 비교하지 말고 그 자체로 소중한 존재임을 일깨워 주며 인격적으로 대하고 가르치다 보면 언젠가 대견하고 사랑스러운 아이로 성장해 있을 것을 꿈꾸는 것이 엄마가 해야 할 일이 아닐까 싶다.

| 아이들에게 엄마란 4 |

평생 영어 선생으로 살아오면서 제일 많이 받은 질문은 "어떻게 하면 영어를 잘할 수 있어요?"와 "우리 애 영어 공부는 몇 살부터 시켜야 하나요?"였다. 첫 번째 질문에 대한 답은 "좋은 선생님 만나서 열심히 공부하셔야 합니다"이고, 두 번째 질문에 대한 답은 좀 더 구체적인 설명이 필요하다. 먼저 아이에게 몇 살부터 영어 공부를 시켜야 하는지 묻는 엄마들의 대부분은 초등학교 입학도 하기 전에 조기교육을 시켜야 하는지를 묻는 거다. 그런 엄마들에게 나는 언제나 먼저 한국어 교육을 잘 시키라고 한다. 5세 이전에 외국어를 가르쳐 주면 아이는 모국어와 외국어를 분간하지 못한다. 언어적으로 말하면 외국어는 13세 이전에만 배우기 시작하면 된다.

아예 부모가 두 개의 언어를 사용하는 가정의 경우는 지속적인

Input이 있기 때문에 괜찮지만, 외국어로서 영어를 배우는 경우는 더욱 헷갈리게 만드는 역효과를 낸다. 그리고 사실상 영어를 조기에 학습하는 것에 매달려 정작 꼭 필요한 교육에 실패할 가능성을 보아야 한다. 초등학교 입학 전에 모국어를 습득할 때, 아이들의 혀 짧은 소리나 볼멘소리를 먼저 고쳐 주어야 한다. 아기라서 귀엽다고 그냥 놔두면 그것은 그 아이의 언어습관이 되어 버린다. 어른이 되어서도 그런 발성이나 언어습관을 갖게 되면 사회생활에 지장을 준다.

여자와 남자의 언어 구사 방식은 좀 다르다. 일반적으로 여자는 관계와 설명을 중심으로 말하는 반면, 남자는 논리와 문제 해결을 중심으로 말한다. 그렇기 때문에 아이의 언어 습득 과정에서 엄마와 아빠의 언어 둘 다를 균형 있게 배우는 것이 중요하다. 언어는 사고와 매우 밀접한 관계가 있다. 그래서 아이라고 해서 매일 "맘마, 까까" 같은 말만 해 주어선 안 된다. 아이가 대화에 직접 참여하지는 않더라도 어려운 단어나 복잡한 설명도 들어야 나중에 깊이 생각하고 말하는 습관이 몸에 밴다. 그러기 위해서는 아빠의 역할이 중요한데 아빠가 아이와 더 많이 대화하려는 노력이 아이의 지능과 언어, 논리적 사고에 절대적으로 중요하다. 쉽게 말하면 아빠가 수다스러워야 한다.

학령 전 아이에게 영어나 다른 과목들의 조기교육을 할 수 있지만 목적과 방법에 대해서는 숙고할 필요가 있다. 아이가 초등학교에 입학하면 그때부터 대학까지 16년간 학교를 다녀야 하는 과정이 기다리고 있다는 것을 기억할 필요가 있다. 그런데 초보 엄마들은 초등학교에 입학하는 순간부터 아이가 똑똑해서 돋보이길 바란다. 그러기 위해서 한글, 영어, 과학, 예·체능까지 아예 선행학습을 시도한다.

중요한 건 엄마의 입장이 아니라 아이의 입장에서 생각해 보아야 한다는 것이다. 이 시기의 아이에게 제일 나쁜 교육은 "공부는 재미없고 지겨운 일"이라는 선입견이 생기는 것이다. 실제로 우리 둘째 아이는 유치원 선생님에게 "어머니, 민호는 아무것도 안 가르치셨나 봐요. 할 줄 아는 게 아무것도 없어요"라는 말을 들은 적이 있다. 나는 그 선생님이 너무 불쌍했다. 도대체 6세의 아이가 아무것도 못하는 게 뭐가 문제란 말인가. 이제 배우면 되는 거고 그러자고 유치원에 다니는 게 아닌가 말이다. 그 선생님은 몰랐지만 우리 애는 매미도 잠자리도 맨손으로 잡을 정도로 곤충과 동물을 좋아했다. 종이를 오려서 풀칠도 하고 테이프도 붙여서 탱크도 비행기도 만들었다. 한글은 배워도 잘 몰랐지만 유치원에 다녀오면 하루 종일 있었던 재미난 이야기를 내게 해 주었다. 그리고 요리를 하는 내 옆에서 밀가루 반죽으로 온갖 것들을 만들어 주었다. 유치원에는 우리 애를 좋아하는 친구들이 엄청 많았다. 내가 보기엔 완벽한 아이였다.

학생이 되기 전에 배워야 할 제일 중요한 것은 친구가 잘되었을 때 진심으로 축하해 주는 자존감이 높은 아이로 키우는 일이다. 그래서 칭찬에 목마르지 않게 마음껏 칭찬해 주고 예뻐해 주어야 한다. 그래야 남들에게도 너그러운 마음을 갖게 된다. 간혹 아이에게 칭찬을 너무 많이 해주면 교만해져서 안 된다는 부모들이 있다. 아이가 학생이 되는 순간부터 그 아이가 어떤 아이든지 막론하고 비교, 경쟁, 실패, 좌절에 노출되는 상황이 지속된다. 그러니 칭찬 때문에 아이가 교만해질 걱정은 하지 않아도 될 듯하다. 오히려 더 많은 위로와 격려가 필요할 만큼 아이들의 학교생활도 녹록지 않은 게 현실이다.

학령 전 아이를 키우는 엄마와 아빠 모두 아이와 많은 대화를 하면서 언어와 사고 능력에 많은 자극을 주는 게 필요하다. 모국어를 충분히 배우고 생각하는 훈련을 잘 받은 후에 영어를 가르쳐도 충분하다. 영어나 수학, 과학, 예·체능 등의 조기교육을 해도 되지만 어디까지나 아이에게 그것이 재밌는 일이라는 인상을 심어 주는 것이어야지 스트레스나 지겨운 일로 느껴지게 만든다면 안 하느니만 못한 것이다. 마치 달리기에서 출발점에 서기도 전에 지쳐 버리는 격이다. 무엇보다 앞으로의 긴 경주를 앞둔 아이에게 필요한 건 스스로 존귀한 존재라는 것과 학교는 친구들이 많이 있는 즐거운 곳이고, 선생님은 재미난 것들을 가르쳐 줄 좋은 분이고, 나는 모르는 게 많지만 이제부터 배우면 되는 학생이 된다는 것만 알게 해 주면 된다. 혹시라도 실패하고 넘어졌을 때 언제나 뒤에서 든든히 지켜봐 주는 엄마 아빠가 있음을 기억하고 일어날 수 있는 건강한 아이로 키우는 것이 아이가 학교에 입학하기 전에 부모가 진정으로 해야 할 일이다.

| 아이들에게 엄마란 5 : 초등 1-3학년 |

초등학교 입학식장에서 학부모가 놓치기 쉬운 장면이 있다. 학생이 되는 것에 대해 아이들이 가지는 엄청난 부담과 걱정이 가득한 표정이다. 학교에 가면 친구들이 많다는 소리를 듣기는 했지만, 유치원이나 어린이집에서는 볼 수 없었던 어마어마한 수의 친구들이 마냥 반갑고 좋은 것은 아니다. 우리 집 아이들의 초등학교 입학식 사진에서도 확인할 수 있다. 큰아이는 사립 초등학교에 입학했고, 작은아이는 공립학교에 입학했는데 큰아이가 입학식을 한 후에 반 배정을 받고서 같은 반 친구들과 찍은 사진을 자세히 살펴보면 우리 아이를 포함해서 웃고 있는 아이가 거의 없다.

작은아이는 유치원 시절까지 동네에서 친구도 엄청 많고 최고로 유쾌한 아이였다. 그런데 초등학교 입학식 내내 시름이 가득한 표정은 사진을 찍는 순간에도 펴지질 않았다. 집에 와서는 자기 그냥 유치원으로 다시 보내 달라며 떼를 썼다. 두려움 때문이다. 동네에서 그냥 재밌게 놀던 아이에서 학생이 된다는 부담감이 아이들을 엄청 힘들게 한 것이다. 걱정과 부담은 아이들뿐만 아니라 학부모가 된 아빠, 엄마의 경우에도 마찬가지다. 경험상 아이가 1학년이면, 부모도 1학년이다. 그래서 주변에 있는 학부모들에게 조언을 구하기도 하고, 엄마들의 경우는 아이의 같은 반 친구들의 엄마들과 티타임을 가지는 등 적절한 소통과 정보교환을 하며 부담을 덜고자 한다.

일하는 엄마는 그런 소통을 하기 어려우니 그때그때 필요한 정보를 얻기란 쉽지 않다. 내 경우에는 맨 처음 참관수업에 가서 담임선생님으로부터 우리와 같은 동네에 사는 반 친구 엄마를 소개받아서 소통하며 일하는 엄마라서 놓치기 쉬운 것들에 대해 도움을 받았다. 그다음부터는 학교에서의 교육과 가정에서의 교육이 실전에 돌입한다. 내 경우에는 큰아이가 학습적으로 더딘 상태였기 때문에, 특히나 초등학교 1, 2, 3학년 때는 아이가 학교에서 돌아온 후 나도 학원에서 퇴근한 저녁 시간에 거의 매일 곁에서 숙제와 복습, 예습, 일기 쓰기를 도왔다.

이때 나는 절대로 아이를 앞서 가려 하지 않았다. 먼저 숙제를 스스로 하게 하고 옆에서 지켜보면서 문제를 전혀 이해하지 못했다거나 글씨를 아주 틀리게 썼을 때에만 다시 한 번 스스로 생각해 보고 고치도록 말해 주었다. 아이가 스스로도 워낙 자기는 부족한 편이라고 생각해선지 늘 자신 없어 했지만 서둘지 말고 천천히 자신의 속도에 맞추어 할 수 있도록 배려했다. 그 3년 동안 나는 아이 곁에서 주로 기다렸다. 하루 종일 학원 강의로 지치고 피곤해서 졸기도 했지만 그 자리를 떠나지 않았다. 지루하고 답답할 때도 있었지만, 이전 글에서 말한 대로 말도 제대로 못하던 우리 큰애가 학생이 되고 학교에 다니는 게 그저 감사할 뿐이었다. 4학년이 되고부터는 더 이상 도와줄 필요 없이 스스로 척척 알아서 했다.

언급한대로 나는 일하는 엄마여서 내 교육 방식을 다른 엄마들과 비교할 기회도, 시간도 없었고 큰아이가 비교적 좋은 학습 습관을 갖게 되었기에 둘째 때에도 그 방식을 고수했다. 둘째는 큰아이처럼 말이 어눌하다거나 학습이 어렵거나 하지는 않았다. 그런데 둘째는 뭐든지 민첩하고 빠른 성격이라서 한자리에 오래 붙어 있거나 글씨를 오래 쓰는 것을 힘들어했다. 학습지 같은 것도 매일 조금씩 하기보다 일주일씩 몰아서 하려 했다. 그래서 둘째와는 책상에 붙어 앉아서 숙제든 공부든 일기든 간에 끝날 때까지 지키고 확인하는 게 힘들었다. 그러나 나는 아이에게 꼭 필요한 훈련이라 생각했고 아이와도 나 자신과도 타협하지 않았다. 일하는 엄마든 전업주부든 간에 초등학생이 된 아이들의 학습 습관을 잘 가르치기란 결코 쉽지 않다. 긴 시간 동안 아이들의 학부모로서 가정에서 아이들 곁을 지키며 느낀 점이 몇 가지 있다.

첫째, 학생으로서의 첫발을 내딛는 아이에게 '학생 됨'이 무엇인지를 잘 가르칠 필요가 있다. 학교에서 배운 공부를 집에 와서 다지고 복습해서 자신의 것으로 소화하기, 다음 날 배울 것은 무엇인지 최소한의 정보를 가지고 가기, 일기를 쓰면서 하루를 되돌아보는 일로 마무리하기 등이다. 이 패턴이 완전히 체득되면 그다음부터는 대학

생활까지도 좋은 학습 패턴을 유지할 수 있다.

둘째, 내 아이에게 주목하는 것이 중요하다. 다른 아이들과 비교하지 말고 내 아이의 어제와 오늘의 성과를 보고 칭찬과 격려를 아끼지 않는 것이 중요하다.

셋째, 다른 학부모들에게서 정보를 얻는 것은 생각보다 도움이 되지 않는다. 엄마들이 아이들을 위한다는 생각에 티타임이나 학부모 모임을 가지는데, 나중에 가서 보면 자기들의 사회생활로 그치는 경우가 많다. 내 아이를 가장 잘 아는 사람은 엄마인 나다. 부족해도 아이에게 최적화된 교육 방식을 실행할 수 있는 적임자라는 신념을 가지고 가르쳐야 한다.

넷째, 초등학교 3학년까지는 교과 내용도 그다지 어렵지 않고, 시간적 여유도 있는 편이니 예·체능 과목을 가르치는 것도 좋은 방법이다. 나는 우리 집 아이들이 교회 찬양 반주자가 되기 원했기 때문에 이때부터 꾸준히 피아노를 가르쳤다. 또한 3학년부터는 어휘의 난이도를 조금 높여서 책을 읽게 할 필요가 있다.

다섯째, 초등학교 4학년부터는 대부분의 아이들이 국어와 사회 과목을 따라가기 어려울 정도로 내용이 어려워진다. 국어는 책 읽기를 전부터 꾸준히 한 경우에는 문제가 없지만, 사회 과목은 경우가 좀 다르다. 가능하다면 아빠가 사회 과목을 가르쳐 주는 게 필요하다. 이때 아이들은 아빠로부터 세상을 배울 좋은 기회를 얻게 된다.

결론적으로, 학부모로서의 엄마의 역할은 생각보다 단순하며 '아이'에서 '학생'이 되는 것에 대해 불안하고 염려스러운 아이 곁에서 그 아이가 한 걸음, 한 걸음 걸어가는 것을 지켜보며 도와주고 응원하는 든든한 후원자로 충분하다는 것을 말하고 싶다. 너무 많은 것을 해 줄 필요도 없고, 너무 많은 일들을 해야 한다고 아이를 밀어붙이지도 말아야 한다. 학생으로서의 기본을 습득한 다음부터는 손을 떼도 되는 날이 온다. 그때까지는 지루하고 답답해도 성실히 엄마의 자리에 있어 주는 것이 초등학생에게 필요한 엄마의 역할이다.

| 아이들에게 엄마란 6 : 초등 4학년–졸업 |

앞에서 초등학교 1-3학년의 시간 동안은 엄마가 아이들의 학습을 도와야 한다고 했다. 이것은 내가 교육에 종사해 온 엄마여서, 혹은 어디선가 배운 교육학 이론에서 나온 게 아니다. 학업 자체가 쉽지 않았던 큰아이의 초등학교 입학을 앞두고 나는 간절히 기도할 수밖에 없었다. 기도하면서 주님은 내게 평안을 주셨고, 내가 할 수 없는 큰일이나 감당할 수 없는 시험을 주신 적이 없음을 기억하게 하셨다. 그리고 깊이 생각했다. 세상에는 석·박사 학위를 가진 고학력의 엄마들만 있는 게 아니지 않는가? 학교 문턱에도 못 가 본 시골 할머

니들도 정성스레 아이들을 잘 키워 낸 경우가 얼마나 많은가? 당시에 직장도 다니고 있었던 내게 주님은 무언가를 더 해야 하는 큰 짐을 지게 하시지 않을 것이라는 확신에서 나는 내가 오랫동안 지속할 수 있는 최소한의 역할을 성실하게 감당하리라고 결심했다.

만약, 사정이 생겨서 그 시간을 놓쳐 버렸다면 4-6학년도 늦지 않았다고 생각한다. 그런데 요즘 초등학교 고학년 학생들의 교과서나 참고서를 보면 엄마가 어느 정도는 미리 공부해야 가르칠 수 있는 내용이란 걸 알게 될 것이다. 문제는 뛰어난 가르침을 주라는 게 아니라 아이의 곁에 든든한 후원자로서의 엄마 혹은 아빠의 존재가 필요하다는 것이다. 아이가 중학생, 고등학생이 되었을 때는 이렇게 하기가 현실적으로 어렵고, 아이도 더 이상 원하지 않는다. 그러니 초등학생일 때가 좋은 기회라는 것이다. 부모로부터 이런 교육적인 지원을 받은 아이가 나중에 성인이 되었을 때 부모를 떠나 독립적인 사회인이 되는 데 매우 성공적이라는 연구 결과가 많이 있다.

4,5학년 때는 아이가 소화해야 할 교과 내용이 많아지고 어려워지기 때문에 공부하기 힘들어한다. 이때 섣불리 선행학습을 시도하지 말고 학교 진도대로 꼼꼼히 따라가는 것이 중요하다. 선행학습이라는 것은 현재의 교과내용을 충분히 숙지했다는 걸 전제로 더욱 흥미를 느낄 때 추가로 더 공부하는 것을 뜻한다. 현재의 진도를 다 소화하지 못한 상태에서 이후의 진도가 어떻게 나갈지를 아는 게 무슨 의

미가 있는가 말이다. 주변에 있는 엄마들의 말에 이리저리 휩쓸리다 보면 아이의 상황에 집중하기 어려우니 필요하다면 너무 많은 정보는 차단하는 것도 방법이다. 이 시기에는 충분한 복습이 훨씬 더 중요하다.

이때 엄마가 해야 할 또 하나의 중요한 역할은 교우관계에 대한 것이다. 아이가 학교에서 친구들과 어떻게 지내는지, 친한 친구는 누군지, 여러 친구들과 지낼 때 내 아이는 어떤 유형인지, 친구들 사이에 갈등이 발생하면 어떻게 해결하는지에 대해 유심히 듣고, 그때그때 적절한 조언과 도움을 주어야 한다. 요즘 아이들은 사춘기적 특성을 점점 더 일찍 경험한다. 대부분의 어른들은 막연히 '중2병'이라는 것만 알고 있다. 그런데 그것은 중학교 2학년이 되어서 갑자기 생기는 게 아니라 초등학교 고학년 시기 동안 친구들과 지내면서 알게 모르게 존재했던 갈등이 표면화되는 것에 지나지 않는다. 왕따를 당하는 아이든, 친구를 왕따 시키는 아이든 다 이유가 있다. 아이에게 외부로부터의 부당한 요구에 "싫다"고 말하지 못하는 성향이 있는지, 반대로 공격성이 있는지, 잘못을 지적당했을 때 자신을 돌아보고 고치려는 노력이 있는지, 변명이나 원망·불평으로 일관하며 남의 탓만 하는지를 최대한 객관적으로 살펴보아야 한다.

중학생들과 학부모들을 상담하면서 느낀 바로는, 만약에 이 시기에 친구들 사이에 쉽게 해결되기 어렵고 앞으로도 장기간 지속될 만한 문제가 발생했다면 이사나 전학도 적극적으로 고려해 볼 필요가 있다. 아이들 사이에서 소문은 어쩌면 어른들 사이에서보다 빨리 퍼지고 오래 지속될뿐더러 아이들에겐 갈등 해결이 어렵다. 그래서 새로운 환경이 주어지는 것이 효과적일 경우도 있다. 환경이 바뀌면 아이들은 쉽게 잊고 새로운 환경에 적응하게 되기 때문이다.

6학년이 되면, 아이들은 군인으로 비유하자면 '말년 병장'이 된 셈이다. 자신들이 학교에서는 그야말로 제일 어른이 된 것이다. 그래서 초등학생으로 대우하면 기분 나빠 한다. 학교 공부도 그다지 어려운 내용이나 많은 분량이 아니어서 오히려 여유가 있다. 그들의 상황을 최대한 존중하면서 중학교 진학을 위한 대비를 시키되 고려해야 할 몇 가지 중요한 것들이 있다.

첫째, 아이의 특성에 따라 자기가 좋아하고 잘하는 과목은 부담이 되지 않는 범위에서 선행학습을 해도 무방하다. 이러한 선행학습은 중학교에 가서 공부할 양과 시간을 줄여 주는 효과가 있다. 둘째, 지금까지의 영어 공부는 주로 말하기, 듣기, 읽기, 쓰기 등의 통합형 학습이었겠지만 중학교에 가면 시험을 보게 되고 처음으로 영문법을 배우게 된다. 그런데 대부분의 영문법 용어가 한자어로 만들어져 있기 때문에 한자어의 의미를 빨리 파악하지 못하면 지금까지 배워 온 영어 공부와 다른 것으로 느끼고 어렵다는 선입견과 포기하고 싶어지는 마음이 생길 수 있다. 해서 가능하다면 영문법 용어를 쉽게 해석해 주고 친근감을 갖도록 도와줄 필요가 있다. 셋째, 초등학교 고학년이 되면 자아가 발달하고, 자기가 하고 싶은 일들이 분명해진다. 많지는 않지만 이 시기에 자신의 꿈과 적성을 분명히 드러내고 발견하는 아이들이 있다. 그런 아이들의 경우는 부모가 아이의 은사를 빨리 발견하여 도와주고 지원해 줄 필요가 있다. 분야에 따라서는 아주 어렸을 때부터 훈련해야 할 필요가 있는 경우가 있으니 시기를 놓치지 않도록 도와주어야 할 것이다. 넷째, 초등학교 6학년 겨울방학은 중학교 진학을 앞두고 엄마들이 분주해지는 시기다. 대체로 수학과 영어 선행학습에 몰입하게 된다. 지금까지의 교과 내용을 잘 따라왔다면 해도 좋지만 그렇지 않다면 주변의 분위기에 휩쓸리기보다 그동안 아이에게 부족했던 부분에 집중해서 공백을 메꿔 주는 게 더 바람직하다고 본다. 그리고 중학교에 가서 더 어려워지는 국어 과목을 대비해서 책을 읽고 깊이 생각하는 습관을 길러 주는 것이 더 중요하다. 다섯째, 중학생이 되면 특히나 남자 아이들은 집에서라면 모를까 밖에서는 절대로 엄마랑 함께 다니지 않는다. 친구들 사이에서 그건 창피한 일이 된다. 그만큼 친구들이 중요하고, 그 사이에서 일어나는 일들이 너무 중요해진다. 엄마의 백번 잔소리보다 친구의 한 마디가 훨씬 효과 있어진다. 그러니 초등학교 6학년 겨울방학은 어쩌면 사춘기를 앞둔 아이와 친밀하게 보낼 수 있는 마지막 시간일 수도 있다. 방학 중에 가족 여행이나 함께 즐겁게 보낼 수 있는 시간과 추억을 만드는 일을 권하고 싶다.

실패, 해도 괜찮아!(아빠의 회개)

아이들이 중학생일 때가 양육에 있어서 가장 중요한 때라는 걸 대부분의 부모들은 그 시기가 지나고 나서 알게 된다. 아이들이 초등학교 시절까지는 학교와 가정에서 순종적으로 지내기 때문에 부모들은 자신의 양육 방식이나 인품을 과신하기 십상이다. 더군다나 인생에서 별다른 실패 없이 살아온 부모는 그 나이쯤이면 사회적으로도 인정받는 지위에 오르는 시기가 된다. 그러니 자신에게도 문제가 있다는 사실에 대해서 돌아볼 계기를 갖기란 쉽지 않다.

우리 집도 그랬다. 큰아이가 중학교 1학년이 되었을 때, 평소 불합리하다고 생각되어도 일단 참고 속으로 삭이는 성격인데 결국 어느 날 터졌다. 자기가 아무리 잘해도 칭찬은 하지 않고, 무엇을 조금이라도 잘못하면 바로 야단을 치는 아빠 때문에 자기는 숨이 막혀서 살수가 없다는 것이다. 심상치 않은 기운을 느껴서 남편에게 말해 주었다. 자신은 미처 못 보고 있는 자기의 모습에 대해 전해 주기란 나로서도 쉽지 않았다. 하지만 아이를 살리고 볼 일이었다. 남편이 며칠 밤을 잠 못 이루며 아프게 돌이키는 모습을 지켜보며 기도했다. 자수성가하시고 33년간 공직 생활을 해 오신 시댁에는 숨 막히는 완벽주의의 기운이 흘렀다. 시집을 가서 시댁의 가훈을 듣는 순간 나도 숨이 막혔다. "필요한 사람이 되자!"였다. 속으로 생각했다. '이 집에서 불필요한 사람이 되면 큰일 나겠다.'

뭐든지 잘하는 건 당연한 거고, 뭘 잘못하면 절대로 안 될 것 같은 분위기가 있었다. 따라서 칭찬을 들을 일은 없었던 거다. 당연한 일을 한 거니까. 난 왠지 그런 분위기에서 자란 남편이 불쌍했다. 남편은 평생 대학에서 학생들을 가르치고, 책을 읽고, 논문을 읽고 쓰는 게 업인 사람이다. 그래서인지 어떤 글을 볼 때 정자(正字)로 잘 쓰인 것보다 오·탈자가 더 빨리 눈에 들어오는 사람이다. 자기도 모르게 몸에 밴 습관대로 아들이 뭘 잘못했을 때만 바로 야단을 친 거다. 그러니까 그때까지 큰아이에게 아빠는 혼만 내는 사람이었던 거다. 남편이 스스로를 돌아보는 시간 동안 주님은 위로도 주신 듯하다. 큰아이에게는 "아빠가 기도하고 있으니 너도 기도하면서 곧 있을 수양회에서 하나님께서 어떻게 말씀하시는지 기다려 보자"고 했다.

수양회 첫날, 너무나 정확히 선포된 메시지를 듣고 남편은 펑펑 울며 아들에게 갔다. "네 마음이 어떤지도 모르고 오직 내 중심적으로, 내 방식대로 혼만 내서 너를 숨 쉴 수 없게 한 나의 언행이 인격살인이었다"며 용서를 구했다. 아들은 "나를 가장 사랑하는 부모님조차도 내 마음에 흡족하게 해 주시지 않을 때는 이렇게 많이 미워하는 제가 진짜 죄인임을 깨달았다"고 했다. 그날 아들은 예수 그리스도를 자신의 구주와 주인으로 영접했다. 꼭 필요한 사람이 되지 못

해도, 실패해도 괜찮다. 왜냐하면 우리는 모두 실패하는 사람들이기 때문이다. 늘 실패하는 사람들을 데리고 영원한 하나님의 나라를 이뤄 가시는 하나님의 권능을 바라보며 살아가는 존재가 인간이기 때문이다. 그리스도의 가정이란 문제가 없는 가정이 아니라 여전한 문제가 있지만 십자가 아래서 서로의 죄 짐을 내려놓고 그 능력으로 다시 일어나서 어떤 문제도 해결이 되는 그런 가정임을 다시 한 번 믿고 확인하는 귀한 시간이었다.

| 아이들에게 엄마란 8 : 중학교 |

교회 안 다니는 친구랑 놀아도 괜찮아!(엄마의 회개)

둘째 아들은 어려서부터 친구를 좋아했고, 손님이 집에 오는 것을 너무 좋아해서 늘 자고 가라고 붙잡는 아이였다. 특히 주말에 친구들을 불러서 우리 집에서 놀다가 같이 자고 다음 날 가는 sleep over, 일명 파자마 파티를 좋아했다. 당시에 우리 가족은 같은 동네에 교인들이 모여 살던 작은 교회를 다니던 터라 교회 친구들만으로도 꽤 또래들이 있었다. 나도 파자마 파티를 적극 지원해 주었지만, 조건이 하나 있었다. 함께 먹고 자는 친구는 교회 친구로만 제한한 것이다. 아들은 학교에서 사귄 친구들 집에도 놀러가서 자고 올 수 있게 해 달라고 했지만 그 집이 어떤 집인지, 가족들의 상황은 어떤지 알 수 없으니 안 된다고 했다. 말은 그렇게 했지만 난 사실 아들이 교회를 안 다니는 친구들과 지나치게 가까이 사귀는 게 싫었다. 신앙으로 잘 키우고 싶다는 명목이었으나, 솔직히 말하면 불신 가정 안에서 특별히 더 배워서 좋을 게 뭐가 있겠나 하는 생각을 했었다. 내 마음속에 세상과 교회는 철저히 분리되어 있었다.

아들의 입장에서는 태어나 보니 자기는 교회 안에 있었던 거다. 늘 보는 사람들이 교회 이모와 아찌들이고, 목사님, 전도사님이었던 거다. 그러니 익숙한 교회 식구들보다 웃기고 재밌는 학교 친구들의 집에도 가 보고 싶었던 건 당연했다. 그런데 나는 원칙을 한번 정하면 쉽사리 타협하는 엄마가 아니었다. 아들에게는 그런 엄마 때문에 하나님을 믿는 사람들은 믿지 않는 사람들과 사귀는 걸 좋아하지 않는다는 잘못된 선입견을 심어 준 것이다. 그리고 아들이 초등학교를 다니는 내내 나는 기도회를 겸한 수요(오전)예배를 한 번도 빠진 적이 없었는데, 당시 학교에서 실행하는 학부모 참관수업이 매번 수요일 오전이었다. 나는 당연히 예배가 먼저라고 생각했고, 학교가 아이를 교육시키지만 하나님께 예배하고 기도하러 가는 게 더 중요하다고 생각해서 한 번도 참관수업에 가지 않았다. 아들에게 설명하고 양해를 구했지만 사실 통보에 더 가까웠다. 자기도 엄마가 교실에 오면 쑥스러우니 잘됐다고 하기에 괜찮은가 보다 했다.

그런데 문제는 역시 중학교 때 터졌다. 친구가 더 중요해지는 중학교 시절에도 나의 교육 방침은 바뀌지 않았다. 안 된다고 하는데도 교회 밖 친구들과 놀고 그 친구 집에서 자고 오겠다고 고집을 피우는 아들에게 강경한 태도로 대응하고 말았다. 그러자 엄마는 교회 안 다니는 친구들과 놀지도 못하게 하고, 교회에 가느라 자기가 초등학교 다니는 내내 참관수업도 한 번도 안 왔다며 불만을 토해 냈다. 그리고 하나님을 믿는 건 하지 말라고 하는 게 너무 많고, 교회 안 다니는 친구는 왜 못 만나게 하냐고 울먹였다. 그때까지도 나는 아이를 납득시키려고만 했지 내가 잘못한 일이라고는 생각하지 못했다. 아이가 나 때문에 그렇게 마음이 상했다고 하니 비는 건 어렵지 않았다. 하지만 자녀 양육에 있어서 내 안에 깊이 뿌리내린 영육이원론에 대해 뼈저리게 느끼고 회개한 건 신학 공부를 하고 나서라고 말하는 것이 맞다.

먼저, 교회 밖 친구들을 만나지 못하게 막은 건 세상과 교회를 분리해서 기독교적인 문화 안에서만 성장시켜야 한다고 생각해서였다. 거룩하고 구별된 그리스도인이 되라고 하셨고 나 자신도 그것을 추구하며 산다고 생각했지만, 사실은 독선적이고 분리된 그리스도인의 모습이 나의 실상이었던 것이다. 그리고 열세 살짜리 아들에게 그것을 납득하라고 강요하고 있었던 것이다. 그리고 주일예배도 아니고 수요예배와 기도회 한 번 빠지고 아들의 학교에 참관수업을 하러 가는 게 무슨 죄라도 되는 양 나는 그렇게 어린 아들에게 하나님은 왠지 엄격하고, 만약 곁길로 가면 회초리를 들고 굳은 표정으로 내려다보는 무서운 존재로 각인시키고 있었던 것이다.

시간이 갈수록 깊이 깨달아지는 나의 미숙하고 미성숙한 신앙의 모습에 대해 아들의 마음이 풀릴 때까지 두고두고 사과했다. "그래, 그 때는 엄마의 신앙이 너무 어리고 미성숙해서 어린 네 마음에 준 상처에 대해 뼛 속 깊이 뉘우치고 있어. 미안해!"라고 수없이 말했다. 그 후로는 교회 밖 친구들도 훌륭하고 배울 점이 많으니 폭넓게 사귀고 좋은 것들을 마음껏 나누라고 말했다. 그리고 교회 일과 아이를 챙겨야 하는 일들이 겹칠 때는 융통성을 발휘해서 대처하게 되었다. 교회를 다니고 신앙생활을 하면서 내 안에 잘못 뿌리내린 영육 이원론이 아이들의 마음에 상처를 주고, 나아가 하나님에 대한 오해까지 불러일으킨 아찔한 순간이었다. 상처 입은 어린 마음과 자칫 가지지 않아도 되는 하나님에 대한 오해도 오직 은혜로 풀어 주셨다. 미련한 어미 위에 계신 하늘 아버지가 아니면 아이들은 정말 키우기 어렵다.

| 아이들에게 엄마란 9 : 중학교 |

반항, 비행 청소년이 많은 게 아니라 성숙한 어른이 없기 때문!

초등학생 때까지 순종적이었던 자녀들이 중학생이 되어 반항하기 시작할 때 일반적으로 부모들은 놀라서 아이를 설득하려고 하다가 문제가 더 커지는 것을 경험한다. 아이는 자신의 의견을 주장하다가 받아들여지지 않으면 갈등이 고조되고 급기야 평소 부모에게 가졌던 불만과 분노를 쏟아 낸다. 공격을 받았다고 생각되는 부모는 충격과 노여움에 휩싸여서 이성적으로 접근하지 못하고 부모의 권위로 아이를 억압하는 방식을 택하게 된다. 대화는 중단되고 갈등은 심화된 채 몇 날 며칠간의 냉전이 지속된다. 부모는 받아들이기 힘들겠지만 사춘기 자녀의 반항은 일단 긍정적인 사인(sign)이라고 말할 수 있다. 오랫동안 중·고생들을 가르쳐 온 경험상 대부분의 아이가 반항을 한다는 말은 자기가 어떤 행동을 해도 부모가 수용해 줄 것이라는 믿음이 있을 때 일어나는 일이기 때문이다. 아이들이 아무리 철이 없어도 누울 자리를 보고 다리를 뻗기 마련이다. 가장 불쌍하고 걱정스러운 경우는 부모의 사랑에 대한 확신이 없어서 차마 반항도 못하는 아이들이다. 그러니 아이가 반항을 할 수 있는 부모가 됐다는 건 노여워할 게 아니라 오히려 기뻐할 일이다.

의존적인 존재로 살아오던 초등생 때와는 달리 자기 자신도 도저히 통제되지 않는 감정과 생각과 판단을 하게 되는 사춘기는 자아가 성장하고 인격이 형성되는 중요한 시기이다. 그 시기의 아이들이 제일 심하게 겪는 문제는 주로 동료집단(peer group)에서 일어난다. 이때는 부모의 백 마디 잔소리보다 친구의 한 마디가 더 큰 영향을 미친다. 그렇기 때문에 부모는 이 시기에 자녀가 사귀는 친구들의 성향과 그 집단 안에서 자신의 아이는 어떤 아이인지를 파악할 필요가 있다. 주도적으로 이끌어가는 유형인지, 다수의 의견에 따라가는 수동적인 유형인지, 자신의 의견을 잘 표현하는지, 잘 연합하는 스타일인지, 혼자서 튀는 스타일인지, 그 그룹 안에서 소외되는 아이는 없는지, 다른 아이를 소외시키는 아이는 없는지, 갈등이 생겼을 때 해결하는 방식은 어떤지 등등을 잘 파악할 필요가 있다. 그 시기의 아이들은 어느 한순간 친구의 말 한 마디에 마음이 상해서 큰 좌절을 경험하기도 하고, 미숙한 소통 방식으로 인해 한 마디 말이 와전되어 친구 관계가 무너져 불통이 되거나 왕따나 폭력으로 이어지기도 한다.

평소에 아이들 사이의 관계를 파악하고 있으면 문제가 발생했을 때 해결이 쉽지만 그렇지 않으면 모든 문제를 역순으로 따라가며 풀어야 하기 때문에 굉장히 힘들어진다. 그러나 부모에게 문제를 털어놓을 수 있다면 그때부터는 해결의 실마리가 보인다. 이 시기의 아이들은 미숙한 판단력과 문제 해결 방식으로 인해 해결이 어려우니 부모의 개입이 절대적으로 필요하다. 반면에 부모와의 관계에서 문제가 생기는 경우는 좀 더 지혜롭고 조심스럽게 풀어갈 필요가 있다. 20여 년을 선생으로 살면서 알게 된 사실은 아이들에게 비판받지 않는 부모는 거의 없다는 것이다. 완전한 부모가 없고, 스스로 완전하다고 생각해서도 안 된다. 부모의 불합리한 점과 삶의 방식, 아이를 대하는 방식에서 불만을 느낄 수밖에 없는 아이의 감정과 생각을 이해해야 한다. 아무리 부모라도 백프로 아이의 마음에 다 들 수는 없다. 부모라도 자기 자신의 연약함을 그냥 받아들이면 된다. 그리고 아이가 부모에게 불만을 토로하는 내용은 그 날 갑자기 생긴 불만이 아니라는 점을 기억해야 한다. 자신을 키워 주고 보호해 주는 권위자의 문제와 단점을 이야기하는 아이의 심정이 어떨지 헤아려야 한다. 얼마나 참고 참다가 하는 한 마디이겠는가 말이다.

이때 만약 아이에게 "어디서 아빠(엄마)한테 그런 말을 해!"라거나 "내가 너를 어떻게 키웠는데 감히…"라고 말한다면 대화는 거기서 끝나는 거다. 힘들어도 일단 삼키고, 아이가 그런 생각을 할 수밖에 없게 만든 자기 자신을 돌아보아야 한다. 사람은 타인에게 꼭 필요한 것과 사랑을 주기도 하지만 절대로 주어서는 안 되는 상처를 주기도 하는 존재임을 기억할 필요가 있다. 부모라도 사람은 그럴 수 있다. 인정하고 다시 잘해 나가면 된다. 그 이상을 생각하고 노여움과 분노를 쏟아 내는 건 누구에게도 득이 되지 않는 길이다.

아이들이 바이크를 타고 굉음을 울리며 도로를 질주하는 것은 "난 지금 너무 힘들어요"라고 말하고 있는 것이다. 가출을 하고 자기와 비슷한 상황에 처한 친구들과 함께 지내는 것은 "내 아픔을 좀 이해해 주세요"라고 말하고 있는 것이다. 술 취함과 방탕과 중독에 빠져 있는 아이들은 "진짜 행복이 뭔지 도저히 모르겠어요"라며 울고 있는 것이다. 그중에 제일 불쌍한 아이들은 반항도 거역도 못하고 집안 어딘가에 웅크리고 앉아 있는 아이들이다. 함부로 비행 청소년이라고 말하지 말자. 그저 그 아이들을 품을 만한 성숙한 어른들이 없어서 미안하다고, 부족하지만 이제라도 고쳐볼 테니 함께 힘을 합해서 헤쳐 나가 보자고 손을 내밀어야 할 것이다.

| 아이들에게 엄마란 10 : 중학교 |

학업 이전에 아이의 적성과 은사를 발견하라!

앞선 글에서 사춘기를 겪는 중학생 자녀에게 아빠로서, 엄마로서 스스로 돌아보아야 할 점들과 반항과 갈등을 겪는 아이들을 어떻게 품어야 할지에 대해 살펴보았다. 그러나 모든 중학생 아이들이 그런 사춘기의 갈등을 겪는 건 아니다. 이미 겪었을 수도 있고 앞으로 겪을 수도 혹은 안 겪고 지나갈 수도 있다. 부모와의 관계와 친구들과의 관계가 원만하다면 감사할 일이다. 그런 경우에는 자녀가 학업에 전념하도록 도와야 한다. 먼저 아이가 오랫동안 해도 싫증내지 않고 재밌어 하고 좋아하고 잘하는 것이 무엇인지, 즉 적성 내지는 은사를 파악하는 것이 가장 중요하다. 고등학교에 가서 꿈을 발견할 수도 있지만 정말 아이의 은사라면 중학교 3학년까지는 충분히 발현될 수 있고, 본인이 미처 발견하지 못하더라도 이것을 찾아내고 계발하는 일은 부모의 역할이라고 본다. 그리고 담임선생님과 담당 과목

선생님의 객관적인 의견도 참고할 필요가 있다.

적성과 은사가 확인되면, 그 분야의 입시과정과 졸업 후 가능한 진로 등에 관해 알아보고 고교 진학과 입시 요건 등을 살펴보아 아이가 불필요한 노력과 시간을 들이지 않고 자신의 분야에 필요한 공부에 집중할 수 있게 도와줄 필요가 있다. 이 과정에서 부모의 경험이나 지식을 강요하거나 부모가 이루지 못했던 꿈을 강요하는 일은 없어야 한다. 입시는 늘 현재 필요한 요건과 상황 위주의 정보가 필요한 것이기에 부모가 경험한 과거의 데이터는 사실상 중요하지 않기 때문이다. 본격적으로 입시의 실전과정인 고등학교 입학 전 단계인 중학교 시절은 입시의 예행연습을 하는 시기라고 할 수 있다. 고등학교에 들어가면 첫 중간고사부터 내신 성적이 기록으로 남고 이것은 수능 점수와 함께 대학 입시에 결정적인 요건이 된다. 그러기에 실전이라고 부르는 것이고, 1학년에서 3학년으로 갈수록 성적의 반영 비율이 높아지긴 하지만 모두 반영되기에 기본적으로 연습은 불가능하다. 중학교 기간에 학교 시험을 치르면서 시험을 앞두고 집중학습을 하는 훈련과 함께 시험 결과에 지나치게 연연하지 않는 멘탈 훈련도 스스로 해 두어야 한다.

특목고 진학을 고려하지 않는다면 중학교 내신 성적은 대입에 반영되는 성적이 아니니 시험을 보되 점수에 너무 민감할 필요는 없다. 대신에 중학교 시절에 결정해야 하는 입시의 큰 방향들이 있다. 먼저, 아이가 학습 성향상 문과인지 이과인지 잘 관찰해 두어야 한다. 문과 성향이라면 학문적·문학적인 글을 이해할 수 있도록 독서와 논술 공부를 해 둘 필요가 있다. 이과 성향이면 고등학교 입학 후를 대비해서 수학 과목의 학습량을 늘릴 필요가 있다. 영어 공부는 초등학교 시절에는 말하기·쓰기·읽기·듣기를 종합적으로 공부했다면 중학교부터는 시험을 보고 성적을 내는 방식으로 전환되기 때문에 문법·어휘·독해 위주의 학습방식으로 바뀐다. 문법 용어가 대부분 한자어로 구성되어 있어서 그 의미를 잘 파악하지 못하면 아이들은 초등학교 때 배운 영어와 중학교 영어가 다른 것으로 착각할 수 있고, 겁을 먹고 포기하는 경우가 종종 있다. 이때 아이들이 그런 용어들을 잘 이해하고 따라가고 있는지 체크해 줄 필요가 있다. 고등학교에 비해 상대적으로 시간 여유가 있을 때, 가능한 한 많은 어휘를 암기해 두면 수능 대비와 내신 관리에 유익하다.

학교 수업 외에 부모가 학업에 모든 도움을 줄 수 있는 경우가 아니라면, 진로와 관련한 주요 과목의 실력이 부족할 때는 사교육의 도움을 받을 필요가 있다. 학원이나 과외 등 사교육을 하게 되는 경우에는 아이들을 향한 열정과 사명감을 가진 학원이나 선생님을 신중히 선택해서 지속적으로 아이의 학습을 돕도록 해야 한다. 신앙을 가진 부모들 중에 입시 요건이나 과정에 무지하고 사교육도 기피하면서 기도로만 아이를 키워야 한다고 생각하는 부모들이 간혹 있다. 그런 경우는 학부모로서의 책임을 다하고 있는지, 혹시나 그 책임을 신앙이라는 이유로 회피하고 있는 건 아닌지 돌아볼 필요가 있다. 부모로서 아이의 학업에 대해 지나친 관심과 강요는 지양해야 하지만, 아이의 적성과 은사를 발견하고 계발하도록 돕고 입시의 큰 틀에 관해 꼭 필요한 내용을 알아보는 일에는 반드시 노력을 기울여야 한다. 필요하다면 일반은총의 차원에서 정규 학교 교육뿐 아니라 학원 등의 학습도 활용하여 아이에게 최선이 무엇일지 기도하며 부모로서 의무와 책임을 다해야 할 것이다.

│ 아이들에게 엄마란 11 : 고등학교 1·2학년 │

꿈 그리기!

자녀 교육에 있어서 부모의 개입이 늘 필요한 건 아니다. 오히려 한국 부모에게는 자녀 교육에서 힘을 빼는 것을 강조해야 할 정도로 대부분 학부모의 교육열이 높은 게 사실이다. 하지만 고등학생 자녀는 특히 대입을 앞두고 있는 시점이기 때문에 부모의 '적극적'이라기보다는 '지혜로운' 개입이 필요하다. 앞선 글에서 나는 초등학교 저학년(1-3학년) 자녀를 둔 학부모는 '학생 됨'에 대해서 적극적으로 가르치고, 좋은 학습 습관을 키워 주는 것이 중요하다고 강조했다. 그것이 시작이었다면 고등학교 3년은 그 마무리에 해당한다.

한국 사회는 인생에서 대학 입시를 통해 결정되는 것이 너무나 많다. 대학원 진학도, 취업도, 승진도, 사회생할에서의 인맥도 어느 대학교 출신인지에 따라 좌우되곤 한다. 그것이 최우선적으로 중요해서가 아니라 그러한 환경이 부인할 수 없는 현실이기 때문에 직시해야 한다는 뜻이다. 그리고 무엇보다 대학 입시의 결과는 절대적인 것은 아니지만 그간의 교육 기간 동안 학생으로서 마땅히 해야 할 학업과 성실, 책임감의 척도로서 작용한다는 사실이다.

먼저, 고등학교 1학년 기간에는 중학교 때와는 다른 학사 일정, 즉 3월 모의고사를 시작으로 중간고사와 학기말고사 사이사이에 끼어 있는 모의고사 일정에 익숙해져야 한다. 내신 시험은 학교마다 패턴이 다르고 담당 선생님마다 출제 스타일이 다르기 때문에 수업을 충실히 들으면서 선생님이 강조하시는 사항을 꼼꼼히 체크해 주어야 시험에 대비하는 데에 유리하다. 다시 말해, 수업을 들으면서 내신 시험을 어느 정도는 준비해 두는 것이 요령이다. 만약 그 학년, 그 과목에 다른 담당 선생님의 출제 순서라면 다른 반 친구들을 통해 그 선생님의 강조점을 알아 두면 시험 준비에 도움이 될 수 있다. 내신 성적 관리는 꼼꼼함과 성실함이 관건이다.

그리고 좋아하는 과목에만 집중하고 별로 관심이 가지 않는 과목을 소홀히 하는 이른바 '과목 편식'은 바람직하지 않다. 왜냐하면 대학 입시는 고등학교 3년 과정을 통틀어서 평가하기 때문에 어느 대학교 어떤 학과에 지원하느냐에 따라서 혹시라도 소홀히 했던 과목의 성적이 입시에 발목을 잡을지도 모른다는 생각을 가지고 최대한 모든 과목에 최선을 다해야 한다. 예체능 과목도 열심히 해야 하는데 소질이 없고 다소 부족하더라도 최선을 다하는 모습을 보이면 선생님들도 최저점을 주지는 않는다는 것을 명심하고 정성껏 수업에 임해야 한다.

모의고사 준비는 성적이 기록되는 시험이 아니지만 정시로 대학을 갈 경우 결정적인 시험이 될 수 있으니 장기적인 전략을 세우고 먼저 본인의 약점과 강점을 파악해야 한다. 고1·2 때는 기출모의고사나 수능 예상문제를 풀기보다는 자신의 부족한 실력을 채워 가는 데에 중점을 두어야 한다. 수능 모의고사는 일정한 패턴이 있는 시험이기 때문에 각 패턴에서 묻고 있는 핵심을 파악하는 게 중요하다. 그렇게 반복적인 학습을 통해 시행착오를 거치면서 오답률을 줄여가야 한다.

이 시기에는 중학교에 비해 늘어난 수업과 시험 때문에 수면시간이 불규칙해진다거나 소화가 잘 안된다거나 하는 문제가 발생할 수 있으니 어머니들은 아이들의 건강과 체력 관리에 신경을 써야 한다. 지각이나 결석 등 출결관리에도 각별히 신경을 써 주어야 한다. 수시 전형에 지원할 경우에 출결사항도 당락의 결정 요인이 될 수 있기 때문이다. 그리고 고등학교에 가서도 친구관계는 매우 중요하다.

힘든 학업과 경쟁적인 입시에서 동료 친구들과의 관계는 스트레스를 낮춰 주고 자신의 문제를 객관화시키는 데에 큰 힘이 된다. 그러니 어떤 친구들과 친하게 지내는지, 친구들 사이에서 내 자녀는 주로 어떤 관계를 누리고 있는지 유심히 관찰해 둘 필요가 있다. 고등학교 3년간의 수험생활의 스트레스 해소를 위해 본인이 좋아하는 취미생활을 갖는 것도 바람직하다. 3년 내내 긴장과 스트레스 속에서 살아갈 수는 없기 때문이다.

고등학교 1·2학년 기간 동안 제일 중요한 건 학생 자신의 "꿈 그리기"이다. 무엇을 하고 싶은지, 어떤 일을 하면 오래도록 해도 싫증이 나지 않을지 생각해야 한다. 그리고 그 분야에는 어떤 직업들이 있는지, 할 수 있다면 현재 그 직업을 가지고 일하고 있는 분을 찾아가서 현실적인 이야기를 듣고 깊이 생각해 보기를 추천한다. 거기서 본인의 가능성을 발견했다면 그 길로 가기 위해 어떤 대학교에 어떤 전공을 택해야 하는지, 만약에 수시 전형으로 가려면 어떤 스펙이 필요한지 알아보는 것도 중요하다. 이 모든 것들을 알아보고 가능성을 타진하는 일에 있어서 학생 혼자로서는 버거울 수가 있으니 학부모의 도움이 필요하다. 그러나 처음부터 부모가 주도적으로 개입하지 말고 자녀 스스로 알아보고 조사하는 과정에 도움을 청하면 도와주는 방식이 더 바람직하다.

어떤 부모님들은 고1 때 3월 모의고사나 첫 중간고사 성적표를 보고 대학 입시 결과를 예상한다고 하는데 그건 너무 성급한 판단이라고 생각한다. 우선 고등학교 학년별로 성적 반영 비율이 달라서 고1 때의 성적이 고3까지 이어진다고 보는 건 어폐가 있다. 오히려 고등학교 1학년에서 3학년에 이르기까지 점진적으로 향상되는 성적이 나오면 입시에 더 유리할 수 있다. 그러니 아이가 차근차근 입시에 적응하도록 도우면서 천천히 용기를 주어서 열심히 하면 해낼 수 있는 일이라는 긍정적인 생각을 갖도록 부모가 지혜롭게 도와주면 좋겠다.

| 아이들에게 엄마란 12 : 고등학교 3학년 |

입시의 실전 훈련 기간

한국의 입시 현실에서 고3 학생의 1년은 그야말로 긴장의 연속이다. 이 시기에 부모는 아이와 함께 장거리 경주를 하는 페이스메이커(pace maker)의 역할을 감당한다고 보아야 할 것이다. 고등학교 3년 내내 아이가 성장해 가는 것처럼 부모도 성장해 갈 것이다. 자녀와 부모 모두 지나온 시간 동안 무엇을 취하고 무엇을 버려야 할지를 배우고 터득한 것들이 있을 것이다. 그 지혜를 바탕으로 부모는 옆에서 아이를 지켜보면서 도와주어야 한다.

모의고사를 보고 온 날과 내신 시험 기간에는 아이의 시험 성적에 집중하기보다는 아이의 마음에 집중하는 부모가 되어야 한다. 성적은 이미 결정된 것으로 누구도 바꿀 수 없는 것이다. 이때 아이가 옆에 있는 친구들과 자신의 성적을 비교하지 않도록 도와주어야 한다. 남들과의 비교는 스스로의 마음을 지옥으로 만드는 길이다. 그보다는 자신이 과거에 받았던 시험 결과와 현재의 결과를 비교하고 분석해서 앞으로 어떤 점을 고치고 분발해야 할지를 진단하고 계획하도록 도와주는 일이 중요하다. 특히 내신 시험은 며칠 동안 진행되는 시험이기 때문에 어제의 시험 결과가 내일의 시험에 영향을 주지 않도록 멘탈을 관리하는 게 관건이다. 수시 전형에 지원할 경우 3학년 1학기 성적까지는 들어가기 때문에 끝까지 모든 과목에 최선을 다해야 한다.

고1·2 학년의 내신 성적을 고려했을 때, 정시에 올인하는 것이 현명하다고 판단될 경우는 정시에 집중하는 것도 필요하다. 수능 시험의 패턴에 집중할 뿐만 아니라 기출문제나 예상 문제를 반복적으로 풀어보고 자주 틀리는 유형의 문제들의 특징과 자신이 부족한 부분을 파악해서 보충할 필요가 있다. 그리고 수능 대비학원 실전반이나 과외를 통해서 유형별 풀이방법 내지는 요령을 배울 필요가 있다. 이때 필요하다면 학부모는 재정적 지원도 아끼지 말아야 한다. 아이의 인생에 도움이 꼭 필요한 시점이니 말이다.

학생들에게 흔히 찾아오는 슬럼프는 꽃피는 5월이나 여름방학이 있는 8월이다. 5월에는 날씨도 따뜻해지고 밖에 나가고 싶은 날이 많아서 유혹과 시험이 함께 찾아온다. 고3 기간 일 년을 놓고 보면 학생들 모두가 열심히 공부한다. 그렇다면 승패를 좌우하는 기간은 결국 이 슬럼프 기간이 될 수 있을 것이다. 이때 집중력을 잃지 않고 계속 공부를 하게 된다면, 입시 결과에 반드시 좋은 영향을 미칠 것이다. 그리고 여름방학에 슬럼프가 오는 것은 지나친 계획 때문이다. 학기 중에 계획한대로 학습이 잘 진행되지 않았다는 초조함 때문에 방학 때 많은 보충학습 계획을 세운다. 그런데 날씨는 덥고 방학은 짧다. 그래서 계획대로 잘되지 않을 경우 포기하고 싶은 마음까지 들 수 있다. 그러니 여름방학 기간에는 너무 많은 계획을 세우기보다는 지금까지 공부한 것들을 잊어버리지 않도록 충분히 복습을 해두는 것도 좋은 방법이다. 그러면서 놓친 것들을 차근차근 되짚어가며 알아두는 것도 매우 유용한 학습법이다.

6월과 9월 모의고사는 수능 난이도를 결정하는 중요한 시험이다. 앞서 언급한 슬럼프인 5월과 8월의 학습은 그래서 더욱 중요하다. 그 기간에 학습에 집중했는지의 여부가 시험 결과를 좌우한다. 그리고 9월 모의고사를 보고 나면 찬바람이 불면서 수능날이 코앞으로 다가옴을 아이들이 피부로 느낀다. 이때부터 시험 당일의 긴장을 늦추는 현실적인 대안은 학교 수업을 하면서도 수능날의 시간표(1교시 국어, 2교시 수학, 3교시 영어, 4교시 한국사/사회·과학·직업 탐구, 5교시 제2외국어/한문)

를 염두에 두고 생활하는 것이다. 특히 3교시 외국어영역 시간에는 점심 식사 이후 식곤증으로 인한 졸음과 집중력이 떨어지는 문제를 스스로 해결할 수 있도록 방법을 찾아야 한다. 수능 당일에 긴장하면 다 되겠지 하는 안이함보다는 평소에 점심 식사 후 바깥에 나가서 간단히 체조를 한다거나 사탕이나 초콜릿 섭취를 통해서 집중력을 끌어올리는 훈련을 해 두어야 한다. 모의고사 날이면 유독 먹은 음식이 소화가 잘 안되는 학생들은 시험 날 무릎 담요를 가지고 몸을 따뜻하게 하고 시험을 보는 습관을 들인다든지 하는 자신만의 관리가 필요하다.

고3 수험생활 동안 수면시간을 줄이는 경우를 종종 보게 되는데 이것은 현실적으로 장기간 지속 가능한지를 먼저 점검할 필요가 있다. 자신이 최소한 몇 시간을 자야 하는지를 스스로 판단해서 그 시간 동안은 충분히 자는 것을 추천한다. 그리고 나서 깨어 있는 시간 동안 열심히 공부하는 것이 바람직하다고 본다. 공부를 하다가 너무 졸릴 때 집중이 잘 안되는데도 깨어서 계속 책을 본다거나 각성제나 드링크를 마시는 등의 방법은 권할 만하지 않다. 차라리 20분에서 30분 정도 잠시 수면을 취하고 나서 일어나서 다시 집중하는 편이 훨씬 더 효과적이라고 본다. 이렇게 일 년간 컨디션을 잘 조절하고 차근차근 해 나가다 보면 자신만의 학습 방법과 자기 관리법이 생겨서 수능 당일에도 별 무리가 없이 시험을 치를 수 있게 될 것이다.

현직 고등학교 선생님들의 경험에 따르면 고3 일 년 동안에도 반 석차와 학년 석차는 계속 바뀐다고 한다. 각각의 시험 결과에 일희일비하기보다는 일 년간의 긴 호흡에 맞춰서 장기적인 계획을 가지고 꾸준히 실행하다 보면 소기의 목적을 달성할 수 있을 것이다. 아직 어린 자녀가 긴 안목을 가지고 공부를 한다는 건 불가능에 가까운 이상일 수 있으니 부모의 지혜로운 조언과 격려가 필수적이다. 그리고 가능하면 부모가 아이의 시험 성적에 매번 예민하게 대응하지 말길 바란다. 다소 초조한 마음이 들더라도 아이를 위해 기도하는 마음으로 한 발 물러서서 일 년 동안 꾸준히 경주를 이어 가야 하는 아이의 심정에 가까이 가서 함께 보조를 맞추어 가는 친절한 페이스메이커로서의 부모의 역할을 감당해 주길 바란다.

제3부

이 시대,
여성으로 살아가기

1
페미니즘 VS 십자가

80년대 후반에 여대에서 철학을 전공한 나는 여성학이라는 과목을 학부에서 실제로 배웠던 기억이 있다. 페미니즘의 다른 말이라고 할 수 있는 여성학은 여성 참정권 쟁취를 위한 제1의 페미니즘의 물결(1789-1914)에 뒤이은 제2의 페미니즘의 물결(1914-1990)의 여성해방 운동의 영향 아래 있었다고 볼 수 있다. 그 후 프랑스 68혁명 이후에 급진적으로 선회하여 다양성과 젠더이데올로기로 정향된 제3의 페미니즘의 물결(1990-현재)에 와서는 다양성과 차이가 강조되는 더욱 복잡해지는 양상을 보인다.

과거에 여성들이 심한 억압과 차별을 받던 때에 여성 참정권을 위한 투쟁을 하던 시대까지는 정치적·사회적·법적인, 즉 공적 영역에서의 차별을 없애고자 하는 사회 개혁적인 긍정적 측면이 있었던 것으로 보인다. 그러나 점점 페미니즘 자체보다는 막시즘(Marxism), 네오

막시즘(Neo-Marxism), 그리고 니체(Nietzsche)와 프로이트(Freud)의 사상의 영향으로 인해 철저한 무신론적인 입장에 선다는 것이 문제가 된다. 급진페미니즘에 와서는 사회의 불균형을 가부장제로 정의하고 남성과 여성을 갈등 구조로 보고, 여성의 이혼, 비혼, 성적 자유, 낙태를 통한 해방을 그 해결 방법으로 본다. 따라서 성경과 창조의 질서를 반대하고, 모든 관계를 갈등과 대결 구도로 본다.

최근에 한국 사회에서 동성애 문제와 함께 대두되는 낙태에 관한 이슈에서도 페미니즘에 기반을 둔 남녀 간의 뿌리 깊은 적대감을 읽을 수 있다. 남녀 간의 연합으로 이루어진 임신과 출산의 문제에서 남성을 배제하고 출산 여부의 결정권이 여성에게만 있는 것처럼 몰아가는 현상에도 이런 페미니즘의 그림자가 짙게 드리워져 있다. 낙태 문제에 관해 여성 뿐 아니라 남성들도 활발하게 토론하고 낙태를 찬성하든지 반대하든지 각종 단체를 만들고 활동을 이어 가는 외국과는 달리, 낙태와 출산에 관한 의사 결정에서 배제되는 한국 남성들은 허탈감마저 느낀다고 한다. 물론 보수적인 한국 사회에서 낙태에 관한 문제를 남성이 언급한다는 것 자체가 금기시되어 온 문화적 특징도 배제할 순 없다.

최근에 페미니즘에 관한 자료들을 살펴볼 기회를 가지게 되면서, 여러 가지 갈등과 대립이 심화되어 가는 한국 사회에서 남녀 간의 이러한 갈등은 어떻게 하면 개선될 수 있을까, 또한 하나님께서 정하신 결혼과 가정이라는 건강한 제도와 가치는 어떻게 하면 지켜 갈 수 있을까 하는 고민을 하게 되었다. 더불어 한국 사회에서 여성으로, 딸로, 아내로, 며느리로, 엄마로 살아온 나 자신의 삶을 돌아보며 가장 선한 해결책은 무엇일까 묵상해 보았다. 보수적인 시댁에 시집을 가서 지난 30년간 시댁 식구들과 친밀한 관계와 빈번한 가족 모임을 가지면서, 직업을 가지고 사회 활동을 계속해 온 입장에서 내가 경험한 한국 사회는 여성에게 그다지 우호적이거나 협력적이지는 않았다. 가사와 직업을 병행하며 과로에 시달리고 때론 억울하다고 느낀 적도 많았다. 그래서 페미니스트가 되기에 충분한 상황에 놓인 적도 있었다. 하지만 페미니즘이 가지고 있는 근본적인 갈등과 대립의 틀 속에서는 그 어떤 해결도 있을 수 없다. 한 가지의 불평등과 차별을 개선하기 위한 투쟁은 또 다른 갈등과 문제점을 낳기 마련이다.

이 시대를 한마디로 무어라고 정의할 수 있을까? "너나없이 권리만 주장하고 의무와 책임은 등한시하는 시대", 나아가 "십자가는 지지 않고 영광만 구하는 시대"라고 정의하고 싶다. 사람은 자기가 한 말보다 하지 않은 말로 존경을 받는다고 생각한다. 내가 할 수 있는 말이고 그것이 마땅한 내 권리요 내가 받아야 할 대접이지만 그것보다 더 고상한 가치를 위해 내려놓고, 고통스럽고 억울한 상황과 환경이지만 그 자리에 두신 하나님의 선하신 뜻과 계획을 신뢰하고 묵묵히 그 자리를 지켜야 한다고 믿는다. 그래서 그곳을 은혜받는 자리, 인내의 끝에 존귀히 여김을 받는 자리로 인도하실 그분을 신뢰하는 삶이 궁극적인 해결이라고 믿는다.

나의 지난 삶의 여정을 돌아볼 때에도 하나님의 그런 신실하심을 경험한 적이 많았다. 권리보다 의무와 책임, 드러나고 높은 영광스런 자리보다 그늘진 희생과 섬김의 십자가의 길을 선택할 때 비록 긴 시간이 걸리더라도 공의의 하나님이 반드시 베푸시는 은혜를 경험하는 복된 삶의 길이 있다고 앞으로 아내로, 며느리로, 엄마로 이 땅에서 살아가야 하는 후배들에게 말해 주고 싶다.

2
낙태에 관하여

코로나의 위기 속에서도 꼭 보고 싶은 영화가 있었다. 〈언플랜드〉 (Unplanned)라는 영화다. 낙태를 반대하는 입장에서 만든, 그 스토리가 익히 예상되는 영화라는 선입견을 갖지 않고 보려고 했다. 미국 최대의 낙태 클리닉 가족계획연맹(Planned Parenthood)에서 8년간 상담사로 일하며 최연소 소장에 오른 애비 존슨의 회고록을 영화로 만들었다. 그녀는 낙태 경험자로서 자신과 같은 기로에 선 여성들을 상담하면서 낙태를 권유하는 일에 몰입하며 살아가던 어느 날, 인생을 송두리째 바꾸는 10분간의 카이로스의 시간을 경험한다.

그녀는 22,000여건의 낙태 상담에 관여해 왔지만 그때까지 한 번도 수술실에 들어가 본 적은 없었다. 어느 날 13주된 태아의 낙태 수술실에 들어가게 된 애비는 처음으로 그 잔인한 수술을 목도하고 엄청난 충격을 받는다. 그리고 가족계획연맹이 본질적으로 지지하는 것은 여성의 권리가 아니라 낙태를 판매하는 일이라는 것을 깨닫게 되고 애비는 사직서를 제출한다. 낙태 클리닉 가족계획연맹의 건물 주차장 앞 울타리에는 "40days prayer"라고 쓴 티셔츠를 입은 그리스도인들이 있다. 그들은 매일 그곳에서 낙태를 하려고 오는 여성들을 위해 기도하며 그 여성들에게 도움이 필요하면 언제든지 도와주겠다고 말한다. 낙태가 주로 이뤄지는 토요일에는 더 많은 기도자들이 모이는데 어느 날 태아의 사체를 담은 커다란 통 위에 손을 얹고 그들이 기도하는 장면에서는 뜨거운 눈물이 솟구쳤다.

대부분의 낙태 원인들은 주로 학생 신분으로서의 임신, 애인의 변심과 무책임한 태도, 배우자의 외도, 양육이 불가한 환경, 아이를 낳아 키우는 일보다 더 중요한 다른 일, 즉 인생의 우선순위 더 나아가 우상숭배의 문제가 있다고 보아야 할 것이다. 흔히 생각하는 것처럼 성폭력이나 강간, 장애 등의 경우는 1%에 불과하다고 한다. 낙태를 찬성하는 입장에서 주로 이 경우를 예로 들지만 현실적으로 그것보다 훨씬 더 많은 대부분의 낙태는 앞에서 열거한 일반적인 경우들이다. 모든 일에는 원인과 동기가 중요하다. 주인공 애비 역시 무책임한데다 외도까지 한 전남편에 대한 배신감과 아이를 낳아 키울 수 없는 현실을 이유로 낙태를 두 번이나 경험하면서 낙태 클리닉 상담자로서의 일을 하게 된 것이다. 그녀가 먼저 해결해야 할 것은 낙태가 아니라 전남편에 대한 미움과 분노, 그리고 관계의 문제였다. 아이를 낳을 수 없는 환경은 극복해야 할 일이었다.

전후가 바뀐 이 해결 방식은 소중한 생명을 둘이나 잃게 했고, 그 후에 22,000건의 낙태를 권유하는 상담까지 하게 되는 엄청난 결과를 낳았다. 대부분의 죄 문제가 그렇듯 낙태도 우선순위와 해결방식이 잘못되었을 때 돌이킬 수 없는 결과를 낳는다. 낙태를 하면 문제가 다 해결될 거라고 생각하는 그 발상이 가장 심각한 문제다. 나는 이 영화가 낙태에 관한 문제뿐 아니라 우리 모두에게 '진정한 회개'를 보여 주고 있다고 느꼈다. 애비 존슨은 자신의 죄를 뉘우친 직후 이전의 삶과 정반대의 진영에 선다. 인생을 바꾸는 10분을 경험한 애비는 사직을 한 후에 기도 자들의 모임에 합류한다. 낙태 클리닉에 오는 의뢰인들을 설득하고 생명을 지키는 일을 도와주겠다며 기도하는 그 자리에 서는 것으로 그녀는 낙태 클리닉으로부터 고소를 당하고 이 사건은 재판까지 가게 된다. 여기서 그녀는 자신이 바로 그 클리닉에서 두 번의 낙태 경험이 있음을 모두에게 알려야 하는 자리에 선 것이다. 그녀는 기꺼이 그 길을 가고 자신이 낙태한 두 자녀에게 사과하고 하나님께 회개한다.

회개란 무엇일까? 지금까지 자신의 인생에서 직전까지 잘못 살았던 방향을 돌이켜 정반대 방향으로 선회하는 것, 그 결과로 수치와 모멸의 자리에 기꺼이 머무는 것이다. 지금 우리에게 필요한 길이라는 생각이 든다. 영화가 주는 무게와 여성으로서 보기 힘든 장면들의 잔상도 문제였지만 깊은 생각과 함께 나 자신을 돌아보게 되었다. 유난히 낳고 키우는 일이 힘들었던 첫아이가 조금 나아지던 때에 나는 직장에서 자리가 잡히고 일명 유명 강사가 되어 가고 있었다. 그때 둘째 아이를 갖게 되었다. 서울뿐 아니라 전국에 여러 개의 분원을 둔 큰 규모의 외국어 학원에서 본원으로 진출했고, 학원 시간표 맨 첫 줄에 이름을 올리는 강사가 되었다. 학교 선생님들과는 달리 학원 강사는 방학이 없을 뿐만 아니라 방학 기간에 최대 특수를 누리는 직종이었고, 따라서 휴직을 한다는 건 그냥 사직을 의미했다.

실력 있고 외모도 출중한 여자 강사들이 대기자로 줄 서 있는 상황에서 임산부인 나를 써줄 리 없다고 생각했다. 그래서 잠시 '왜 하필 이때에 아이를…' 하는 생각이 들었고 아주 잠시지만 깊은 망설임이 있었다. 곧 그 마음을 회개하고 학원에 이야기하고 사직하라면 하겠다고 말씀을 드렸다. 얼마 후 학원의 답변은 출산 직전까지 강의를 하라는 것이었고, 출산 후에도 최소한의 산후조리 기간 후에 복귀하라고 했다. 생명보다 돈과 명예라는 우상이 잠시 마음을 흔들었던 그 순간의 망설임 후에 곧 회개했지만 나는 엄마로서 이 일을 가장 부끄러운 일로 기억하고 고백한다. 그런데도 하나님께서는 용서하시고, 내게서 아무것도 가져가지 않고 모든 것을 그대로 두시고 둘째 아이까지 낳아 건강히 키우게 하셨다. 죄를 지어서 죄인이 아니라 죄인이어서 죄를 짓는 우리에게 언제든 회개하면 자비하신 하나님께서 용서하시지만 할 수 있다면 속히, 그리고 이 영화의 주인공처럼 온전히 돌이켜 이전과는 정반대의 길을 걷는 진정한 '회개'를 위해 이 영화를 추천한다.

3
가정과 성경적 가치관

| 가 정 과 성 경 적 가 치 관 |

아내들아 남편에게 복종하라 이는 주 안에서 마땅하니라 남편들아 아

내를 사랑하며 괴롭게 하지 말라 자녀들아 모든 일에 부모에게 순종하

라 이는 주 안에서 기쁘게 하는 것이니라 아비들아 너희 자녀를 노엽

게 하지 말지니 낙심할까 함이라(골 3:18-21)

사도 바울은 믿는 자들이 가정생활에서 가져야 하는 마음과 자세를
위와 같이 권면한다. 여기서 순종은 하나님께서 만드신 가정의 질서
임을 보여 준다. 이것은 인간 간의 관계에 앞서 창조의 질서-남자가
먼저 창조되고 그 후에 여자가 창조됨(딤전 2:13)-와 신성의 질서-그
리스도께서 하나님께 복종하심(고전 11:3)-에 근거한다.[1]

---

1 도날드 캠벨 외 3인, 「BKC 강해주석: 갈라디아서 · 에베소서 · 빌립보서 · 골로새서」 정민영
   외 역(서울: 두란노서원, 2016), 325.

타락 이후에 심히 부패한 인간의 본성으로는 참된 사랑을 할 수 없게 되었기 때문에 하나님 없이 혼자서는 누군가를 사랑할 수 없는 존재가 되었다. 아내가 "남편에게 복종하라"는 명령도 '주 안에서' 이루어진다. 이것은 아내 자신에게서 나오는 사랑으로 내지는 자신의 힘으로는 할 수 없는 일임을 의미한다. 결혼 생활을 할수록 한 사람을 오래도록 사랑하는 것이 얼마나 불가능한 일인지 뼈저리게 느끼게 된다. 따라서 그것은 사랑이신 하나님으로부터 오는 사랑으로만 가능함을 의미한다. 또한 남편을 따르는 것이 성경의 명령들에 위배될 때, 아내는 남편에게 복종할 의무가 없는 것이다. 따라서 남편이 아내에게 복종을 요구할 때에도 이것이 하나님 앞에서 합당한 요구인지 돌아보아야 한다.

남편들에게 "아내를 사랑하며 괴롭게 하지 말라"는 말씀은 실제 삶에서 남편이 아내를 괴롭게 하는 일들이 일어난다는 현실의 문제를 인식하며 주어진 말씀이다. 골로새서가 쓰인 1세기 소아시아 지방에서의 여성의 지위는 지금보다 훨씬 낮았을 것이고, 골로새서의 대상이 이방인인 것을 고려할 때 여성은 남성에 비해 매우 불평등한 지위였을 것이다. 그렇기에 여성에게 행해질 수 있는 부당한 대우를 경계하며 먼저 사랑할 것을, 그리고 괴롭게 하지 말라는 현실적인 권면을 주신 말씀이다.

자녀들에게 "모든 일에 부모에게 순종하라"고 하신 말씀은 주 안에서 기쁘게 하는 것이라고 말씀하신다. 성경은 부모에 대한 불순종을 하나님에 대한 반역으로 규정하고 어길 시에는 무서운 벌을 내릴 것을 정하고 있다(출 21:17; 레 20:9). 순종은 하나님께서 만드신 가정의 질서이며 자녀가 부모에게 순종하는 것은 옳은 것으로 규정하고 있다(엡 6:1). 또한 부모를 공경하라는 말씀에는 축복이 뒤따른다(출 20:12; 신 5:16).

끝으로 "아비들아 너희 자녀를 노엽게 하지 말지니 낙심할까 함이라"는 말씀은 위에서 자녀들에게 부모 공경에 관해 주신 말씀에 대한 첨언과 당부의 내용을 담고 있다고 할 수 있다. 자녀들이 부모에게 순종하는 것이 주 안에서 기쁜 일이지만, 순종하고 공경하기 힘든 부모들이 실제로 존재하는 현실을 말씀이 간과하거나 배제하지 않는다. 아무리 자녀들이 부모를 순종하고 공경하려고 하더라고 그럴만한 자격이 되지 않는 부모들이 실제로 존재하기 때문이다. 그렇게 되면 자녀들은 낙심할 것이고 하나님의 명령을 지키기 어려워지고 관계는 힘들어지게 마련이다. 그렇기에 아비들과 어미들은 먼저 자녀를 노하게 할 만한 행동을 하지 않도록 스스로를 돌아보며 양육해야 한다는 사실을 강조하는 말씀이다.

우리가 살아가는 현실에서는 존경하기 어려운 남편이 있고, 사랑스럽지 않은 아내가 있으며, 불순종하는 자녀가 있고, 공경하기 힘든 부모가 있다. 하지만 주님이 다시 오실 그날에 온전히 완성되고 변화될 존재들임을 기억하고 바라보며 소망 가운데 서로 사랑하고 순종하고 공경하는 성경적 가치관을 소유할 때, 우리는 그리스도 안에 있는 새로운 피조물로서 그 모든 일들을 감당할 수 있게 될 것이다.

│ '열녀암'과 '모자봉' 사이에서 │

작년 겨울에 시작한 산행은 이제 매주 한두 번씩의 루틴이 되었다. 매번 같은 코스로 가기는 재미가 없어서 여러 등산로 중에 내 수준에 맞춰 새로운 등산로를 선택해서 오른다. 이번 주는 신기한 모양의 바위가 많다는 '모자봉' 등산로를 택했다. 정상으로 가는 길 어귀에 서 있는 큰 바위 앞에 '열녀암'이라고 적힌 비석이 눈에 띈다. 열녀암 뒤로 커다란 바위 사이의 좁은 길을 따라가 엄청 가파른 돌길 사이로 올라가야 모자봉 정상에 오른다. 바위 사이 흙이 미끄럽기도 하고, 어차피 정상에 목숨을 거는 등산이 아닌지라 거기도 충분히 정상이라 생각되는 지점에서 사진 몇 장을 찍고 내려왔다.

이번 주에만 두 번째로 이 등산로를 오르내리면서 '열녀암'과 '모자봉'을 바라보다 문득 생각해 보니 '애처암'이나 '부녀봉' 같은 이름은 본 적이 없는 것 같다. 여인에 대한 칭송은 꼭 남편 아니면 자녀를 끼고 이루어지는 게 아닌가 생각하게 된다. 그리고 여인을 독립적인 인격체로 보기보다는 남편이나 자녀에게 의존적인 관계 안에서 보는 관점도 느껴진다. 여기서 말하는 '열녀(烈女)'의 정의는 무엇일까?

사람들의 칭송을 받을 만큼 한 지아비를 사랑하고 섬기며 평생을 살고, 만에 하나 과부가 되어서도 수절하며 가정을 지킨 여인 정도를 기념하는 이름이 아닐까 생각해 본다. 그러나 그것은 어디까지나 겉으로 보이는 삶의 모습을 보고 내린 정의라 할 수 있다. 한 여인이 가정을 지키며 남편과 자녀를 섬기고 살아가면서 느끼는 번민과 고통은 과연 얼마나 고려되었을까.

결혼 생활을 십 년 이상 해 본 사람이면 알 수 있다. 한 사람의 배우자를 기쁘게 하는 것만으로 인생을 살아가는 것이 얼마나 불가능한 것인지를. 열녀문을 세워 주겠다는 제의를 받을 정도의 여인이면 자기는 전혀 그럴 자격이 없는 사람이란 걸 적어도 본인은 알 수 있지 않았을까 싶다. 적어도 그게 정직한 인간 이해가 아닐까? 따라서 이것은 유교중심 문화가 지배하는 사회에서 참으로 인본적인 가치관에서 붙여진 이름이라는 생각을 지울 수 없다.

'모자봉'이 의미하는 자녀와의 올바른 관계에 대한 칭송의 의미도 마찬가지다. 자녀를 잘 키우는 것이 중요하지만 그것을 잘하지 못했다고 해서 무익한 인생이 되는 건 아니다. 나는 개인적으로 매번 처음 해 보는 엄마의 역할이 제일 힘들었고, 어떤 때는 정말 도망가고 싶었다. 늘 부족하고 사랑 없고 게으른 나 자신을 십자가 앞에 가져가서 어떻게 좀 해주시라고 애걸하는 것밖에는 달리 방법이 없었다. 지조와 절개가 있고 성숙하고 현명한 여인이 따로 있는 게 아니라고 생각한다. 그녀가 맺는 모든 관계의 중심축에 하나님이 계셔서 매번 넘어지고 실패하고 도망치고 싶어도 다시 한 번 힘주시고 붙드시는 하나님 아버지의 사랑으로 일어나는 여인이 있을 뿐이다. 눈물 콧물 짜면서 나는 할 수 없다고, 이 깊은 골짜기가 메워지겠냐고 울며불며 따지고 대드는 나를 불쌍히 여기시는 하늘 아버지를 믿고 엉금엉금 가다가 어느 날 돌아보면 그럴듯한 인생이 되어 가는 듯하다. 남들은 몰라도 나는 내 바닥을 아니까 자랑할 것도 없고 오직 감사뿐이다. 적어도 이것이 하나님을 아는 자들의 인간 이해라고 본다.

페미니스트가 말하는 독립적이고 자주적이고 투쟁적인 여인상도 아니고, 유교적으로 의존적이고 맹종형의 여인도 아니다. 남자와 여자의 구분 없이 오직 하나님의 형상을 담지(擔持)한 인격체로서 인생의 주권을 그분께 드리고, 넘어져도 그분 앞에서 넘어지고 바닥을 쳐도 다시 구원의 반석에서 새 힘을 얻고 일어서는 용서받은 죄인이면서 의롭다 여겨 주신 은혜로 다시 일어나는 여인, 예수님이 참 남편이어서 오직 그분만을 열렬히 사랑하는 여인, 진짜 '열녀'가 되길 꿈꾼다.

4
고부 갈등 이야기

| 고 부 갈 등 : 시 어 머 니 |

수십 년간 해 온 자매들 소그룹 모임에서 경험적으로 볼 때 가장 많고 힘들어하는 나눔의 주제는 단연 고부간의 갈등 문제다. 그 형태와 양상도 매우 다양해서 고부간의 숫자만큼이나 다양한 문제들과 일화들이 존재한다. 젊은 자매들은 주로 눈물로 고통을 호소하고, 나이 드신 어머님들은 노여움을 분출하신다. 아직 자녀들이 출가 전이면 믿음 있는 분들의 기도제목은 늘 좋은 사위, 좋은 며느리를 주시라고 기도한다고 하신다. 믿는 자로서 기도하는 것은 좋은 자세이지만 정말 그거면 될까?

좋은 며느리를 달라고 기도하는 것보다 먼저 할 일은 자신의 현재 결혼 생활을 정직하게 돌아보는 일이 아닐까 싶다. 일반적으로 시어머니들은 자신의 미모와 총기가 떨어져 감을 스스로 느끼면서 여자로서의 자신감이 떨어져 갈 때 젊은 며느리를 맞이하게 된다. 남자들이 자신의 능력과 힘의 비교에 민감한 것처럼 여자들은 자신이 사랑받고 있는지의 여부에 매우 민감하다. 그것이 충분히 느껴지지 않을 때 감정적으로 흔들리게 되고, 충분히 사랑받지 못하고 있다는 부정적인 감정들이 내적으로 잘 정리되지 않으면 주변에 있는 사람, 특히 비교의 대상이 되는 사람에게 화살을 돌리고 급기야는 그 사람을 괴롭히게 된다. 그 대상이 며느리면 그 현상을 가리켜 고부 갈등이라고 부르는 것이다.

시어머니가 스스로 사랑받는 아내라는 안정감과 균형 있고 건강한 자존감, 젊은이들에 대한 너그러움이 없이 며느리를 맞게 되면 비극이 시작된다. 며느리로 맞아들인 그녀의 젊음과 미모, 생기발랄, 총기 등을 현재의 자신과 비교하면서 생기는 시기와 질투, 경쟁심에서 끝나지 않고 시어머니의 권위로 며느리를 제압까지 하게 되면 상황은 정말 심각해진다. 젊은 며느리의 반격도 만만치 않다. 여자들의 전형적인 관계의 악순환이다. 그렇게 되면 그건 두 사람 간의 갈등을 넘어 시아버지와 아들 등 가족 전체의 문제로 확대된다.

가정 내에 이런 악순환이 시작되지 않게 하기 위해서는 나이가 들어가는 부부에게 자녀가 장성해 가면서 자칫 놓치기 쉬운 결혼의 의미, 남편과 아내의 서로를 향한 사랑과 관심, 젊어서의 사랑을 훨씬 뛰어넘는 성숙한 사랑이 서로에게 잘 표현되고 깊이 느껴지도록 노력하는 일이 필요할 듯하다. 젊은 날 살기에 바빠서 잊어버리고 살았던 기념일을 서로 챙긴다든지, 가사 일을 적당히 분담해서 서로의 입장을 배려하는 가운데 이해를 넓혀 가는 것도 좋은 방법이다.

그리고 아주 정직한 자신의 내면을 기도의 자리에서 아뢰는 일이 우선되어야 한다. 시어머니는 나이가 들고 여성으로서의 매력이 줄어감에도 여전히 사랑받고 싶고 인정받고 싶고 비교 당하기 싫은 자신의 유치함을 솔직하게 토설하는 깊은 기도의 자리로 들어가야 한다. 여전히 내려놓지 못해 붙들고 있는 그런 것들이 없어도 주님 한 분의 사랑과 인정, 긍휼의 풍성함으로 넉넉히 이기는 진정한 자존감을 은혜로 경험해야 한다. 그러면 어떤 며느리를 만나도 칭찬하고 격려하며, 도와주고 넉넉히 품을 수 있지 않을까 싶다. 어리고 미숙한 며느리를 불쌍히 여기며 허다한 허물을 덮어 주고 채워 주면서 존경받는 시어머니로 거룩한 주의 가문을 세워 갈 수 있지 않을까 싶다.

│ 고부 갈등 : 며느리 │

한국적인 상황에서 여자에게 결혼이란 지금까지 나고 자란 친정을 떠나서 남편 한 사람과 결합하는 것만이 아니라 시부모님을 비롯한 시댁 식구를 넓은 의미의 가족으로 받아들이는 일이다. 시댁 식구들과 함께 사는지의 여부와 상관없이 그 가족의 구성원이 되는 것이다. 이때 무엇보다 중요한 것은 결혼을 통해 나를 그 자리에 있게 하신 하나님의 뜻에 순종하는 일이다. 모든 게 낯설고 어렵게 느껴지겠지만 하나하나 차근차근 배워 가야 한다. 며느리의 입장에서는 시댁 식구들의 이름과 얼굴을 매치하는 것에서부터 한 사람 한 사람에 대해서 알아가는 과정이 쉽지 않다. 하지만 그분들을 마음속에서 가족으로 받아들이고 나면 그 모든 일들은 생각보다 쉬워진다.

먼저 긴 세월 동안 만들어진 그 가정의 문화와 가풍을 시어머님으로부터 배우는 것은 오랜 경험으로 쌓인 지혜를 선물로 받는 감사한 일이다. 그 연륜과 경험을 겸손한 마음과 태도로 배우되 노년에 접어드시는 시어머님을 긍휼의 마음으로 이해해 드려야 한다. 젊고 발랄한 며느리를 보며 가족들의 사랑과 관심에서 멀어질까 봐 서운해하실 지도 모르는 시어머님의 마음을 헤아려 드려야 한다. 그리고 며느리 자신도 언젠가는 시어머님처럼 노을빛으로 물드는 노년을 맞이할 것임을 기억해야 한다.

지금까지 친정 부모의 사랑과 보호 속에서 자라던 때와는 달리, 시댁에서 며느리로서 해야 할 역할과 감내해야 할 것들이 고통스러울 때가 있는 건 당연하다는 생각으로 출발해야 한다. 지금 나를 힘들게 하는 바로 그 십자가는 세월이 지나 존귀한 자리로 안내할 귀한 터전이다. 그러니 충분히 인내할 이유가 있다. 인내하는 일, 선한 일을 위해 참는 끝은 반드시 있는 것 같다. 그리고 인내하는 과정을 아이들이 지켜보고 있다는 사실을 기억할 필요가 있다. 그리고 며느리로서 내가 인내하고 순종한 그만큼 반드시 아이들의 존경이 뒤따른다.

그러나 이 모든 일들을 배우고 행하고 인내하고 순종하는 과정에서 그 이유가 "남편을 기쁘게 해 주기 위해서", "시부모님을 기쁘게 해 드리기 위해서" 혹은 "아이들에게 본을 보이기 위해서"라면 백발백중 실패한다. 사람은 변하고, 나의 어떤 노력도 그에 합당한 보람과 보상을 줄 수 있는 존재가 아니다. 오로지 나의 아버지가 되시고, 참 남편이 되시는 하나님 한 분을 바라보며 걸어야 한다. 가족들과의 관계에서 깊어진 골짜기도 기도의 자리에서 오직 그분만 메워 주실 수 있다.

이 힘든 결혼을 왜 해야 하느냐고 누군가 묻는다면 "하나님 아버지의 사랑의 넓이와 깊이와 높이를 알아가는 가장 좋은 길"이라고 자신 있게 말할 수 있을 것 같다. 그리고 그 용광로가 아니면 절대 아름다운 그릇으로 빚어지기 어려운 나 자신 때문이라고 말하고 싶다. 내가 인내하고 걸어가는 십자가의 길이라기보다는 어쩌면 주님께서 나의 성장과 성숙을 기다리시며 인내하시는 시간이 결혼 생활이 아닐까 싶다.

5
워킹맘에게 보내는 편지 :
자녀들에게 죄책감을 갖지 마세요!

일하는 엄마들은 힘들다. 비단 직장 일 때문만이 아니다. 가정에서도 전업주부 못지않은 스트레스에 시달리게 마련이다. 직장에서는 가족 걱정, 가정에서는 회사 걱정… 걱정에서 벗어나기란 쉽지 않다. 그럼에도 많은 엄마들이 본인의 자아실현을 위해서든, 경제적 이유에서든 맞벌이를 하고 있다. 직장에서는 커리어우먼, 가정에서는 완벽한 엄마가 되기를 끊임없이 요구받는 대한민국의 워킹맘들은 힘들다. 외국어 학원에서 영어 대표 강사로 일하면서 많은 것들을 얻었지만 나 또한 워킹맘의 굴레 속에서 오랜 시간을 살았다. 아이들이 커갈수록 자녀 교육에 대한 고민은 더욱 커져만 갔다.

일하는 엄마를 가진 아이들은 본능적으로 큰 상실감을 느낀다고 한다. 자신한테 온전히 쏟아져야 할 엄마의 관심을 무엇인가와 나눠야 하기 때문이다. 일하는 엄마들에게 하고 싶은 말은 '죄책감을 갖지 말라'는 것이다. 일하는 엄마들을 보면 자녀들에게 죄책감을 갖고 있는 경우가 많다. 누가 뭐라고 하지 않아도 전업주부인 엄마들보다 자녀들에게 항상 뭔가를 부족하게 해준다는 생각을 갖고 있어서 그렇다. 일하는 엄마가 '자랑스러운 존재'라는 것을 아이에게 인식시켜 주는 것이 중요하다. 다만 일하는 엄마일수록 업무 외의 시간은 가족들과 보내려는 노력이 필요하다. 학원 강사라는 직업이 시간표에 따라서 새벽에 나갈 수도 있고 저녁 시간에 나갈 수도 있기 때문에, 나는 오롯이 학원과 집만을 오가는 단순한 패턴의 생활을 했다. 평소에 아이들과 지내는 시간이 많지 않으니 시간과 여건이 허락되는 한 아이들에게 사랑과 관심을 쏟고자 했다.

육아에 있어서는 남편이 적극적으로 도와줘서 어느 정도 분담이 되었다. 하지만 가사 일에 있어서만큼은 조금 어려움이 있었다. 남편에게 도움을 요청하기가 어려웠다. 신혼 시절부터 유학생 남편을 뒷바라지했던 내가 혹시나 남편을 우습게 여길지 모른다는 염려에서였는지 시어머니께서는 남편에게 부엌일을 시켜선 안 된다고 강조하셨다. 그래서 나는 직장에 다녀와서 둘 다 피곤한 상태인데도 남편에게 부엌일 등의 집안일을 분담하자는 제안을 할 수 없었다. 그래서 늘 피로가 쌓이고 어깨가 뭉치고 두통에 시달렸다. 지나고 나서 생각해 보면 미련한 결정이었다. 남편에게 부엌일을 시키지 말라고 하신 시어머님의 의도는 이해하고 수용하되, 서로에게 도움을 청하는 차원에서 가사는 분담했어야 했다. 나의 지혜롭지 못한 해석과 자초한 과로는 몸과 마음에 오래도록 무거운 짐을 남겼다. 그러니 각 가정의 상황과 여건을 잘 판단하고 서로 현명하게 가사를 분담하는 지혜가 요구된다. 남편에게 워킹맘으로서의 고충에 대해 솔직히 털어놓고 도움을 청하는 것이 무엇보다 먼저 필요한 일이다.

그리고 중요한 것은 아이에게도 직장생활에서의 어려운 점을 솔직히 털어놓는 것이다. 대부분의 일하는 엄마들이 아이가 이해하지 못할까 봐 직장에서 있었던 일은 아예 이야기를 꺼내지 않는데, 사실 아이들은 엄마들이 생각하는 것 이상으로 많은 것들을 포용할 수 있다. 아이들의 이해와 도움을 구하면서 서로의 입장을 알아가고 이해하려는 노력이 중요하다. 엄마를 도울 수 있다는 것은 아이들에게도 기쁨이며, 아이들이 의존적인 존재가 아닌 독립적인 존재로 성장하는 데에 정서적으로 좋은 밑받침이 된다. 그러니 힘들 때는 가족 구성원들에게 도움을 청하고 도움을 받아서 어깨에 짊어진 짐의 무게를 덜어 낼 필요가 있다.

직장생활을 하다 보면 집안에서 일어나는 일들이 마음에 남아서 괴로울 때가 있고, 집에서 가족들과 함께 있을 때는 직장 일이 마음에 남아서 힘들 때가 있다. 때로는 그런 고민 끝에 문제 해결에 도움이 되는 아이디어가 떠오르기도 하지만, 대부분의 경우 쉽게 해결되지 않는 문제 때문에 생기는 마음의 짐이 있다. 이럴 때는 먼저 그 문제가 나의 노력 여하에 따라 달라질 수 있는 문제인지 아닌지를 분별해야 한다. 내 노력으로 해결될 수 없는 문제라면 포기하는 게 답이다. 노력으로 해결될 수 없는 문제를 붙들고 고민하는 것은 누구에게도 도움이 되지 않는 소모적인 속앓이일 뿐이다. 그럴 때는 거기서 생각을 멈추고, 마음속에서 그 문제를 털어 내는 연습을 해보기를 추천한다. 그리고 그런 일들로 쌓이는 스트레스는 자기만의 방식으로 해소하는 습관을 들이는 것이 좋다. 효과적으로 시간을 안배해서 각자의 성향과 취향대로 취미 생활을 함으로써 정신과 마음에 휴식을 주어야 한다. 사람이기 때문에 갖는 어쩔 수 없는 한계를 인정하고 기도하며 맡기는 것도 중요한 훈련이다.

그러나 그런 노력에도 불구하고 어쩔 수 없이 생기는 문제들이 있다. 가족 중에 누군가가 많이 아프다든지, 가족 관계에 심각한 문제가 있어 너무 슬프거나 화가 나는 상황에서도 직장에서는 유쾌한 상태로 업무를 수행해야 하는 그런 상황 말이다. 말 그대로 속이 썩어 가는데도 여전히 내게 주어진 역할을 완벽하게 소화하지 않으면 안 되는 그런 상황이 있기 마련이다. 나의 경우에는 자기 이름도 말하지 못하는 큰아이를 어린이집과 유치원에 맡겨 놓고 가슴에 돌덩이 같은 걱정을 안은 채 학원에서 많은 학생들을 친절하고 정확하게 가르쳐야 했던 때가 그러했다. 엎친 데 덮친 격으로 시댁이나 친정 가족과의 관계에서 문제가 생기거나 중요한 행사를 앞두고 있을 때도 있었다. 몸이 열 개라도 감당하기 어려운 상황에서조차 나는 여전히 카리스마 넘치는 학원 강사로 열정 넘치는 강의를 이어 가야 했다. 직장 일이 힘들어 더 이상 못 하겠다고 하기에는 은행 융자와 아이들 교육에 필요한 재정이 늘 부족했다. 직장 일을 병행하면서 며느리 노릇 하기 너무 힘들다고 이혼을 할 수는 없지 않은가. 긴장과 갈등이 연속되는 상황에서 마음을 정해야 한다고 생각했다.

내가 선택한 방법은 피할 수 없는 그 상황을 즐기는 것이었다. 표현이 이상하게 들릴 수 있지만, 어쩔 수 없는 그 상황을 있는 그대로 내 삶의 자리로서 인정하고 받아들이는 것이다. 어떤 영어 독해 지문에서 읽은 글 속에 이런 말이 있었다. 사람의 지능 중에서 가장 고난도 지능의 단계를 설명하는 내용이었다. 사람의 지능은 매우 고기능이어서 전혀 다른 성격의 상반된 상황들을 이해하며 운영할 수 있고, 그에 따른 매우 상반되는 감정들도 처리할 수 있다는 것이었다. 쉽게 말해서 사람의 지능에는 유쾌한 감정과 불쾌한 감정, 기쁜 감정과 슬픈 감정 등을 충분히 통제하고 다스릴 수 있는 능력이 있다는 것이다. 여러 가지 감정이 드는 것 자체를 부정하라는 것이 아니다. 있는 그대로 받아들이되 바람직한 방향으로 통제하라는 것이다. 나는 이것이 신앙생활에도 적용된다고 생각한다. 이 땅을 살아가는 인간은 어쩔 수 없이 희노애락을 경험하면서 살아간다. 그 모든 경험을 내가 원하는 순서대로, 차례대로 경험하며 살 수는 없다. 때로는 감당하기 어려운 일들이 한꺼번에 몰려오듯 밀어닥칠 때가 있고, 내가 잘한 게 없는데도 행복한 순간들이 이어지기도 하는 게 인생이다. 삶의 주권이 내게 있지 않기 때문에 일어나는 일이다. 때로는 아무것도 하지 못하고 그냥 그 자리에서 가만히 견디며 버텨야 할 때도 있다. 그럴 때 무엇보다 하나님 앞에서 마음속이 전쟁터가 되지 않도록 마음을 지키며 묵묵히 그 자리를 지켜야 할 때가 있다는 것이다. 혹 내가 잘못한 일이 있으면 마땅히 돌이키고 회개해야 한다. 반면에 명백한 잘못을 저지르고도 뉘우치지 않는 사람이 있다면 그를 위해 기도해 주어야 한다.

이런저런 일들로 몸과 마음이 너무 힘들고 지칠 때, 가끔은 나 자신에게 잘해 줘야 할 때도 있다. 남들과 상관없이 나만을 위한 시간과 장소를 찾아가서 내가 제일 좋아하는 일을 하는 것이다. 영어 강사라는 직업은 늘 많은 사람에게 둘러싸여 일하는 직업이라서 그런지, 나는 혼자서 조용히 책을 읽으며 달콤한 커피를 마시거나 영화를 보거나 산책을 하는 것을 좋아한다. 그럴 때 나의 내면의 소리에 귀를 기울이며 지금 어떤 상태인지 스스로를 돌아보고 진단하는 시간을 가질 수 있기 때문이다. 어떤 경우에도 몸과 영혼이 소진되는 것은 막아야 한다. 왜냐하면 삶은 지속되어야 하고 나는 연약한 존재여서 쉼과 재충전이 종종 필요하기 때문이다.

엄마요 아내요 며느리라는 역할이 아닌 한 개인으로서 혼자 있는 시간을 확보해야 한다. 하나님은 사람의 과로를 기뻐하시지 않는다. 자신의 한계를 넘어서는 일 중독은 교만에서 온다. 일과 휴식의 균형을 적절히 유지할 수 있도록 소화가 가능한 시간표를 짜서 지치지 않도록 해야 한다. 그래야 자신에게 맡겨진 사명을 오래 감당할 수 있다. 아무리 외향적인 사람도 일상의 자리에서 잠시 떠나 혼자서 조용한 시간을 가지며 자신의 삶을 돌아보고 살아가야 한다. 지금 서 있는 자리가 어디쯤인지 속도보다 방향을 체크하고, 필요하다면 목표를 수정하고, 마음을 가다듬고 걸어가야 길을 잃지 않는다. 기도와 묵상의 자리를 지키며 살아가야 하는 이유이기도 하다.

끝으로 워킹맘들은 대부분 독립적인 사고방식을 갖게 된다. 혼자서 결정하고 혼자서 감당해야 하는 일들이 많기 때문이다. 나 역시 그랬다. 그런데 어느 날, 남편이 물었다. "당신은 언제 내가 필요해?" 처음엔 그 질문의 뜻을 이해하지 못했다. 시간을 가지고 남편의 입장에서 깊이 생각해 보니 이해가 되었다. 워킹맘으로 독립적인 영역에서 자기 일을 하고, 경제력을 갖게 되고, 아이들이 어느 정도 커가니 부모의 손길이 그다지 필요치 않은 시기가 왔다. 그러다 보니 정말 각자의 삶을 살아가고 있는 우리 부부의 모습이 보였다. 남편은 그래서 가끔 외롭다고 했다. 함께 미션을 수행하는 동지가 아니라 연인으로서의 부부 관계를 회복해야 함을 깨닫는 계기가 되었다. 워킹맘들은 독립적이고 씩씩해지기 십상이다. 그리고 그건 칭찬받아 마땅한 일이다. 하지만 아무리 유능하고 인정받는 여성도 반드시 있어야 할 가장 중요한 자리는 가정이다. 그중에서도 남편을 존경하며 따르는 아내로서의 자리는 하나님께서 정하신 질서 안에서 가장 중요한 자리다. 아무리 바빠도 여성으로서의 아름다움을 유지하려 애쓰고 남편과의 관계를 소중히 여기고, 깊은 사랑과 신뢰의 관계를 유지하는 일에 힘써야 할 것이다.

Epilogue
에필로그

끝이 보이지 않는 터널 한가운데 있는 것 같고 마음이 바닥을 치는 분에게 전하고 싶습니다. 힘들어도 조금만 더 버티고 견디면 반드시 또 다른 세상이 열리고, 인생에서 지금 풀지 못하는 이 퍼즐의 전체 그림을 보게 될 날이 올 것입니다. 나의 어떠함이나 노력 때문이 아니라 하나님의 신실하심 때문입니다. 그러니 조금만 더 힘을 내십시오.

제 이야기 속에 담긴 결핍과 아픔들이 인생의 어려움을 딛고 일어나는 데에 작은 힘이 되셨으면 합니다. 가정과 공동체를 아름다운 동산으로 가꾸는 일에는 믿음과 상상력이 필요합니다. 아름다워지고 나서 사랑하는 게 아니라 아름다워질 것을 바라보며 지금 눈물로 씨를 뿌리고 가꾸어 가는 것이지요. 부지런히 가꾸다 보면 어느새 꽃이 피고 열매가 맺히기 시작할 거예요. 그런 날이 반드시 옵니다.

그리고 그 분을 바라보며 걸어가는 믿음의 길 안에서는 자유함을 마음껏 누리시길 바랍니다. 그분은 우리의 행복을 누구보다도 원하시는 분이시니까요. 지금 주어진 인생의 지경이 가장 아름다운 곳에 있다는 믿음으로 시작하는 데에서 그 선한 여정이 시작됩니다.

여호와는 나의 산업과 나의 잔의 소득이시니 나의 분깃을 지키시나이다 내게 줄로 재어 준 구역은 아름다운 곳에 있음이여 나의 기업이 실로 아름답도다(시편 16:5-6).